NF文庫
ノンフィクション

現代史の目撃者

動乱を駆ける記者群像

上原光晴

現代史の目撃者——目次

現代史の目撃者

動乱を駆ける記者群像

プロローグ——第一線記者の事件簿

昭和二十年（一九四五）八月十二日から十四日までの三日間、朝日新聞東京本社三階の会議室で、第二報道部（現社会部）の部会が荒垣秀雄部長を中心に開かれていた。当時部員だった武野武治（戦後、むのたけじ・ジャーナリスト）によると、朝日はこの期間に、わが国の降伏を認めるポツダム宣言受託の動きを察知していて、部会では、朝日は戦後どう対処したらよいか、検討することになっていた。が、しーんとして、口を開く者はいない。

荒垣部長が、しんみりといった。

「敗戦は有史以来の屈辱だ。これから苦難の生活を強いられるだろう。しかし、アメリカ民主主義のすぐれた点は学んで、紙面に反映させていこう」と。

政府がポツダム宣言を受託したのは十四日夜であった。

数日後。空襲の恐怖は消え、社屋わきの外濠《そとぼり》の水のゆったりした流れには、早くも釣り糸をたれる姿や若者の泳ぐ姿がちらほら。周りには焼けただれたビルの群れ。都心とはいえ、国破れて山河のみ残る感慨を社員たちはいだいた。外濠にかかる数寄屋橋のふもとに立つ朝日新聞社、軍艦風の威容を誇るこの建物もくすんだ色に沈んでいた。

鉄道省の管理なので省線と呼ばれていた国電の有楽町駅中央口を南へ百メートル。いまの西武デパートの場所に朝日はあった。駅の反対側をいくと毎日、読売の両新聞社が向かい合わせに立っていて、有楽町は名にしおう新聞街。ニュースのあふれる街であった。

朝日は戦前、二・二六事件で陸軍の反乱軍に襲撃され、戦後は窮乏と混迷の時代をとおして国土再建、民主化への道を模索してきた。それでは戦前、戦中、戦後の昭和史のなかで、朝日はいかなる軌跡を描いてきたのか。

激変する世相のなかで揉《も》まれ、つまずき、ずっこけ、時には生命の危険に遭いながらも、真実追及に命がけで立ち向かった一線の記者たち。そんな彼らの築いた事件史を、読者とともにたどってみたい。

さらに、精察すれば、このように史上、類例を見ない昭和史のただなかにあって、歴史を動かす黒衣、地下水脈に徹し、奮闘した記者は朝日以外にも大勢いる。従って、幅広く各紙、放送局の記者にも目を配り、紹介することにした。

（敬称、丁寧語は省略しました。仮名遣いは漢字との均衡を考え、適宜多用または縮減しました。ご了承ください。文中「筆者」とあるのは本書の著者のことです）

第一章——五段跳びの人生〈矢田喜美雄〉

一、オリンポスの果実

「キミオ・ヤータ、ヤーパン」。十二万を擁するベルリン競技場。昭和十一年（一九三六）八月、アナウンスにさそわれて走り高跳びの選手矢田喜美雄がフィールドに立つ。へそのまわりを撫でることしばし。スタンド中央、貴賓席のアドルフ・ヒトラー総統が、ふしぎそうに、友邦日本選手のその所作を見つめている。水を打ったような静寂。息をのんだ大観衆の目が、いっせいに矢田に注がれる。

跳んだ。一九七。真っ正面からいどむ豪快なジャンプ。日本人応援団が日の丸の旗をふり、歓声をあげる。ヒトラーの哄笑がはじけた。世紀の独裁者も勝敗に一喜一憂する一人の観客にすぎない。この段階で日本の他の二選手は失格し、矢田一人が残った。矢田はグラウンドの中央近くまでいって、ヒトラーの神経質そうな顔を見つめた。群衆のなかにいる、あのヒトラーをはっきり見分けられる。だから、おれは、あがってなんかいない。矢田はそう思った。

フィールドを小走りして助走路に戻った矢田は、ゴールのドイツ人から「バカな散歩はやめてくれ」と、きつい注意を受ける。

二メートルのバーにいどむのは五人だけ。アメリカの三人、フィンランドの一人、それに矢田。

二回目。スパイクがアンツーカーに穴をあける音とともに踏み切った。矢田の体が、一度はバーを完全に越えて降りた。

が、なんという運命のいたずらか。大観衆が拍手をおくり、矢田も踊りあがって喜んだのも束の間、立ちあがる瞬間、バーは落ちた。

朝とったコーヒー二杯に卵一個、ハム二枚、昼食のサンドイッチ半人前。これだけで六時間の競技に耐えてきた。こんなに長い競技になるとは、コーチをはじめ誰も考えていなかった。矢田は精根尽き果てていた。アメリカ二人、フィンランド一人も失敗した。アメリカの黒人選手ジョンソン一人だけがクリアした。

三回目。矢田の頭に甘い考えが走った。

「おれが三回目を失敗する。残るは三人。まあ一人ぐらいは越えるにしても、二人はおれと同じ運命だろう。すると、これまでの高さで一度も失敗していないおれは優位なんだ。だから、失敗はしても三位にはなれるぞ」

矢田はふりかえる。「こんな打算のうえに立ったスタートである以上、失敗は当然である。空中にバーを蹴上げた、態をなさない跳躍に終わった」と。

残った三人は猛烈な闘志を燃やして土をけり、次々に三人ともに二メートルのバーを越えてしまった。二メートルにいどんだ五人のうち、一人だけ二メートル〇三を跳んだジョンソンが金メダルの栄誉に輝いた。

陸上チームでは三段跳び、幅跳び、棒高跳びにそれぞれ日の丸があがった。その栄誉をになった田島直人、原田正夫、西田修平、大江季雄ら名選手たちは、いずれも無口で、豪胆な人柄。

「オリンピック勝者はめぐまれた運命にもよるだろうが、純一無雑の精神と逞しい訓練を受けた人のうえに、栄冠は輝くものらしい」と、矢田は手記につづる（『オリンポスの果実ベルリン版』週刊朝日、昭和二十七年新秋読物号）。

南極観測事業を発案し、成功に導いた矢田喜美雄

日の丸こそあげ損なったとはいえ、この大会のきまりにより、矢田は五位に入賞。

新聞紙上には「よくぞやった我等が矢田君」と、大きな見出しのおどるわきに、はちきれそうな矢田の笑顔の写真が写っている。

しかし五位入賞は、実力を出しきれなかっただけに不本意だった。ふだんの練習では二メートル台をひんぱんに跳んでいたからである。決勝戦をまえに、矢田は記者たちに「二メートル〇五をだして優勝したい」と決意を語っていた。

二回目の敗因はなんだろう。跳んだ瞬間の風圧が強すぎて、バーが落ちたことも考えられる。矢田は後年、

「おれのパンツはだぶだぶで、端がバーにひっかかったのかも知れない。外国選手たちはみな、ぴったりと自分の体に合った、それも滑らかなパンツをはいていた。おれもあんなパンツをはいていたら、きっと三位までにはいって日の丸をあげていただろう」と、社会部同僚の小原正雄に語っている。夕刻にかけて気温が急に下がり、寒かったともいっている。また、ベルリンへの征途の間、シベリヤ鉄道で毎日あぶらこい食事が出て食欲がすすまず、すっかりやせたと手記にある。

外国選手から受けたショックも大きい。練習場でアメリカの走り高跳び選手の三人は、一メートル八〇くらいの高さでトレーニング中の日本選手のなかに突然あらわれ、勝手にバーを一メートル九五くらいにあげてピョンピョン跳び越え、挨拶もしないで帰っていく。非礼、傍若無人のその態度に、はじめ感じた怒りの感情が恐怖、畏敬の心理にかわっていくのである。上位を独占したアメリカの三選手に対し、矢田はただひとりで立ち向かった。その心理的重圧は大きい。

黒人選手のジャンプ力に日本選手はかなわないともいっている。が、数々の悪条件のなか、これだけ戦えたことは称賛に値する。

矢田の姓は正確には清音でにごらない。ノートにはＹａｔａと署名してあるのだが、人は発音しやすく濁音でよぶ。

　矢田は大正二年（一九一三）九月十七日、山梨県東八代郡増田村増利（現笛吹市八代町）で生まれた。父一法《いっぽう》は有名な教育者で、県下の小学校の校長や実科高女の校長などを歴任。テニスや陸上競技など体育の強化にも力をいれた。郷里の笛吹川が一千年のあいだに何回も流れをかえたことを調べた論文も、ものしている。矢田の資料収集力は父親ゆずりらしい。一法は自分のこどもたちにも、スポーツをすすめた。その影響で矢田は勉強もできたが、とくに体操が得意。小学校低学年のころは暴れん坊でもあった。自宅の馬小屋に火をつけ、馬が焼け死んだ。一法は怒って近くの笛吹川の川原に矢田をつれだして、「おれも死ぬからお前も死ね」と、いさめた。一法はこどもが何か悪いことをすると、「そんなことするなら死んでしまえ」と怒鳴りつけ、足の指をきちんとそろえる正座を一時間以上やらせた。矢田は「無茶苦茶に怒られたよ」と、息子の良太に話している。

　ほかの少年と比べて背が高く、やがて身長は一メートル八二に。この世代の日本人としては並はずれて高かった。脚長で八頭身、睫《まつげ》がながく、黒々とした瞳をもつハンサム。

　親のすすめで教育者を志し、山梨師範学校へ。師範時代の矢田は動作が活発で、生徒の先頭にたち、リーダー的存在であったと、級友の懐古談にある。

　昭和八年（一九三三）、早稲田大学高等師範部に入学。この年、走り高跳びで当時の日本新記録一メートル九八をだしている。四年のとき、二十二歳でベルリン・オリンピックに出場した。成功すれば拍手を惜しまないが、負ければ見向きもしない観衆の非情さは身にしみた。

五輪選手から小学校教師へ。そこから高跳びして新聞記者に転身。下山事件の取材、南極観測事業の推進と、華やかなうちにも人知れぬ苦闘のきざまれたその生涯を追ってみる。

二、『新雪』の主人公のモデルに

ベルリン・オリンピックの翌年、早大高等師範部国語漢文科を卒業後も矢田は、大学の競走部員として陸上競技をつづけたかったらしく、文学部史学科にすすんだ。文学部に在籍のまま、郷里の塩山小に勤務、短期現役兵として軍隊生活をおくり、歩兵伍長で満期除隊になっている。

昭和十五年（一九四〇）四月、大阪市北区の済美《せいび》小学校教員（訓導）に。大阪で教師になったのは、早大の先輩でアムステルダム・オリンピック三段跳びの覇者織田幹雄の推薦による。矢田は、朝日新聞の大阪運動部に勤務していた織田に「教師をやりたい」と手紙を出した。織田がさっそく大阪市役所の学校関係者にきくと、一人あいていると紹介された。済美小は梅田駅から一つめ、天六寄りの中崎駅近くにある。ここで型破りの教師が出現する。

なにしろオリンピックの入賞者である。村夫子然とした飾らぬ姿と相まって注目され、とくに女子はあこがれて、その大きな体にまとわりついた。最初は高等科を担当。そのかたわら京大、三高の陸上コーチをつとめ、九月に小三ろ組担当。男女組である。保守的な地域であるにもかかわらず、両性は平等であるという信念から、矢田は率先して男女共学のクラスを提言した。

机の配置も教室の中央に発表の場ができるように、また、生徒がたがいに顔がみられるように、教壇に向かってコの字型に並べてみたりした。この時代では画期的な授業風景である。

翌十六年、生徒が四年に進級してから女子を級長にあてた。それまで級長は男子、副級長は女子というのが慣例だったが、矢田は性別にこだわらず、成績のよい子を級長にすればいいといって、五、六人はいた男子の級長候補をおさえて影浦正子（のち田中姓に）を任命した。男子優先の思想が徹底していた時代である。学校現場の常識をくつがえす破天荒の改革であった。

田中は「矢田先生は、いつも何事においても差別なく、平等をモットーに教えられました」と懐かしむ。

生徒の個性をのばすのが教育の根本ではあるが、矢田の手法は、そのために、授業についていけなくて縮こまっている生徒には特に目をかけ、自信をもたせるのに力をいれた。叱ったり、怒ったりはしない。といって、甘やかしてばかりではない。騒いだら廊下に立たせたり、時には殴ったり。カラっとしているので後を引かない。きびしく、辛抱づよく指導する。

生徒のひとり、松嶋孝夫は工作が優のほかはオール可の劣等生であった。矢田は松嶋をできる子の机に並ばせ、ノートをみせてもらうように勧めて、真似事でもよいから勉強するように仕向けた。「きょうは私の宿直だからこい」。いわれるままにいくと、矢田はていねいに勉強をみてやる。

矢田はある日、「松嶋、何でもよいから日記をつけてこい」と命じた。「先生、天気と、コマまわしとペッタン（遊びの一種）でもええか」と、ものを書くのが苦手な松嶋がきく。「それでもええ」と了解を得て書きだし、持っていくと、えらく褒《ほ》めてくれる。そのうち日常の生活をくわしく書けるようになり、「お前、やったら、できるやないか」と、矢田は感動をあらわにした。期末には「お前に優をひとつ追加してやる」と告げる。松嶋はちゃっかり「ほな優良、二つくれ」と要求。

「よっしゃ、わかった」と矢田。通信簿に、そのとおり記載された。「うまく生徒の個性を生かす。われわれは上手に調教されたような思いがする」と、松嶋は矢田の教育法を解説する。

松嶋は大阪市東区にある仕手株大手の三京証券の社長になる。松嶋は証券会社の専務時代に株主権のことで裁判になり、困惑したときにも、矢田は多忙な新聞記者の仕事の合間、弁護士を紹介したり、新しい商法の本を送ったりして松嶋を助けた。

早大では国語、漢文も専攻したのだが、矢田は特に理科と図画の授業に熱心であった。矢田には画才があって、後年朝日労働組合の本部執行委員長として大阪での会議に出席した合間、得意の油絵で風景を描き、これが勤労者美術展に入選しているほどの腕まえ。生徒を放課後、連れ出して街の風物を描かせた。

馬を題材にさせた際、生徒の大塚淳は馬のひずめから描きはじめる。さすがの矢田も、これには驚いた。大塚は「豆画伯」と朝日新聞に書かれ、後年、地域の名画家として声望をたかめていく。

スポーツマンの教師だけに、体操にはきびしい。戦後は登り棒と呼ばれる攀登棒《はんとうぼう》に、「実力の三倍の力が出るんだぞ」と、しつこく何回も登らせた。川の土手の上から生徒を横にさせて転がす。川に舟を出して、櫓をこがせる。

全員が走り高跳びができるように仕向け、跳べるまで帰宅させない。世界一周と称して週三回、男子五キロ、女子三キロの距離で校区内を走らせる。それを眺めているなかに矢田ファンの主婦が何人かいて、物資窮迫の時代にもかかわらず、かならず二、三人が弁当を持ってやってくる。生徒も心得たもので、事前に校門まで受けとりにいく。矢田はその弁当を全部、女子に与えた。女子に甘かったようである。

「今夜は学校の屋上に集まれ」。空を見上げ、星座を教える。感心した生徒をプラネタリウムに連れていく。ときには朝日会館で、こども向けの新劇を鑑賞させて、「世の中にはこんなにおもしろい芝居があるんだぞ」と感動させる。実地の情操教育である。

四年生に恒例の記念撮影をする段になって、矢田は小沢伴蔵校長に上半身を裸にして写りましょうと提案した。一年間きたえた発育ぶりを確認したいというのである。体の発達がおそい時代とはいえ、女子のなかには恥ずかしがって逃げだす子もいた。精神が健全すぎていて、普通の間尺では追いつかない感覚なのである。それではと、あおられた小沢校長、矢田担任、クラスの全児童が裸になって、カメラにおさまった写真が残っている。

「よく遊び、よく学べ。こそこそするな。笑うときは腹の底から大きくハハハ、と笑え」

自由奔放。のびのびとした、元気のよい子を育てる方針。担任の生徒たちにとって教室はパラダイスであった。それまでの教育のパターンをうち破った授業である。将来国家、社会のために役立つ人材を育てるには、あまり成績にこだわるまいとしていた。創造性、発展性のある、野性味ゆたかな完成品をつくることに専念する。教室はつねに笑いに満ちていた。

矢田のこうした指導はしかし、同僚の反感を生んだ。「突飛なご性格から他の正統派の先生との間に溝が深かったと思います」と、生徒だった渡船博之は筆者あての手紙のなかでのべている。

そのころ朝日新聞では、連載小説を作家藤沢桓夫《たけお》に頼んでいた。藤沢は小学校の先生を書いてみたかった。だれかモデルになれる人がいないかと、学芸部のデスクに相談していた。学芸部の隣に運動部があって、部員の織田がそのやりとりを聞いていた。そんな織田のもとへ矢田がよくたずねてきていた。

「織田さん、先日はぼく、学務委員の権力をカサにきる父親を殴ってしまいました。あとでその男、反省して、ぼくの味方にがらっと変わりましたよ」と、大きな声で笑う。

「面白い先生がいますよ」。そういって織田は学芸部を通じて矢田を藤沢に紹介した。古い教育体制を破壊して遮二無二、改革をめざして驀進せんとする矢田の熱血教師、快男児ぶりは、藤沢が探していた主人公のイメージにぴたりと合っていた。この人なら書ける。藤沢は大いに満足して矢田から話をききだし、『新雪』ができあがった。この小説は、日米開戦まぢかの昭和十六年十一月二十四日から翌年四月二十八日までつづいた。『新雪』にみる家庭や地域での人々の言葉づかいの美しさ、人情のこまやかさ、きずなの強い人間関係には、戦前の日本の原風景がみられる。

この小説の主人公蓑和田《みのわだ》良太は、矢田をモデルにしている。さわやかなこの青春小説は新潮社から出版され、初版二万五千部のベストセラーに。用紙の統制のきびしい戦時下、驚異的な売れゆきであった。水島道太郎、月丘夢路主演で大映が映画化した。水島が良太に、月丘が千代の役に。二人は、ほのかに慕い合う。映画も圧倒的な人気をおさめ、主題歌を灰田勝彦が甘い声で歌った。矢田も小説、映画ともに気にいったとみえ、後年、生まれた息子に、ちゃっかり良太と名づけた。

ところで先にみたとおり、小説の人気とは裏腹に、同僚の不評を買って、矢田は学校に居づらくなってきた。豪放にみえてこまやかな性格なのである。転職を考え、朝日にはいりたいと、また織田に相談した。新聞社の自由な空気が好きだった。織田が社会部長にたのみ、念願を果たす。

師を慕う生徒たちの熱情もだしがたく、戦災で焼けだされたり、疎開したりで連絡がとれなかった苦境からようやく抜けだした昭和二十年代の後半、クラス会が梅田でひらかれ、矢田は東京からかけつけた。

元生徒たちは口々に讃辞をこめていった。

「矢田先生の授業がいちばん進歩的、民主的でした」。「先生なんていうな。矢田のおっさんといえ」。矢田はご機嫌だった。クラス会は「済美小矢田会」と名づけられ、随時ひらかれた。矢田は、病気がちになった昭和五十七年（一九八二）に出席したのが最後となる。

三、「怪死」下山事件を追って

㈠ 法医学の特別研究生に

朝日新聞に移って、かけだしは高松支局。昭和十七年（一九四二）二月、二十八歳。遅まきのスタートである。翌十八年九月、東京社会部員に。

昭和二十四年（一九四九）七月六日未明、国鉄常磐線綾瀬駅西方七百メートルの下り線路上で、下山定則国鉄総裁の轢《れきし》死体が発見された。昭和史最大の怪死事件である。自殺か、他殺か、捜査当局、法医学会を二分する大論争がまきおこって六十年。今なお余燼がくすぶりつづけている。

現場は東京足立区五反野《ごたんの》南町の常磐線と、その上を走る東武電車が交差するガード下。轢死体はそこから下り線方向八十数メートルにかけてバラバラになって散乱し、顔の見分けもつかず、酸鼻の極であった。事件当時、とどまることなき爆発的なインフレと経済不安が国民生活を圧迫していた。これを克服するために大量の公務員を人員整理するとの方針をかかげる吉田茂民自党政権。官公労のなかでも最大の勢力を擁する国鉄労働組合がクビ切りの狙い撃ちにされていた。

その組合員に対して国鉄当局は七月四日、第一次整理者三万七百人のリストを発表。組合側はこれに抗議して五日、ストライキ闘争を組もうとした寸前、下山総裁は消息を絶った。この日の朝、いつものとおり、迎えの車で東京大田区上池上の私邸をでた総裁は、国鉄本庁にいかず、運転手に行き先を五回も変えさせた。

轢断死体発見の知らせに報道各社は大騒ぎとなり、記者たちは豪雨のなか、現場へ走った。矢田は当時上野、浅草方面、いまでいう第六方面警察担当のサツまわりで、事件現場の綾瀬（西新井署）も受け持ち区域である。

矢田の畢生の力作『謀殺下山事件』（昭和四十八年＝一九七三＝講談社刊。以下『謀殺』と略す）によると、矢田は五日、シベリア引揚者の取材に追われ、社にあがったのは六日夕刻であった。三階の編集局は火事場のような騒ぎ。東大医学部に知己の多い矢田は、遺体鑑定の取材にまわることに決まった。矢田は前年一月の帝銀事件などの取材で東大にくいこんでいた。

下山定則・初代国鉄総裁

下山総裁の遺体は東大法医学教室にまわされ、主任教授古畑種基博士立ち会いのもとに桑島直樹博士が執刀し、解剖がおこなわれた。「生活反応なし」と確認。ただし下腹部に皮下出血がみとめられた。
生活反応とは、外傷を受けたときに生きていたことを示す所見。このとき血が傷口周辺の筋肉組織内にしみこみ、固まった（凝固）のが法医学でいう生活反応としての出血。では死体を傷つけて出た血はどうなるか。その場合は少量の血が出ても、血圧がないので筋肉内にはしみこまず、皮膚の表面にかたまっても凝固能力が低下していて、濡れた布で取り去ることができる。あとを残さない。この点で生活反応としての出血はきちんと凝固するので区別できる。

騒然たる社会情勢である。生活反応のない、すなわち出血がないか、あってもごく微量の死体が線路上にあって轢かれた、ということで、下山総裁の轢死体を捜査当局が最初に他殺とみたのは当然であった。他殺死体を自殺のようにみせかけて、線路上に持ち運んだのではないかというわけで、新聞各社も当初、他殺に向けて書いた。記者たちが現場にくりだして捜査員のあとを猟犬のように追い、刑事なみに地取り（聞き込み）にまわった。

五反野の踏み切りで立ち番し、夕方帰宅する人をつかまえて「下山さんらしい人をみなかったか」ときく。女性が逃げだしたのであとを追い、痴漢に間違えられたこともあると、朝日OBの小林幸雄《ゆきお》は回想する。

発生二日目の七日、毎日新聞の動きに変化があった。取材の前線本部にいた記者一年生の高橋久勝は、本社から副部長の平正一に指示された。平は下山事件の取材班デスクで、冷静かつ重厚な人柄。事件を描いた井上靖の『黯《くろ》い潮』のモデルである。

「目撃者ばかり追っていても仕方がない。死体発見現場をもう一度あたってみろ。所持品でみつかっていないのは眼鏡、ネクタイ、ライター、シガレットケースだ」

高橋は現場にまた出かけ、拾った棒切れをもって夏草をふみわけ、土手の草むらをかきまわしながら歩いた。高橋は予備学生出身の元海軍中尉。本土決戦をまえに、急降下爆撃の猛訓練できたえた体ではあるが、真夏のカンカン照りには参った。かがみこんで草むらを探していて腰が痛む。

ふと田んぼの向こうにある「三幸《さんこう》」という旅館が目にとまった。下山さんは、ひょっとして、いまのおれみたいに疲れてしまい、旅館でひと休みしたのではないか。そう思って足をむけ、三幸にはいって主人にきいた。

「おじさん、下山さんらしい人、ここにこなかったの」

係わり合いを恐れて主人は言下に否定した。ほかに旅館は二軒あるときき、近いほうの末広旅館にいってみた。この旅館は東武線五反野駅のまえにあった。現われたのは人のよさそうな中年の女性で、長島ふくという。

「毎日新聞の者ですが、宿帳をみせてくれませんか」と高橋。

「宿帳には書きませんのよ、お休みの人は」と、当惑の態。

「休んだ人が下山さんだと、どうしてわかったんですか」。カマをかけて聞くつもりはなかったが、自然にこういう言葉がでた。

「それはもう。でも警察から固くとめられていますから話せません。ねえ、あなたぁ」と、奥にいた主人の勝三郎に助けをもとめる。勝三郎は警視庁捜査一課の関口由三ら二人の警部補の名刺をみせて、絶対にしゃべれないと、つっぱねた。新聞の顔写真をみて、下山総裁によく似た人がきたと、旅館側から警察に連絡がはいり、この日の午前、警部補が二人、調書をとりにやってきたのである。

高橋はいったん外へ出て、ちかくの酒屋から平デスクに電話した。平はただちに名倉憲二ら四人を高橋のもとへ出した。名倉はデカ長（でかちょう）と呼ばれる生え抜きの事件記者である。

「やあ、おかみさん、おめでとうございます。これ、表彰ものですよ」。勢いこんではいってきた名倉。カメラマンまできたので長島夫妻は圧倒された。勝三郎が元警察官だったことから、話がほぐれてきた。総裁に酷似した紳士と四時間ちかく応対したふくの証言は、その後まもなく判明した関口警部補らの調書と一致した。

取材をおえたあと、名倉は平に電話連絡した。「これで決まりです。高橋君を褒めてやってください」。社にもどり、名倉は書きだした。

原稿は長文で、それによると——。

五日午後二時ごろ、五反野南町七十五の旅館「末広」にひとりの紳士が現われた。六時ごろまで休ませてほしいというので二階に案内したら、紳士は南側の出窓に腰をおろして「風とおしがよくていいですね」と愛想をいい、水を要求した（中略）。宿泊カードをだすと、「それは勘弁してくれ」と押し返した。五時二十分ごろ、二階で手がなるので廊下に出てみると、紳士はすでに階段を降りてきて、部屋代二百円のほかに百円を置いて出ていった。翌朝の新聞に「下山総裁失踪」の記事があり、総裁の写真が、その紳士とそっくりだったので、さっそく警察に届け出た。捜査本部から刑事たちが急行して、多くの写真のなかからその紳士に酷似する写真をしのばせ、あるいは幾種類かの靴のなかから、その紳士がはいていた靴に類似するものを選ばせたが、いずれも間違いなく指摘することができた。ゆっくりと靴をはく総裁の癖や、だれも知らない靴下の色も「紺無地」と、はっきり見定めていた——。慎重な整理部長の手で、原稿は半分にけずられた。

高橋は語る。

「その紳士が上着の内ポケットから右手で財布を出して、左手で札を出したので、左利きかなと、女将がいったのを覚えています」。これは下山のくせで、家人やごく親しい人しか知らなかった。靴紐の結びかたが、普通の人と違っていたとも女将は高橋たちに話した。

矢田もこの点を重視して調べた。矢田が下山夫人にきいたところによると、靴の手入れは同居人のNの担当だった。そこで矢田はNにただした。Nは矢田に説明した。

「紐の結び目もおかしいです。左右がちぐはぐになるようなことは、長い間の観察で絶対にないことでした」（昭和三十三年五月十四日「週刊朝日」奉仕版「下山事件記者日記」＝矢田喜美雄）

旅館で下山総裁が自分で靴紐を結んだとすれば、Nの結びかたと違って当然である。

矢田は後年、長島ふくの証言を確かめようとしたが、昭和三十四年（一九五九）に死去したため確認できなかったとしている（『謀殺』）。

矢田は東大の法医学、裁判化学の両教室に入りびたることになり、急に忙しくなってきた。

矢田は前年三月から本郷の銀杏並木を歩き、授業料の三倍値上げなどに反対する学生運動を取材してまわっていた。学内規則に照らしてやむをえず停学、退学させる三十人ちかい学生について、「前途ある青年たちの名前はのせないように」と、南原繁総長は沈痛な表情で記者たちに要望した。朝日は処分学生の数だけを書いた。こうしたことから、矢田は南原に信用されていた。南原は矢田を法医学の特別研究生として受け入れた。矢田の大活躍がはじまる。

法医学教室の桑島医博のすすめで図書室をあけてもらい、法医学関係の本を読みあさる。事件発覚から十三日目の七月十八日、図書室にいた矢田に桑島医博から呼び出しがかかった。五反野の轢断現場の上手《かみて》、つまり列車が進んでくる北千住寄りに血痕がみつかったという。矢田はいたく興味をそそられ、翌十九日には五反野ガード下に立った。まもなく世間を震撼させるルミノール検証のはじまりである。

矢田はひらめきの人である。炎天下、汗だくになって枕木のほこりをハンカチでふいているうち、直径六ミリほどの褐色のシミをみつけ、何となく血痕ではないかと感じ、ガラス片でマークをつけた。枕木を三本ふいてハンカチはぼろぼろになり、体はくたくた。十分おきに電車がくるので危険このうえない。最初にマークしたものをガラス片でけずりとり、研究室にもちかえった。古畑教室の野田金次郎助手がフラスコをつかって実験の結果、いった。

「たしかに人間をふくむ動物の血液だ」と。

矢田はふるいたった。急に忙しくなった。

同僚の栗田純彦が応援にきた。栗田は東大農学部出身で薬品にもくわしく、強心臓ぶりは矢田をしのぐ。ふたりは野田博士からドイツの学者が開発したルミノールという、夜間に有効な血痕証明用の発光性試薬のことを教わる。そこで本郷付近の薬屋を軒並みたずねあるき、やっと三本買い求めた。

(二)　夜陰に乗じ血痕採取

七月二十二日午前零時、夜陰に乗じて矢田と栗田は、轢断地点でルミノール試薬を噴霧器から吹きつける。レール側面、枕木、バラス（砂利）に螢光がみごとに浮かびあがり、テストは成功した。これを受けて七月二十五日午後十一時すぎ、東京地検、警視庁、東大、朝日から計約二十人が集まって、大がかりな再度のルミノール検証作業がはじまった。矢田の働きかけによるものである。

五反野の現場から列車の進行と逆方向の上野寄り二百メートルあまりの間に五十二の血痕がみつかった。二十七日付けの朝日に「現場上手に血の跡」という四段見出しがおどり、ちかくの麻ロープ工場（無人家屋）内のとびらに明らかな（血液の）反応をみた、という他殺を暗示する記述が目をひく。

『謀殺』によれば、発光した血痕は線路内を右へ左へと酔った足取りのようにちらばり、上り線にもみつかった。ロープ工場は轢断点から上野寄り百八十六メートルのシグナルの下にあった。

集めた血痕から血液型をわりだす作業にとりかかった。矢田が試薬のびんを手に助手と言葉をかわしている写真がある。玄人はだしで実験に参加。偶然のめぐりあわせ、それも東大、地検の委嘱をうけて鑑定作業に協力する羽目になった。

さて血液型の判定法だが、通常のA、B、O式だとヒトの血液中に抗原も抗体も存在していて、ヒトの血清をもちいるので容易だが、それよりもっとこまかいM、N、Q式の検出にはウサギ、ブタなどの動物の血清をつかうので、ややこしい。ヒトの血を動物に注射してヒト免疫の抗体をつくり、これを採取して試薬をそそぎ、ヒトの血をいれて凝集（反応）をみるのである。

中外医学社版『輸血学』第三版（二〇〇四年）によると、日本人百人中の血液型出現頻度はA型三九・一パーセント、M型二八・三パーセント、Q型三一パーセント。この三つをかけあわせた三・四パーセント、つまり百人中三人強という、ごく少数がAMQ型となる。

筆者は血液型判定グループのなかで平成二十年現在、健在のある医学博士に当時の模様をきいてみた。

「M型の検出まではやったでしょう。先輩がMが出たぞといったのを覚えていますから。しかし、Q型はどうですかね、Q型はブタの血清をつかう。これは短時間ですぐ消えてしまう。だからQ型は無理だったと思います」

『謀殺』ではしかし、Qまで出したという。下山一族十六人を採血して調べた結果、九月二日にいたり、推定七〇パーセントがAMQだったという。さらに枕木とロープ小屋の板壁からもＡＭＱが検出され、総裁の血液型と完全な一致をみたとしている。
（しかし古畑が事件後十年たってもロープ小屋の血はＡＭＱだと主張しているのに対し、矢田は時効成立後、文化人ら十一人で発足した下山事件研究会に、これはＡＭだったと訂正文をだしている。ＡＭは約十人に一人の出現頻度。ロープ小屋の血は警視庁の捜査で、作業員がけがをしたときに付着したものとわかった）

朝日のルミノール反応の記事で、毎日の警視庁担当の今井太久弥はおどろき、堀崎一課長のところに駆け込んだ。今井は矢田がマークしている事件記者のエースである。堀崎はこともなげにいった。「血痕は現場から上手だけでなくて、上野から青森までの間の枕木に、無数に付着しているよ」。当時の列車のトイレの構造では排泄物が進行中に噴出し、生理血もまじっている。

じつはＭ型検出にも東大法医学研究室の関係者から「判定は困難」と疑問が出て、昭和四十二年（一九六七）には臨床病理刊行会発行の特集にも論文が発表されているのだが、仮に下山総裁の血液型がＡＭ型だとしても、十人に一人の出現頻度は珍しくないと弘前大学医学部付属病院の輸血部ではみている。

東大法医学教室では下山総裁を死後轢断と断定、これが他殺説につながるのだが、他殺とすると、ツジツマを合わせるのが捜査上きわめて困難になる。なぜか。

第一、現場までは車がとおれない細い道が四本あって、百五十メートルから三百メートル。総裁の体重は七十三キロ。おなじ重さの砂人形をつくり、七月二十八日夜、検事立ち会いで捜査員二人がこれを抱えて運んでみたのだが、人目につかぬようにするのは容易でなかった。

それでも線路上に運びあげたとしよう。血痕があちこちに広がっていることからみて、犯人グループは血のしたたる総裁の死体をかかえて線路内を右往左往した末、下り線のてごろな場所に死体を置いたことになる。おぞましさをとおりこして、間抜けな図である。

そこで死体を列車で運んできて現場に投げ出し、これを待ちかまえていた者が轢断予定場所に置いたという想定で警視庁が調べた。

が、該当する時刻の列車は占領軍専用の臨時列車であって、米軍憲兵が厳重に検査し、各駅は無停車で通過しているので、途中で死体を乗せたり、投げ出したりはできないことがわかり、地検の現場捜査でも否定された。

後年、推理作家の松本清張が列車投下にこだわって書いているが、作家の考えた架空の話といえよう。もし投下するとなれば、いったん停車するわけで、蒸気機関車は停車と発車のさいに大きな音響を発するから、付近住民は気がつくはずである。

下山総裁怪死事件の捜査のさなか、またしても大事件が発生した。九日後の十五日に起きた死者六人、重軽傷十余人を数える三鷹事件である。中央線三鷹駅車庫から七両連結の無人電車が走りだし、車止めを突破して民家に突入したもので、下山事件を解明するうえで大きな判断材料をあたえた。

総裁は自殺か他殺か、当代の実力法医学者が八月三十日の衆議院法務委員会に参考人として呼ばれ、意見を開陳した。休憩をはさみ五時間におよぶこの大論戦は自、他殺判断の基礎をあたえるハイライトであり、論争の分量は優に単行本一冊にちかい。以下、要点を記してみる。

中舘久平博士（慶応大医学部教授）

「三鷹事件では四例中三例に、陰茎、睾丸に高度の出血がみとめられた。手足の甲に表皮剝脱のない皮下出血もみとめられた。したがって（中略）下山総裁の陰茎、睾丸の出血、手足の甲における表皮剝脱をともなわない広範の皮下出血は、轢死、すなわち生きているときにひかれたと推定する有力な根拠となるものであって、轢死と認定しても間違いない」

「（三鷹事件の例からみて、こうした現象は）身体に非常に大きい機械力が作用することによって、非常に大きい衝撃をうけ、身体の毛細血管が破裂することによって起こるものではないかと想像している（中略）。陰茎、睾丸、または陰嚢の出血は轢死固有の所見といっても過言ではない」

古畑種基博士（東大医学部教授）

「下山総裁には、生活反応をみとめることができなかった。ただ睾丸に出血がある、局所に出血がある、手足にごくわずかな出血がある。こういう、まあ、生活反応と申せば生活反応と申すべきものがあったが、轢《ひ》かれるということによっておこったと思われる損傷、轢断によって生じた損傷には、どこにも生活反応がなかった」

「死体を轢断したものであるということは最初から申しているとおり、その意見は毫末も変えるものではない」

小宮喬介博士（元名古屋医大教授）

「新聞に、轢いた機関車の排障器に血痕がついていたというので警視庁にきいたところ、ゼリー状の血痕だったという。ゼリー状だと凝結とみてよい。さきほど古畑教授がいわれたとおり、人間の血は死んでから出ても当分のあいだは固まるが、固まりかたが、ごくわるくなっていく。すこしの間は固まるものである。しかし生きていたならば完全に固まる。機関車のほうからみると、生きた者を轢いたということになる」

機関車（D51《デゴイチ》）に多量の血が飛び散り、凝固していた。機関車が牽引する後続の貨車にも血がついていた。死体からの出血ではこれほど飛び散らないし、凝固しないと、小宮はみる。

以上が三博士発言の大要である。創傷部位に生活反応が認められないから死後轢断であるとする古畑説と、睾丸、陰茎をはじめとする表皮剥脱をともなわない皮下出血は轢死体における特殊の生活反応であり、生体轢断であると反論する中舘説の対立が国民のまえにはっきりと浮き上がってきた。息づまるような論争のすえ古畑説は他殺論へ、中舘説は自殺論へつながっていく。豪雨が現場の血を洗い流してしまい、判断を長引かせた。

この法務委の質疑応答で、「古畑教授は中舘、小宮両参考人に攻撃されたままの形でおわっている」と矢田は書いている。

下山総裁の失踪後の足取りを追って警視庁の必死の努力がつづく。五日午前十時ちかく、三越付近でライター修理のアルバイト学生が、五十歳前後の立派な服装をした紳士からライターに油をいれるよう頼まれるなど、四人の現認者がみた人物は人相、年齢、服装がだいたい下山総裁と一致していた（『警視庁史昭和中編（上）』昭和五十三年＝一九七八＝発行の部内資料）。

現場の通行者、車両などが徹底的にしらべられ、田中栄一警視総監によると、五反野付近で総裁らしい人をみたという目撃者は八十人に達した。そのうち記憶ちがいをのぞき、十六人の印象が総裁に符合していた。

そのなかで五反野南町の無職女性T・Yは、「午後六時四十分ごろ（夏時刻）、現場の鉄柱のところに紳士が立っていて、不審に思って見つめていると、草を摘んでガードのほうにいくので、あとをついていった。その人は考えごとをしているようで、火の見のほうへいった」と供述している。発見された総裁の上着のポケットに、T・Yのいう場所に密生していたハト麦の穂がはいっていて、真実性に富む証言となっている。

捜査過程で、総裁が高架線路からガード下線路に飛び降り、そこへ列車が通過したという推測も出てきた（朝日・岩井弘安）。毎日の高橋も、「ガードの石がくずれている写真を捜査員から見せてもらった」と語る。

やがて失踪の謎のひとつである五反野という場所について理由が明らかになってきた。警視庁史によると、現場につぎのような総裁の土地勘があったのである。

一、下山総裁は学生時代ボートの選手として江戸川で練習し、常磐線でかよっていた。

二、東京鉄道管理局長時代、キャスリン台風の被害を受けたこの地帯を視察するため、徒歩でまわった。

三、昭和二十二年（一九四七）四月ごろ、現場ちかくの小菅刑務所で関東行刑管区発会式をあげたさい、総裁は刑務委員のひとりとして出席した。同所ベランダから眺めた現場の風景が、当時局長室にかかげてあった風景画と酷似している。

このほか、現場付近で国鉄の会議があったり、毎日の今井太久弥によると、総裁の親しい知人が住んでいたという。

㈢ 占領軍の命令で発表中止

こうした捜査経過の流れをうけて、衆院法務委での論戦にさきだつ昭和二十四年（一九四九）八月三日、検察庁と警視庁による大合同捜査会議が東京・目黒碑文谷の坂本智元刑事部長官舎でひらかれた。『生体れき断』（平正一著・毎日学生出版社）によると、当初他殺の線で捜査していた捜査二課、検察側からも自殺に疑義をはさむ発言はなく、特別参加した古畑教授は、「われわれの解剖の結果は死後轢断と出ているが、自殺ということも考えうる」とのべている。会議では自殺と断定した。

それが、発表差し止めとなった。この発表予告記事をのせた毎日新聞によると、田中総監から坂本部長に発表中止命令の電話がはいったという（『生体れき断』『毎日新聞百三十年史』など）。では、だれがそう田中に命じたのか。矢田も「ナゾを秘めた裏話である」と『謀殺』のなかで問うている。政府側の反応から推して増田甲子《かね》七《しち》官房長官あたりが浮かんでくるが、事件から十年後、増田は毎日記者の質問に対してこれを否定している。考えられるのはGHQ（連合国軍総司令部）の策謀である。

昭和六十一年（一九八六）二月二十五日、極秘文書が国立国会図書館の手で公開された。アメリカの国立公文書館から届いたもので、「これは悪い報道だ。彼らをだまらせろ。これは自殺ではない」と、毎日の記事を意識したらしい文字がみえるほか、GHQ参謀第二部公安課長のプリアム大佐が、部長のウィロビー少将から受け取った覚書のなかで、大佐が自殺報道に何らかの対抗策をとったことを明らかにしている。

『生体れき断』によると、堀崎捜査一課長が捜査会議前日の二日にプリアム大佐を訪問して、自殺決定にいたるまでの捜査結果を報告し、大佐は発表に同意したという。しかし、ウィロビー少将が激怒。少将の意向をうけて、大佐が田中に発表の中止を指示したとみるのが妥当のようだ。

続発する大事件をGHQ、吉田政権は、共産党と労働組合の仕業によるもので、下山事件も彼らの手になる他殺と喧伝しておきたかった。そのほうが、馘首《かくしゅ》反対闘争を鎮圧しやすいからである。三鷹事件後の政府見解にもその方針が露骨に紙面にあらわれている。矢田はアメリカ帝国主義と、それに従属する日本反動勢力の手による他殺と主張していた。おなじ他殺論でも意味が正反対なのである。

下腹部を蹴って殺すやりかたは日本人ばなれしている、外国人による殺害ではないのか、とする説もあった。矢田は言下に否定した。

「ちがう。日本人が（占領軍の意向を受けて）やったんだ」と筆者に語った。

さて、自殺決定の発表が中止となったあとも捜査は続行した。矢田の記者魂は、またまた燃えさかっていく。

事件発生から二ヵ月目の九月にはいり、東大裁判化学研究室では、秋谷七郎主任教授を中心に下山総裁の遺品の衣類の検査がおこなわれた。法医学研究室から足をぬいた矢田は、秋谷教授室の隅に小さな机と椅子をもらい、衣類付着物の検査に没頭した。矢田は秋谷から正式要員なみに「助手」とよばれた。上着、ズボン、下着、靴などを調べたところ、三百cc（約二合）の油がしみこんでいるのがつきとめられ、ヌカ油と決定された。

さらに研究室では、塚元久雄助教授の担当で衣類についている青緑、紫、赤、褐色などの色素の追及がはじまった。微量ではあったが、油とあわせ、犯行とむすびつくのではないかと研究室内で考えられた。ヌカ油や色素を取り扱う工場などで総裁を殺害し、そのとき衣類に付着したのではないかという想定である。地検も調査に動いた。

が、この想定も後年くずれる。ここにひとりの研究者を紹介する。佐藤一。松川事件で逮捕され、いったん死刑をいいわたされたが無罪確定。当初、下山事件を他殺とみて十二年間かけ、全国をまわって調査した。しかし、昭和五十一年（一九七六）に出版した六百二十一ページにおよぶ『下山事件全研究』（時事通信社）の結論は自殺。佐藤は膨大な量の国鉄百年史をひいて、「進駐軍（注・一般に占領軍と呼ばず進駐軍と呼んだ）の放出油は種類雑多。使用するにあたり、事故もおきた。劣悪な油の性能を改善するため、機関車油には植物油を相当量混入した」との一文を伝えている。

筆者は平成十八年（二〇〇六）、交通博物館で、事件から二年後に発行された天王寺鉄道管理局編著『機関区従業員必携』（大鉄図書発行、非売品）をみつけた。それには「油壺、軸箱、ピン回りには液体植物性の橄欖油《かんらんゆ》、種油、亜麻仁油を、固形体植物性には椰子油をつかう」と明記してある。鉱物油では足りず、植物油も使っていたのである。ＪＲ千葉支社広報担当も、「戦時中はひまし油、松根油を機械油の代用にしていた。戦後のある時期にも植物油を使っていた」といっている。

油と色素について、佐藤は昭和四十三年（一九六八）五月、九州大学薬学部にうつっていた塚元をたずね、つぎのように聴いた。

「刑事が油を方々からあつめてきて、それをひとつひとつ検査しなければならず、たいへんだった。それらのデータを矢田君はせっせと書いている。感心だった。色素は塩基性染料で、これは日本のどこにでもあった物質だ」

また佐藤は末広旅館をたずねたとき、壁が赤ちゃけて、ザラザラしているのをみたという。「総裁」は上着をぬいで床にはいり、休んだ。そのときにそれらの微細な物質が付着したことが考えられる。

事件から三十七年たつ昭和六十一年（一九八六）は極秘文書が公開される年であった。一月六日、サンケイ新聞に事件の生々しい写真が掲載された。同紙のワシントン特派員が米国立公文書館から入手した六枚の一部で、右肩の切断部分から心臓がとびだし、腹がさけて内蔵がはみだしている。『死の法医学』（北大図書刊行会）で自殺説を出していた北大名誉教授の錫谷徹は同紙上で断言した。

「もし下山さんが殺されたあと、線路の上で寝かされてから轢かれたのなら、こんなに胸が偏平にならないし、心臓もとびださない。おそらく下山さんは立ったままの姿勢で胸を（枕木から一メートル以上の機関車先端についている）台枠にぶつけ、ほとんど同時に心臓がとまったのだろう。傷口に生活反応がみられないのはそのためで、生活反応がなくても明らかに自殺体」。他に登場する六人の法医学者のうち五人も生体轢断の見解をしめした。

筆者は昭和四十年代の前半、兵庫県明石市内に勤務していたころ、山陽電鉄の電車に若い男女が飛び込み心中をした現場を取材したことがある。何メートルにもわたって四散した死体は電車の圧力、風圧で着衣は引き裂かれ、肌がむき出しになっていた。元国鉄機関士はつぎのように説明する。

「丸太を線路上に直角に置き、そこにD51がとおると、速度にもよるが、排障器で丸太は線路外にはねとばされる。これが死体の場合だと、人体は粘着性があるので車輪に引き込まれ、首と膝下の部分が切断され、胴体は三十メートルほど転がされて止まるだろう」

排障器と線路上面のあいだは十センチ、線路上面とバラス（砂利）の間も十センチ。つまり排障器とバラスの間は二十センチの空間があり、死体を線路上に直角に置くと胴体部分がへこむので、胴体部分は傷だらけになっても形はのこると元機関士は推測する。さらにいえば機関車底部から線路上面までは四十センチ、後続の貨車の底部からも三十センチの空間があることを思えば、この推測は成り立つ。

下山総裁の遺体は約九十メートルと広範囲に散乱していた。死体を轢いたのならこんなに飛散するはずがない。立位で機関車と正面衝突した総裁の体は機関車に巻き込まれ、引きずられ、次々に轢断されていったとみることができる。錫谷説と合わせてみると「生体轢断」の可能性がたかい。

『医学大辞典』（注・平成十五年医学書院刊）は、「轢死のように瞬時に大きな外力が加わると、生前の損傷であっても生活反応を欠くことがある」としている。

時を経るにしたがい、下山総裁は自殺とみるのが自然の流れのようになってきた。だが着用していた眼鏡、ネクタイなどがみつかっていない。これをどう説明するか。

前出の毎日の元記者はこうみる。

「下山さんは旅館から現場へいく途中、暑くてネクタイをはずし、胸のポケットにいれていて落としたのに気づかなかったのではないでしょうか。眼鏡も汗ばんで土手の草むらに置き、それらをだれか通行人が失敬したと、想像できませんか。モノのない時代のこと、下山さんの所持品は高級品でしたから」（高橋久勝）

「ネクタイや眼鏡をさがすとしたら、レールをはずして点検しなければならない。とても、そんなことはできなかったでしょう」（今井太久弥）

ある飛び込み自殺で、眼鏡が現場から数百メートルも遠方でみつかったケースがある。車体底部のどこかにひっかかったらしい。

現場付近は現在、線路両側に高い塀をめぐらし、事故をふせいでいる。現場から五十メートル南に小菅刑務所をとりかこむように、地元で古隅田川と呼ばれる用水路がめぐらされている。総裁はこの用水路に所持していたものすべてを投げ捨て、それが深夜の豪雨で東側の綾瀬川に流れ込んだ、と推理することも可能ではないだろうか。

下山総裁は事件まえから奇矯な行動がめだち、精神医学の権威で当時米子大学学長の下田光造博士は、初老期うつ憂症による自殺ではないかとの意見書を捜査本部に出している。これを受けて警視庁の自殺認定は動かぬものとなった。

事件に関する推理情報は多々あるが、いずれも解明の筋にはつながっていない。また近年、事件の鍵をにぎる人物として矢板玄《やいたくろし》という会社社長の名をあげる本がいくつか出版されているが、実弟の矢板康二は「事実無根のデタラメ」と、否定している。

古畑教授との法医学論争に対し、歴史は中舘教授に軍配をあげたかに見える。とはいえ、自殺と百パーセント断定しきるには、一抹の疑念がなしとはしない。

時系列をみると、目撃者の話からみて総裁が地下鉄の浅草駅を降りたのが五日正午ごろ。五反野駅を降りたのが午後一時四十五分ごろなので、浅草から五反野駅を降りるまで一時間のブランクがある。

解剖の結果、胃のなかは空っぽだったから、何も食べずに浅草の街中を一時間歩き回っていたことになる。目撃者はいなかったのだろうか。

一人の記者が捜査当局と東大を動かした。矢田の行動それ自体がニュースである。真実を追究してやまぬ執念と熱情には圧倒される。調査報道の原点がここにあった。

四、出色の事件遊軍記者

下山事件の前後から、矢田は事件と事件がらみの街ダネの取材を得意としていた。焦土の街からひろった靴磨き少年の物語をはじめ、上野地下道での戦災孤児からの取材がある。孤児をひょいと自宅に連れてきては食事をさせる。生後まもない良太の産着にシラミがうつり、妻の初枝が熱湯で消毒するのに苦労した。パンパンガールという、アメリカ進駐軍相手の娼婦を家に連れてきて何日か泊めてやったこともある。読売の事件記者三田和夫にいった。「生態を観察してみたんだがね、動物の帰巣本能とでもいうのか、いつの間にか、上野の森に帰ってしまったよ」。「矢田の奥さんが記者出身だからできたことだ」とは三田の説明だが、それだけとはいいきれない。夫婦の強い絆があってのことである。

上野は無法地帯であった。昭和二十三年（一九四八）十一月、年末の臨時警戒に警視庁の田中栄一総監が上野公園の視察にきたときのこと。

西郷像の裏へまわって総監はびっくり。おかま（男娼）の一群にひっぱりこまれ、帽子を奪われた。いちばん立派な金ピカ帽。軍旗が敵軍に奪われたようなものである。矢田が血をたぎらせる取材分野である。「総監なぐらる」の雑報は三段写真入りで、当時ペラ一枚の新聞のなかでは大きな扱い。

矢田によると、帽子はおかまと上野署との団体交渉の結果、年末年始の書き入れどきには取り締まりに手心を加えることで話がつき、無事返還。

矢田は悍馬《かんば》のように突進する。千円札が戦後はじめて発行されたのが昭和二十五年（一九五〇）。翌年三月、にせ千円札発見の知らせが警視庁にあった。被害は東京から大阪にまで広範囲におよぶ。

矢田も取材班の一員で、ある日、よいニュースをもってきた記者特有の風圧をおこしながら編集局のドアをあけ、「おれたちもニセ札をつくりたくなったな」と遊軍席の同僚に声をかけ、次長席の八角机にやってきた。

「矢田情報があります」。自分を三人称でそういって、デスクの秋岡鎮夫に報告した。

「で、これはどうなんだい」と秋岡が他紙の記事をしめす。

「うそですよ、こんなもの」。きっぱり宣言してから矢田は、「ぼくは事件の鬼ですからね（ぼくを信用してください）」。きびすをかえし、広い背をみせてまた出かけていく。呆気にとられて見つめる秋岡。

いれかわりに交代デスクの宮本英夫がきた。秋岡から話をきいて宮本は、「自分でそういうのかね。鬼が、ときどき間違えるんだよなあ」。腹をゆすって笑う。地味な性格のこの人にしては珍しい爆笑だった。

矢田の事件取材に強力な援軍が現われた。弁護士正木旲《まさきひろし》である。法曹関係にシンパの多い社会部長の進藤次郎が矢田に紹介した。正木は正義感の塊のような弁護士。二人はたちまち意気投合。つぎにみる、世にも不思議な菅生《すごう》事件で協力して活躍する。

菅生事件とは昭和二十六年（一九五二）六月二日未明、大分県竹田市郊外の菅生村巡査駐在所が何者かによって爆破され、共産党員ら五人が逮捕されたもの。矢田は正木事務所員の名刺をもって現場検証に立ち会った。

昭和三十三年（一九五八）三月二十四日付け夕刊に、「爆発物、予《あらかじ》め装置、戸外の投込みでない」という矢田のスクープ記事が、一面のほぼ左半分を占めてのっている。矢田は福岡高裁の臨時嘱託を命じられて検証に参加した。後年、後輩の朝日記者に「新聞記者が裁判所の臨時嘱託とは空前絶後だろ。パッと二十五分で真相がわかっちゃった」と、得意そうに語っている。

が、爆破事件の真相そのものは依然ナゾのままである。政治が色こく投影した怪事件といわれ、奇妙な幕切れとなった。

矢田はこのほかにも正木と協力し、特別弁護人になるなどして二つの冤罪《えんざい》事件を解決に導いた。正木は「矢田記者は自費と休暇をつかって闘ってくれた」と矢田に深い敬意を表している（『正木ひろし著作集Ⅲ』三省堂）。

昭和二十七年三月、品川、大田両区にまたがる第二方面管内で幼女が行方不明となった。この方面担当の吉岡秀夫が夕刊用に送稿。社会部で受稿したのが遊軍の矢田である。「誘拐かもしれん。すぐいくから、その家で待っててくれ」。車でとんできた矢田は被害者宅に勝手にあがりこみ、茶の間にあった状差しから手紙類をひきぬき、ポケットにさっとしまった。「犯人はこのなかにいるよ」と、ポケットをたたいて吉岡にいう。わきに所轄の署員がいたが、矢田を本庁（警視庁）からきた捜査員と思い込んでいたらしく、何も注意しない。「現場を荒らしちゃあだめですよ」と注意する吉岡に、「差出人をチェックして、また返しておけばいい」と、すましたもの。

幼女の遺体は二日後に発見され、犯人も間もなくつかまった。

昭和二十九年（一九五四）三月、静岡県焼津に帰港した漁船第五福龍丸のビキニ原爆被災事件があった。科学に強い矢田は、同僚の木村庸太郎と組んで息のながい取材をかさねた。木村は学術関係にシンパをもち、こつこつと、ねばり強く取材する。悍馬の矢田と猛牛のイメージの木村は名コンビである。

矢田は「死の灰」をポケットにいれてもちかえり、初枝に危ないといわれて、庭先にはたいて捨てた。ポケットに穴があいたという。初枝は「矢田は怖いもの知らずですから」といって笑う。

書きまくる矢田を、名文記者の入江徳郎が「矢田君は世間を震撼させてるね。それにしても、彼はいつも（四十歳にしてなお）青年の顔をしている」と、感にたえたようにいった。

事件取材に走り回る一方で、戦災孤児の取材でみたように、弱者にそそぐ矢田の目はあたたかい。放浪の画家山下清を探し出した記事がある。

死の灰にさきだつ一月六日付け朝刊社会面に、「日本のゴッホいまいずこ?」という見出しで「山下君よどこにいる——君にはアトリエを贈る話まであるのに」と、消息を絶って二年あまりになる山下清に紙面で呼びかけた。

この記事で姿を現わした山下清を、矢田は自宅につれてきた。妻初枝の手料理のなかからゆで卵を取り出した清が、中身をつぶして白と黄色の模様の張り絵をつくりだしたのを息子の良太は覚えている。

ニュースソースには、精神医学者の式場隆三郎あたりが関係しているようだ。下山事件の取材から矢田は医学、科学方面の勉強を一層つづけていた。事件を追い、街ダネをつかみに走りまわる。矢田のこの姿を同僚で公安担当の横木謙雄は、「出色の事件遊軍記者」と評している。

五、南極観測を立案、国を動かす

矢田の記者活動で最大の仕事、それは南極の観測を国の事業として実行させたことである。ひとりの記者が自分の所属する新聞社を、さらには国をも動かした。わが国の科学史上、忘れることのできない功績である。この壮挙が朝日に社告で公表される三年前の時点で、矢田はすでに構想をねっていた。

昭和二十七年（一九五二）五月、東京では血のメーデー事件で騒然となっていたとき、函館港からカムチャツカ方面にむけ、北洋サケ・マス漁業船団が国民の期待をのせて出航した。戦後初の遠洋漁業である。矢田は社から乗船取材を命じられて参加。竹かごに乗せられて、母船と独航船の間を宙づりで往復する危険な取材活動の暇をみては、自宅新築の設計図を楽しそうに描く。「北洋出漁の歌」を作曲し、同行の共同通信経済部の記者で同姓の矢田昭久に、「無事に帰国できたら、こんどは南極探検だよ」と声をはずませた。南極関係の資料をどっさり持ち込んで読破していく。たいへんな勉強家で用意周到な記者であることを、矢田昭久は知った。

昭和三十二年（一九五七）から三十三年にかけて国際地球観測年（IGY）という国際的な科学行事があり、南極観測もテーマのひとつにはいっていた。南極に関心があったとはいえ、矢田はいつ、どのようにしてIGYの行事を知ったのか。

ともにこの大事業の実施に取り組んだ科学朝日編集長の半沢朔一郎は、「走り高跳びに青春をかけていた矢田さんは空を多くみた。だから一般の人よりも夢を多くみたのではないか」と推察している。が、無鉄砲な着想であった。南極捕鯨船団から「とんでもない。死ににいくようなもの」と、半沢は恐ろしい氷の海の状況を告げられた。

矢田は構想を、じかに専務取締役の信夫《しのぶ》韓一郎にもちかけている。その時期は社史によると、昭和三十年の一月から三月の間のようだ。

「南極での地球観測に日本学術会議にも招請状がきていますが、ことがあまりにも大きく、非常に経費を要するというので、頭から投げてしまっています。占領下におかれた国民の無気力な気風がまだ抜けきれていません。この閉塞状況を打ち破り、日本の空に希望にみちた青い、大きな窓をあけてみませんか」

朝日が船をチャーターして科学者たちをのせ、南極にいこうというアイデアである。体を張って説得にかかる。すくなくとも三年間はデータをまとめてきたから、説明は具体的である。常人とはちがった迫力、熱意がものをいう。信夫はうなずき、観測実施の具体案を出すようにいった。

社告の草案を半沢が書き、矢田が筆をいれ、編集局長の広岡知男の目をとおしてから掲載された。

この壮大な夢のある計画に、国民は歓声をあげた。銀座では誰がいいだしたか、「私たちの手で南極探検を成功させましょう」と、自発的に募金運動がはじまる。戦後まだ十年。もののない時代にもかかわらず、三ヵ月後には三十万人から八十万円余の寄金が寄せられ、政府を驚かせた。寄金は学術会議で受け付け、最終的には一億円をこえた。財界からも巨額の寄金があったほか、雪上車やソリなども贈られた。

この社告をうけて、社内に南極学術探検事務局がおかれた。矢田は事務局スタッフとして食糧委員会を主宰。のちのインスタント・ラーメンは、この食糧委員会がルーツである。矢田は他部門の委員会にも目くばりをし、その知識は絶大で「南極博士」と呼ばれるようになる。

最重要課題は観測船の確保である。ここでも矢田が中心で回転し、二隻の採用が決定。

昭和三十一年（一九五六）二月、北海道網走市郊外の濤沸湖《とうふつこ》で、往復百キロの、猛吹雪を衝いての強行軍を観測隊員全員が参加して実施した。訓練のハイライトであるが、途中、落伍者も出た。

夜の懇親会で、酒がはいっている矢田は少々荒れて怒声を発した。「あれしきの雪で音をあげるとは、だらしないぞ」

訓練隊長で第一次観測隊長となる東大理学部教授永田武博士（地球物理学）は、こんな物言いをされて面白くない。二人とも我が強く、そりが合わない。そんなこともあって、矢田はせっかく自分が発案、計画した大事業であるにもかかわらず参加不能となった。しかし、矢田は意に介さず「おれがいくと、おれが隊長になってしまうから、いかなくてよかったんだよ」と、けろっとしていた。

代わりに、かつての社会部の同僚の藤井恒男が乗り組み、観測船宗谷《そうや》と随伴船海鷹《うみたか》丸は、昭和三十一年十一月八日、万をこえる群衆が日の丸の小旗と朝日の社旗をうちふって「万歳、ご成功を」と熱狂的にさけぶなか、晴海岸壁から出航した。戦後、虚脱状態に陥っていた国民の心が立ち直っていく。

あれから半世紀。わが観測隊の活躍とその実績はめざましい。太陽からの有害な紫外線を遮断するオゾン。そのオゾン層ホールを発見するとともに、そこに穴があいて破壊されているのを、観測隊は昭和五十七年（一九八二）、世界にさきがけて発見した。その原因がフロンガスであることもわかり、地球環境上の大問題となって、国際的規制措置の運動がはじまった。

昭和基地からロケットをうちあげ、オーロラの直接観測を実現したのも世界に誇る技術である。宇宙、天体の誕生の研究に欠かせぬ隕石の調査もめざましく、日本は現在、月の裏側と火星をあわせ一万六千二百個と、世界でいちばんたくさんの隕石をもっている。

米ソの大気核実験で放射性物質トリチウムが南極で検出されている。地球の誕生、歴史を、そして環境の異変を無限大に語りつづける南極大陸。宇宙にひらいた地球の窓。そこにいどんだのは、スターターにしてディレクターたる矢田であった。この事業で国費五十五億円、朝日も三億円ちかい社費を支出した。

六、東京五輪でアラブ反乱を防ぐ

南極学術探検事務局員のあと、矢田は昭和三十六年（一九六一）一月、企画部員にうつる。ここで、またまた国家的事業をぶちあげ、社に実行させる。三年後に開かれるアジアで初のオリンピックの聖火リレーコースを発案、その調査隊に参加するというもの。ギリシャのオリンピアで採火し、中東、アジアをとおってシンガポールまで二万五千キロをラクダなどを使って横断し、ここから空路東京へ聖火をはこぶ、史上最大のプランである。それが果たして実現可能かどうか。四十八歳、年齢と体力だけみても命がけの踏査行である。

総勢六人。隊長は東京オリンピック組織委員会参事の麻生武治、矢田はマネジャー。日産の改造車二台が用意された。調査は半年間、筆紙につくせぬ苦労のすえ、成功したが、昭和三十九年（一九六四）十月、晴れの東京五輪でアラブ選手団の反乱という思わぬ事件が発生。

イラク政府から駐日臨時イラク大使に任命されていた矢田はその解決のために奔走、無事成功に導いた。この秘話を理解してもらうには、五輪調査行から説明しなければわかりにくい。

砂漠とジャングルと高原がつづくユーラシア大陸を横断する聖火リレー。オリンピック組織委員会は、この難問に直面して頭をかかえた。気の遠くなるような長い道を走らせようと、いいだした者はいたが、テストしてみようという人は現われない。これを強引に社に働きかけ、実行させたのが矢田である。矢田はベルリン大会出場の経験があり、悪路にも強いので、調査隊員に選ばれた。矢田が社のだれに働きかけたのか、OBで後年、朝日社長となる美土路昌一説もあるが、はっきりしていない。

昭和三十六年（一九六一）六月二十三日、オリンピアを出発、トルコ、シリア、イラク、イラン、アフガニスタンからシルクロード経由、ソ連、パキスタン、インド、ビルマ（現ミャンマー）、タイと、足をいれたおもな国は十三にのぼる。

砂漠の八千キロは摂氏五十度をかるく超す暑さ。イラクのバグダッドにはいったときは一行、失神して倒れた。隊員のひとりは正体不明の熱病にかかった。イラクでは政府情報局総裁のマジド・M・サモラエと矢田は親しくなった。この出会いがのちに大きな意味をもつ。食べる果物にはアメーバ赤痢菌がついていて、砂漠を走りながら急停車させて、何回となく尻をまくり、隊員の医師にみてもらう。泥水ものむ。砂のうえに横たわっているとサソリがにじりよってきたりした。

インドからビルマへ、ビルマからタイへの道は、いずれも過去七年間、外国人旅行者に閉鎖されていた。軍当局との交渉で、何とか許可された。インドからビルマへのコースは、カルカッタから東パキスタンのダッカをとおってベンガル湾ぞいにアラカン山脈を越えることにきめた。この調査隊のコース選定がきっかけで、三年後の聖火リレーにあたって、パキスタンとビルマ両国の経済交流に役立つだけでなく、東南アジア全体に活力をあたえる国際高速道路がつくられた。

通過した各国の首都でおこなわれた会議では王族や大臣が出席し、朝日によるこの事業に賛辞をのべた。各国の実力者があつまる国際的な移動会議で、調査は大成功をおさめた。矢田マネジャーは東京大会組織委員会など関係団体に報告書をだし、その報告は聖火リレーコース決定の重要な資料となった。

本論にはいる。前出のサモラエがイラク選手団長になってくるとき、矢田は羽田空港へ迎えにいったが、やってこない。代わりに長文の電報がきた。

「イラク国内でバース党の反乱があり、鎮圧したので選手団は出発したが、私は遅れる。駐日イラク大使は反乱軍の一味となったので、解職した。そこで貴君にイラクの臨時大使になってほしい。大統領の了解をえた」

外国の、それも一記者に対してたいへんな依頼である。やむをえない。矢田は即席の大使になった。

降ってわいたアラブの反乱。それは開会式の十月十日早々にはじまった。五輪憲章により、入場行進の順序がアルファベット順のきまりだから、イラクのつぎにイスラエルとつづくはずなのが、逆になってしまった。怒ったイラク選手団は隊列を離れ、行進出発点にちかい壁に固まってしまった。開会式が終わると、ゲートで待っていたサモラエ団長が案の定、矢田に大声でいった。

「大会委員の、イスラエルびいきのせいだ。東京大会の組織委員会に謝罪を要求する」

イラク大使の矢田は当然、イラク選手団の意向にそい、サモラエをつれて組織委に陳謝を求めに出かけた。主催者側は「五輪史をけがすもので、イラク側が謝るべきだ」といい、「矢田大使」は「組織委事務総長たる与謝野秀《よさのしげる》氏が憲章を無視して、宿敵関係にあるアラブを優先すべき行進順位をイスラエルに先んじさせた失態をどうするのか」と迫った。

双方とも譲らない。廊下に出ていたサモラエが矢田を呼び出していった。

「きみがイラクの立場を守って一歩もひかないのは、私を感激させている。しかし、きみが三時間にわたって交渉中に、私がアフガニスタン、イラン、シリア、アラブ連合、ナイジェリアなどアラブ諸国代表団と電話で話し合った結果、東京大会本部に反省がなければ、やむなく競技開始の十月十一日には全アラブ諸国選手団は、こぞって大会をボイコットして東京を去ることになろうという決議が進んでいる」

大事件である。楽天主義者をもって任じる矢田も、このときばかりは頭をかかえた。さらに驚いたのは、アラブ各国大使が、早くも十日深夜のうちに、三百人ちかいアラブ選手団を飛行機七機でそれぞれの国に帰らせる準備をはじめたことである。実行されると六ヵ国が大会ボイコットとなり、東京大会は深手をおい、アジアで初の大会をひらく意味が半減してしまう。

矢田の深夜工作がはじまった。さいわい競技を翌日にひかえて、主催者本部には与謝野ら幹部がいた。まさかアラブ六ヵ国がいっせいに退場するなどとは夢にも思わなかった幹部は、矢田の知らせに青くなった。午前三時、のるか、そるか、矢田は窮余の策をサモラエにさずけた。矢田を信頼するサモラエは、それを幹部のまえで提案した。矢田は手記のなかでつぎのようにつたえている。

「(中略)せっかくの東京大会に汚点をのこすことは残念である。大会に参加し、立派な戦いをつづけよう。しかし、それにはひとつだけ条件がある。閉会式においては、従来とったような国別の行進はやめて、参加選手すべての国の選手と、手に手をつないで人類和楽のよろこびを讃歌してほしい」と。

この提案はただちに承認され、幹部は愁眉をひらいた。

閉会式は各国の選手たちが踊り、走りぬけ、とびあがり、肩に肩を組んで歩く平和の無礼講になり、新機軸を開いたと、思いのほか好評であった。

矢田が聖火リレーの下検分にいかなければサモラエとは会えず、したがってイラク臨時大使にならなかった。その結果、右にみたような解決策を日本側が出せたかどうかわからず、東京大会は大混乱に陥ったことだろう。関係者との約束で、矢田は十年間、この事件を公表しなかった。

この大会を機に、その後の五輪閉会式は各国選手たちが友好と平和を確認し合う、自在、奔放な形をとることになり、これが定式化した。

家庭の人として、矢田はすこぶる円満で、妻子とのきずなの強さははた目にも羨望の的であった。矢田の妻は旧姓小池初枝。苦学して東京女子大国文科卒後、朝日新聞に入社。戦中戦後の、女性記者のパイオニアである。

同僚の横山政男がたずねたとき。矢田は熱心に『ラニー・バッドの巡礼』（並河亮訳・リスナー社）を読んでいて、ジェスチャーたっぷりに解説してみせた。米人作家アプトン・シンクレアのこの小説は昭和十五年（一九四〇）に第一部が出版された長編の連作で、アメリカの若い画商がドイツにいき、絵画の売買をつうじて、投獄されているユダヤ人救出に活躍する。ヒトラーやゲーリングらナチス首脳とも会談する、奇想天外な筋立て。

このうちピュリッツァ賞を受賞した第三部『竜の牙』は昭和十七年（一九四二）に出版され、ヒトラーが日本人を「毛のすくないサル」と罵倒している言葉を紹介している。この本が二年早く出版、和訳されていたら、日本は三国同盟入りをためらったかも知れない。原爆投下の三年まえに、著者は原子核分裂を暗示する一文もいれている。

横山が矢田のおしゃべりをきいているとき、初枝が、「そこは違うでしょう。こうよ」と、訂正する。矢田は素直に「そうだったかなあ」と、すぐ言い直す。夫婦仲良く輪読しているのである。

シンクレアは暴力そのものである独裁国家の構造、独裁者の実態をあばきながら、人間の顔をした社会主義を標榜している。矢田もこの思想に共鳴していたらしい。矢田は、「ボルシェビズム（レーニン主義）は苛酷なんだよ」といっていた。ベルリン五輪の遠征途上にみたロシヤ人の重苦しい表情が脳裏に焼きついていた。

晩年の矢田にうつろう。矢田は昭和四十三年（一九六八）に定年退社、乞われて月賦販売業界の最大手緑屋に入社、傍系会社の早稲田ボーリング取締役に就任する。そこで経理の不正に気づき、ネコババする社員を摘発する。その結果、業績は向上して年間十二億円の売り上げを実現。経営者としても成功をおさめた。が、肺気腫で入院。健康を害して緑屋を四年ほどで退社し、著作に専念する。

『謀殺下山事件』を、講談社から出版した。

五輪入賞者で学生時代から知名度の高かった矢田は演劇人とも親交があり、民芸主宰者の宇野重吉から「あの本はおもしろい。戯曲に書きなおしてみないか」と頼まれ、畑ちがいの演劇の猛勉強をはじめる。二幕八場に書きあげたこの戯曲は民芸で上演され、異色の作品として注目された。ついで菅生事件を劇化した『FS6工作』も、昭和五十一年（一九七六）に民芸で上演される。未発表の歴史物『倭の女王卑弥呼』もあり、劇作家へのみごとな転身。五段跳びの人生である。

が、このころ矢田は体調をくずす。かつての教え子たちが入院先のベッドのそばで、矢田から教わったイタリアやドイツの歌を懸命に歌ってきかせたが反応はなかった。

衰弱した矢田の頭に明滅したものは何であったか。済美小校区内の駆け足か、汗まみれで敢行した血痕採取か、猛吹雪を衝いての南極ゆき訓練か、激暑下の五輪調査行か、それともヒトラーの弾けるような哄笑か。

平成二年（一九九〇）十二月四日、勇猛心と圧倒的な行動力、並はずれた想像力、偉大な頭脳をもったこの巨人は、考えることをやめた。享年七十七歳。

一年後、偲ぶ会が都内でひらかれた。往年の大スターが二人。いぶし銀のような風格をそなえた水島道太郎と美しく年輪をきざんだ月丘夢路が姿を現わした。月丘が指揮し、全員で「新雪」（佐伯孝夫作詩、佐々木俊一作曲）を斉唱した。

第二章――反骨の名文記者〈門田勲〉

一、筋をとおし付和雷同せず

「よくも削ったな、約束を破りやがって」

驚いた小原正雄は怒声の発したデスク席をみた。先輩の門田勲《かどたいさお》が部長の尾坂与市の胸ぐらをつかまえている。

昭和十一年（一九三六）秋のこと。東京市内三十五区の範囲が一部拡大したのを記念して、特集記事を出すことになり、それについての門田の原稿をめぐるトラブルであった。「東京暮色」というテーマ。川で静かに糸をたれている、その釣り人の頭の禿げぐあいの描写が、時の社長上野精一に似ているというので、デスクの手はとおったものの尾坂が削ったのである。

原稿に目をとおした尾坂が「これはダメだ。削るよ」といったが、門田は「うちの社長のことを書いたのではない。世間一般によくみられる社長のタイプを書いたのです」と反論。その気迫におされて、尾坂は「では、削らない」といったんは約束した。夕刊の時間帯である。門田は安心して息ぬきに外出した。その間に、大刷り（大ゲラ）がきて、尾坂は問題にした個所を削ってしまった。そうとは知らぬ門田は、外出さきから戻り、刷り上がりの紙面をみてびっくり。部長席に詰め寄って、違約をせめたのである。

二人とも立ち上がり、口論となった。門田は、尾坂のネクタイの元のあたりをつかんで離さない。京都帝大時代、ボートできたえた腕力である。二人の大声に他部の部員も総立ちになって見守る。尾坂は非をみとめ、謝った。輪転機はすでに回っている。門田はあきらめて、手を放した。

すごい記者がいるものだ。この年の新入生小原は、顔だちも体も細い、眼鏡の奥に気の強そうな瞳を光らせている門田先輩のド迫力に息をのんだ。

門田は昭和三年（一九二八）入社。はじめ政治部員。時の首相田中義一の身辺警戒取材に当たった。田中は週末になると鎌倉腰越の別荘にいき、月曜の朝に帰ってくる。その警戒にいけというわけである。ズバリ切りこんだ。

「総理、来客がなければ、わたしは鎌倉で遊びにいくつもりですが、大事なお客がきたらたいへんです。わたしのクビに関する重大問題ですから、ほんとのところを教えてください」

田中は腹をかかえ、ひっくりかえりそうになって笑いこけた。

「だれもこん。安心してどこへでも遊びにいくがええ」。そばにいた東京日日新聞の記者がこのやりとりを面白そうに聞いていて、「遊びにいくのなら、連絡先の電話番号を教えろよ。何かあったら知らせるから」と、親切にいってくれた。戦後、政界にあって官房長官、衆院議長、農林、労働各相と要職を占める保利茂である。

こんな調子なので、やがて社会部にうつり警視庁を担当。顔を知られるのによいと先輩に勧められ、対警視庁陸上競技に出た。後述するように、学生時代、短距離競走とボートの選手できたえている。ふだんの靴のまま出場したのだが、競技はすべて一等になった。

昭和四年ごろの警視庁は、トタン屋根の熱気を照り返す造りである。門田は夕刊の締め切りがすむと、ふたつの記者クラブの間をパンツひとつで、手ぬぐいを肩にかけて歩いた。ハガネのような強靭な体軀である。

クラブには牢名主みたいな年配の記者がいて、「ちかごろの新入り野郎は茶ももってこねえで大きな面アしやがる」と、すごんでいたので、そうしたクラブの顔役どもに対し、売られた喧嘩なら買ってやる、くるならきやがれ、という門田のデモンストレーションの意味もあった。警視庁の廊下を裸で散歩したのは、門田のほかにはいない。

門田勲。大佛次郎、川端康成両氏が門田の文章術を嘆称(吉岡専造氏撮影)

この年に売勲事件があった。賞勲局総裁が代議士たちからカネをもらって叙勲に便宜をはかった事件で、カネをもらったという噂のなかに歌舞伎の六代目菊五郎がいた。

「菊五郎の様子をみてこい」と、門田は部長の鈴木文四郎に命じられた。新米記者だからあまり期待していない。

出かけていき、門田は応接間に通されたが、相手はなかなか出てこない。イライラしているところへ、やっと菊五郎は登場した。分厚な台本か何かを懐《ふところ》からとりだし、手でたたきながら、「ああ、忙しい、忙しい。何ですか、いったい」と、きた。

記者になりたてで、インタビューになれていない。待たされているうちにカンがたってきているから、つい怒鳴ってしまった。

「そんな失敬な挨拶がありますか。それに、懐の本ぐらい、片付けてきたらどうですか」

相手は梨園の最高峰。面食らったようだったが、「まことに失礼なことをしました」と、丁重にわびた。肝心の話だが、勲章を買ったのかどうか、さっぱり確認をとれずにおわる。

翌日、他紙のひとつを広げて門田は意表をつかれた。菊五郎の顔写真入りで、売勲事件に絡み書いている。買ったとは書いていないが、噂話のまとめで、読者にくさいなと感じさせている。こんな書き方があるのか、うまいものだと門田は感心する。

その記事がのった日、菊五郎が社の幹部をたずね、「お宅の若い記者の感情を害したようだから、どんなひどいことを書かれるのかと思っていましたが」と礼をのべ、「きのうの記者」を褒めた。どんな褒め方をされたか、門田は知らない。書こうにも、データがなかっただけである。若気の至りとはいえ、さすがにこのときは反省した。

そのころ朝日の歳末同情週間行事が、菊五郎の参加を頼んで断わられていたが、その日、菊五郎は自分から行事に参加させてほしいといいだした。よほど嬉しかったらしい。

整理部長の美土路昌一は満面に感謝の意をあらわして、「きみのおかげで同情週間は儲《もう》けものをしたよ」と、いってくれた。

ひとわたりみてきたように、門田は利かん気の強さも社内随一であった。

門田は明治三十五年（一九〇二）三月二十日、愛媛県出身。四男二女の総領で、下級公務員の父勲太郎につれられて北海道の室蘭など全国各地を転々とした末、東京にたどりつく。室蘭では小学校まで五キロの雪道を往復。その辛さを息子たちにきかせ、「おまえたちは贅沢だぞ」とさとした。麻布中学を卒業しているから、実質東京人である。弟二人が技術者で、門田も数理の才に恵まれているので技術者をめざし、旧制第三高等学校の理科に入学。部活はボート部にはいり、選手となる。

ある日、ボート部の試合が予定されていた。ちょうど理科のテストに重なっているので、「試合があるのでテストに出られません」と、製図の教授に申し出たところ、テストに出ないといけないと注意された。それならと、門田は試合を優先し、あっさり理科をやめて文科に転科した。文科を一年からはじめたのである。このあたりがいかにも門田らしい。

京都帝大法学部にはいってからもスポーツマンらしく最初は陸上競技をやり、その後ふたたびボートに専念し、鉄腕櫂もたわむような剛力へと、自らをきたえあげていく。

貧しかったので、門田はある教授宅で書生ぐらしをはじめる。教授の名は厨川白村《くりやがわはくそん》（本名辰夫）という。英文学者にして、評論家。ただに英文学にとどまらず、欧米の近代文学全般につうじ、その評論は大正デモクラシーの奔流を代表して進歩的自由主義の立場をとる。主著『近代文学十講』『象牙の塔を出て』は、友人でもあるかのように文豪の生活や考えかたを紹介し、あきさせない。

白村は合理的な思想の持ち主であるうえに豪快な性格。世話好きで、学生を愛し、自宅に数人の学生を置いて面倒をみた。苦学生の門田もそのひとりで、三年間せわになる。白村と門田は性格的にも似かよっていた。門田は白村の思想に共鳴していた。

「居候、三杯目にはそっと出し」という川柳があるが、門田は三杯目も、茶碗もつ手をうんとつきだした。そういう積極性を白村は気にいり、息子のように大事にした。白村の息子四人のうち、長男文夫と次男次郎の家庭教師をひきうけて門田は、夫人から謝礼にもらった高価な指輪をはめ、自慢していた。末っ子の守は生前、妻の政子に「門田さんは堂々としていたよ。おやじとよく似ていて、曲げずに筋をとおす。付和雷同しないいんだ」と、語っている。

白村の文体は歯切れがよく、リズミカル。わかりやすくて、しかも対象にのみこまれない自分の立場をしっかりと確保しているのが特徴。「ナイアガラを見物せざる記」のなかで「ナイアガラは数字の上では何百尺何千尺の大瀑布であろうが、雄大崇高の感じからいえば、断じて日光華厳の滝の足元だに寄れるものではない」として、縷々《るる》日本の自然美に思いを募らせている。この表現などは、後年門田がものした『外国拝見』『日本拝見』にトーンが受け継がれている感がある。

門田は高等文官試験、いまの国家公務員試験一種に合格、役所中の役所である内務省警保局を希望し、面接試験にのぞんだが、「きみは元気がよすぎる。役人には向かないよ」とことわられた。内務省には特高警察がある。権力を本能的にきらう門田とは氷炭相いれぬ職場だろう。いくつかのエピソードがある。

朝日に入社して五年目。昭和七年（一九三二）一月の上海事変のとき。門田は上海に出張した。海軍から野村吉三郎中将が第三艦隊司令長官として上海にやってくる。が、野村の乗艦出雲は応戦に手間取って三時間も遅れて到着した。

記者団がタラップに駆け上がろうとすると、ひとりの中佐が出てきて「まだ、いかん」と、えらい剣幕で怒鳴りつける。公使館付きの武官で、意地が悪い。彼と喧嘩すると仕事にさしつかえるので、各社とも上海支局の記者たちはがまんしている。寒い川風にさらされて、さらに一時間待たされた。すると、武官は車を三台出したかと思うと、外国人記者数人を乗せて迎えいれ、艦に案内した。

上海にいくつかの外字紙があって、日本の悪口を書きまくっている。彼らの機嫌をとろうというわけである。日本の記者たちは、こけにされて、カンカンに怒っている。

「朝日が代表して抗議してくれ」。そう頼まれて門田は、堂々たる風采の野村長官に客室で切り出した。

「お話を伺うまえに、おたずねすることがあります」。どういうことだろうと、長官は温顔に笑みをたたえて応じる。そこで門田はインタビューまでの経緯をのべはじめた。武官が出てきて、「あれは私の手落ちでありまして……」といいかけた。門田は叱り飛ばした。「われわれは全軍の責任者を相手に話しているんだ。お前みたいな小者は引っ込んでおれ」「いや、着任早々とんだ失敗をやってしまった。申しわけない。以後、じゅうぶんに気をつけます」と、長官は頭をさげた。

二十代後半の若さである。意気揚々と支局に引き揚げると、支局長が「門田君、きみ、やったそうだなあ」と、ベソをかいたような顔。退去命令は覚悟のうえでやったのだが問題にならず、陸戦隊本部にいくと、門田はかえってもてはやされた。くだんの武官は現場の将兵たちにも悪評だったのである。

この一件で野村（のちに大将）と門田は親しくなる。日米間の雲ゆきが怪しくなったころ、懸案打開へ国運をになって渡米、交渉するまえ、野村は門田にいった。「戦争はするものではないよ。戦争というのは、人が死ぬものなんだから」と。

門田を社会部に引っ張った部長は鈴木文四郎。向こう意気が強く、大きな目。ドイツの飛行船ツェッペリン伯号が昭和四年（一九二九）八月に飛来したとき、霞ヶ浦空港にいって、自ら取材の陣頭指揮をした名うての張り切りマンである。のちのちまで門田の面倒をみた。門田の恩人なのだが、門田は社会部に移った早々、新年の企画記事をめぐって鈴木と怒鳴りあいの大喧嘩をする。その門田を鈴木は酒席で、「きみは、度胸があっていいね」といいながら、銚子をかたむける。

鈴木は特派員生活が長く、シックな身なり。ある日、苦りきった顔で、ある部員を叱った。「きみ、ネクタイぐらい着用したらどうだ」。すかさず彼はやりかえす。「鈴木さん、Mボタンが外れていますよ」。鈴木はあわてて下をみる。渡辺紳一郎という門田の先輩で、語学の堪能な記者である。

門田はこういう職場の空気が気にいった。二人はうまが合い、よく連れ立ってお茶を飲みにいく。銀ブラ族が不思議そうにノーネクタイの渡辺をみてふりかえる。ネクタイ着用が、銀座紳士の身だしなみとされる時代であった。絵の上手な渡辺は、門田の長い顎をきわだたせて似顔絵を描いたりもしている。

二、無産運動担当記者の目

昭和四年（一九二九）三月、治安維持法改悪反対で奮闘していた労農党代議士山本宣治が、神田の宿舎で暴漢に刺殺された。門田が記者になって初めてみた殺人現場で、二階から玄関にかけて、すさまじく多量の血がながれていた。当時の労働、社会運動には三高出身者が多く、山宣《やません》、水谷長三郎、どちらも門田の先輩なので、内輪話をきいている。門田によれば、無産党内部のいざこざに悩んでいた山宣が、

「ほんまに、いやになるなあ。運動やめてしもたろか、思うことあるぜ」

というと、水谷が、

「そういうたかて、ほかにすることもあらへんしなあ」

と、水谷独特の明るさで慰めていた。刺されたのは、その一週間後であった。

山宣の死体解剖が東大であり、門田が取材にいったところ、水谷が解剖室から出てきて、かまわんから入れという。そのとき調べた山宣の脳の重さが一七一六グラムで、それまでにも重いとされていた桂太郎、夏目漱石を上回り、日本一と解剖医に判定された。

門田の特ダネになるところだったが、解剖室から外へ出ると、中に入れずにいた他社の記者たちがとんできて、質問攻めにあう。ええい、面倒、と思って脳の話を披露してしまったので、特ダネは不発に終わった。

門田が一躍文名をあげた記事に煙突男の取材がある。山宣事件の翌五年十一月、賃下げに反対して四十日余にわたって闘争中の富士瓦斯紡績（現富士紡ホールディングス）川崎工場。その一角に四十数メートルの煙突がそびえ、いつのまにか若い男がよじのぼって、てっぺんに座り込んでいる。寒中に赤旗をふり、争議の応援演説をぶっている。足がすくむような高さである。

門田は煙突にいどむ。腕力、脚力、くわえて胆力、いずれも水準を超えている。登るほどに寒風吹きすさび、体が揺れるが、ひるまない。必死についてくるカメラマンを見下ろし、冷やかしながら男の近くにたどりつき、

「寒さで風邪はひかなかったかい」

などとインタビューしている。

滞空六日間、百三十時間余り。男は死を覚悟している模様なので、会社側は折れ、争議は解決のめどがついた。男を新たにつくったかごに乗せ、滑車でつりおろした。門田は煙突男を書きまくった。その右手には高価な指輪が光っている。厨川夫人からもらったものだろうか。門田の美学である。

昭和八年（一九三三）二月、プロレタリア作家の小林多喜二が拷問で殺された。杉並の馬橋にあった多喜二の家にいく弔問客は、わずかな近親以外はみな追い出されたり、検束されて杉並署の留置場に放り込まれたりした。無産運動担当の門田は、様子をみにでかけた。途中で追いかえされて戻ってくる他社の記者たちと出会ったが、かまわず足をはこぶ。巡査がいて、門田に敬礼し、多喜二宅の場所を教えた。門田はそのころ労働記者の間ではやっていたハンチングをかぶらず、胸のポケットに鉛筆をいれてもいなかった。服装もきちんとしていたので、巡査は警察の幹部と勘違いしたらしい。

「ああ、そう」。鷹揚にこたえて、家にはいり、無残な遺体のそばで、そこにいた人たちと話をした。「あなた、よくこられましたね」と、みな、おどろいた。つぎは門田の回想記である。

枕元に年寄りが小さな体をふたつに折ったように曲げて、多喜二の顔を見つめていた。お母さんだった。

「こんな、むごい殺し方をされて……かわいそうに……」

うめくように独りごとをいった年寄りの声がいまもわたしの耳に残っている。

多喜二の死体の顔は苦痛で筋肉がひきつれ、左のこめかみには銅貨大の打撲傷があった。首にも左右の手首にもぐるりと深く細引きの跡がくいこんで、皮下出血が赤黒い無残な線をひいていた。

暗い気持ちで外へでると、べつの巡査が追っかけてきて、監察官のいる場所へ連行された。「あの巡査、私をあなたがたとおなじ畑の人間と思ったらしい。私の人相もわるいとみえる」と門田。「いや、どうも」と、相手は苦笑いをした。これが公になると責任者を出さねばならなくなるので、内聞にしてほしいと、低姿勢な申し出であったが、内務省の検閲があって、書けるような時代ではない。「ご心配無用」と署員の敬礼にこたえ、ステッキを振って帰途についた。そのころの記者にはステッキがはやっていた。

川崎富士紡よりも約三週間早くおこり、二ヵ月間の長期争議のすえ、富士紡とほぼおなじ時期に終結したのが東洋モスリンである。発端は社債整理の必要上、会社側が亀戸の第三工場を閉鎖し、これにともない工員五百名の解雇をきめたことに対する闘争。日本正義団という団体が、争議の調停役を買って出た。

この申し入れが組合側に一蹴されたのち、正義団は会社側の警備役に転じ、争議応援団と猛烈な乱闘をして、新聞は「市街戦」と書きたてた。正義団を「会社側暴力団」と書いた記事が出て、また騒ぎが大きくなった。当時は聯合通信（共同通信の前身）の加盟各社が聯合の通信記事をよく使った。

この記事にあった「暴力団」の文字が、そのまま新聞にのってしまう。「暴力団とは何ごとか。返答せよ」と、朝から電話がしきりにかかってきた。聯合の記事を使ったのはこちらの責任だから、いいのがれはできない。

「きょうは聯合を使っておいてください」と、門田はデスクに頼んだのである。自分が責任者だから仕方がない。うんざりしながら正義団の本部に出かけた。ドスのきいた面相の男たちがたむろしていて、「ナニ、朝日？」とすごんでみせたが、それでも「主盟」とよばれる親分酒井栄蔵に取り次いでくれた。

福相をしているのは意外だった。「暴力団でなくても、木刀や棍棒で人をたたいてまわれば、暴力団といわれても仕方がありますまい」「争議の調停というのは、日本式のハラだけでは無理でしょう。立ち入らぬほうがよいと思う」などと、門田は「所見」を開陳した。おもしろい記者だと思ったのか、主盟はにこにこしながら話を聴いてくれた。ゆったりした態度。さすが大親分だ。門田は素直に感心する。門田のその顔をみて、主盟もうちとけたとみえ、事なきをえた。

モスリンの争議は、解雇者に特別手当を出すことなどで解決した。

昭和にはいると世界恐慌のあおりで日本経済はどん底につきおとされ、失業者は街にあふれた。労働条件の低下とクビ切りに反対する労働争議が続発し、昭和五年中の争議件数は厚生労働省の資料によると九百六件。それまで最多だった大正八年の四百九十七件を大きく上回り、そのほとんどが労働者側の惨敗に終わった。

三、公私を峻別、清潔な社風

すでにみてきたように門田は技術者志望から、はからずも文系に転じ、高級官僚の道を志したところが、これも封じられた。結局、知人の勧めもあって朝日新聞記者の道を進むことになる。入社して激しい感動を覚えたことがある。緒方竹虎との出会いである。

同僚に仕事のうえか何かで、不祥事をおこした者がいた。クビを覚悟したその記者に同情した門田は、「おれが、とりなしてやろう」といって、一緒に東京の大久保百人町にある編集局長の緒方宅をたずねた。ふかぶかと頭をさげる男に、緒方はいった。

「これから気をつけたまえ。それからきみ、その服装は何だ」と、よれよれの背広姿を指摘し、上着のポケットから財布を取り出し、「これで背広を新調しなさい」と、財布のなかをみて「あれっ」と小声を発した。からっぽである。「おい、ちょっと」と、妻の琴子を呼んで紙幣を持ってこさせ、手渡した。感じやすい門田の心は熱く震えた。圭角のある門田は、さきの小原正雄が目撃した事件でわかるように、人間関係で衝突し、何度か社を辞めようと思ったことがある。「おれは緒方さんのような立派な人がいるから辞めなかったんだ」と、長男の浩に語っている。

門田が尊敬する緒方竹虎について少しふれたい。昭和十一年（一九三六）の二・二六事件で朝日を襲撃した陸軍将校と冷静に応対し、社を救った緒方の胆識はあまりにも有名なので省略するとして、緒方は「社会に対して積極的に貸し方になろう」と、社員に文書でつたえ、日常会話での言葉にも表わしていた。与えるのは受けるよりも幸いである、という処世訓である。

緒方は外部からの交際の請求書がくると、これは社用、これは私用とわけ、私用のほうは給料から支払う。会計担当者は、面倒だが緒方の分はひとまず全部緒方に持参し、社用、私用の区別をしてもらって会計に渡すように頼んだ。公私混淆をみずから禁じていた。

大阪本社では営業局長の辰井梅吉が、社名入りの封筒や便箋と、街の文房具店から買ってきたそれらを机の引き出しに入れ、社用には社名入りを、私用には自分で買ってきたほうを使う厳格さを実行。東の緒方、西の辰井といえば公私峻別の双璧で、当然、下の人たちも見習い、空出張や実費の水増し請求などの不正行為はなく、モラル、規律は厳正に保つことができた。清潔な社風であった。

緒方は特定の思想に偏《かたよ》らず、交友範囲は左右いずれにも多く、共産党の結成を指導した片山潜からも親書がきたことがある。惜しいことに、この手紙は戦災で消失している。

昭和十年代初期のこと。写真部員大木栄一が目黒競馬場に取材にいった。控室に入ってみると、ちょうど緒方と代議士・中野正剛が並んで向こうをみていた。大木に気づかない。二人の会話がきこえる。中野がいう。「おれの息子を朝日にいれてやってくれんか」。緒方がこたえる。「入社試験制度ができているから、試験を受けさせてくれよ」と。二人は福岡県立修猷館中学で中野が一級先輩、早稲田大学時代にはともに自炊生活を送るなど、長い付き合いではある。が、それとこれとは別。緒方はことわった。大木は緒方のフェアなことばに内心嘆声をあげた。

さて、昭和十二年ごろ、門田は企画部前身の計画課課員に、昭和十四年二月には計画部次長、翌十五年八月、横浜支局次長になる。計画部次長のとき、取締役会長の村山長挙《ながたか》が外部との会合をひらき、懇親会の請求書を計画部にまわしてきた。門田は、これは私用だからと社費による精算を拒否。村山が大株主であり、その機嫌をそこねたら不利になることは百も承知で、門田は伝票を突き返す。公私混同を門田はきらった。

この一事は村山家にマークされ、村山の妻藤子は「門田さんて、どんな人なの」と、神戸の本宅からときどき上京しては、知人にきいてまわった。

戦後、門田は東京の編集局次長時代、要請にこたえて村山藤子と娘の美知子（のちに社主）に会っている。同行したのは出版局の出版写真部員の吉岡専造である。吉岡は語る。
「ご承知のとおり村山長挙さんは旧岸和田藩主岡部家の出身で、私の父祖は代々岡部家の家臣でした（注・村山長挙は朝日の創業者村山龍平の女婿）。そんな関係でしょうか、門田さんは、あれでいてシャイな性格なので、『村山さんに呼ばれたから、きみもきてくれ』と私を招き、お供しました。日時、場所、話の中身は忘れましたが、お三方とも和気藹藹《あいあい》のうちに談笑しておられました」

この話でみるかぎり、門田と村山家との間には、何のわだかりもなかったようだ。門田と吉岡の関係については後述する。

話をいったん戦後にとばす。門田が編集局次長で、局長は信夫韓一郎のときのこと。東京本社管内のある支局長が会社のカネを私用に使い込んだというので、支局員たちがこれを糾弾して連判状をつくり、代表の若い支局員が局長室にもちこんできた。下克上ではあるが、信夫、門田ともに不正を許せぬ性格。調査したうえ、支局長を降格処分にした。

昭和三十年（一九五五）、中国新聞工作者聯誼会が、戦後はじめて日本の新聞記者を招待した。一行はNHKも入れて十五人。記者団長が中国側から小遣いをもらい、封筒を各社に渡しはじめた。日本のカネで時価二万円相当。団長は「いつもそうしているということだし、せっかくの厚意だからもらってきた」という。門田は「こういうカネは受けとるわけにはいくまい。返してきてくれ。そうしないと、おれは記事に書くよ」と迫った。団長は返しにいったあと、打ち明けた。「じつは、早く小遣いをもらえと、催促するのもいたんでね。おれも辛い立場だよ」

四、民主化の流れのなかで

昭和十九年（一九四四）十月、門田は横浜支局長に。いつも発禁すれすれの紙面をつくり、社内でも「自由主義神奈川版」といわれた。八月十五日終戦。社内の体制が刷新され、社会部長の荒垣は論説委員室に移り、コラム欄「天声人語」を十七年間担当する。あとがまに、門田が十一月一日付けですわった。

三階の編集局から十年ちかくも離れていたので、知った顔はわずかである。挨拶のため部会に出た。

背の高い男がいて、いきなり立ちあがり、演説をはじめた。手をあげ、眉をのばしての熱弁である。何をいっているのか、さっぱりわからない。「酔っぱらってるのか、きみは」「酔ってなんかいません」。矢田喜美雄である。

「あんたはだなあ、そんなことをいうけれどもだ」と、大きな目をむいて、いやに横柄な口をきくのがいる。「名を名乗れ」といったら「川手泰二だよ」と、まるで、おれを知らないのはおかしいじゃないかと、いわんばかりである。

壁にぐったり寄りかかっているのがいる。名前をきくと「斎藤信也でーす」。ふてくされたように返事する。化け物屋敷みたいなところに飛び込んだと、門田は思った。しかし、この屋敷の怪人どもが門田に心服するのに、時間はかからなかった。部員はみな、門田の名文記者ぶりと、かずかずの痛快な逸話をきいていたからである。

部長の門田がまっさきに手がけたのは、新聞記事の改革である。週一回、三階の会議室で紙面研究会を開く。一週間分の新聞をかかえてきて、「この記事はだれが書いたか」とたずね、まずい文章にはその場で赤鉛筆をつかって直して示す。よい記事は褒める。戦争の影響で硬直した表現が残っているのを門田は精一杯に練って、やわらかく、わかりやすい表現になおしていく。

「文は短く。文のつなぎかたをくふうしろ」「句読点のつかいかたを効果的に」「役所みたいな表現をやめろ」「お役人は公務員と書け。もうお役人の時代ではないのだ」

「米軍の好意の放出物資とあるが、好意かどうかわからんぞ。あとでカネを取られるかも知れないからな」と、「好意」の文字を使わぬようにも注意した。門田流は戦後の新聞文章の規範となっていく。

このころ、部員だった横山政男は語る。

「門田さんは人事でとばすようなことはしなかったが、文章論でやかましく、文章のうまい記者を大事にしたな。だから斎藤信也と田代喜久雄は褒められ、いちばんかわいがられたよ。おれはダメだったけど」。横山は妻昌子が新感覚派の作家横光利一の姪で、横山も利一に文章をならい、人物記事は一級品である。門田に重用されているから、この言葉は横山の謙遜である。門田の随筆集『古い手帖』の題名は、横山の進言でつけられた。横山の話をつづける。

「門田さんは、パイプの火皿が下を向いているときは機嫌が悪いんだ。そんなとき、話しかけると、目をむいて、何いうか、といった顔になるし、編集庶務部のコドモさん（原稿係＝給仕）がお茶を差し出すと、大喝一声『いらあん』とくるんだ」

社内でも外でも、左手をズボンのポケットに入れ、右手を軽くふり、まっすぐな姿勢で、大股に、さっさと歩く。うちしおれた多くの日本人のなかにあって、堂にいったその姿は、部員には頼もしく感じられた。

ある日の昼下がり。門田は部下の扇谷正造をさそって街に出た。銀座尾張町（四丁目）交差点で信号が変わるのを待ちながら、門田は両手を腰にあて、ヴェルディのリゴレット「風のなかの羽根のように」を口笛で吹きはじめた。信号が青になって歩きだす。と、向こうから米兵が二人。門田のこの姿は占領軍には生意気にみえる。占領下の日本人は小さくなってないといけない。で、米兵は門田に殴りかかった。門田は油断しない。さっと身をひるがえす。空をつかんでよろめく米兵。門田はあともみず進んでいった。

占領下、GHQ新聞課長のインボデン中佐が、自由な新聞のありかたについて毎日新聞ホールで講演した。朝日から整理部長の岡一郎と社会部長の門田が代表して出席した。つまらぬ話をへたな二世の通訳できかされ、イライラして、講演の最中に席をたち、帰社した。数日後、インボデンが新聞社の視察にとりかかり、最初に朝日にきたとき、門田は「はじめまして」と挨拶した。インボデンは門田の顔をみて、「おれはきみを覚えているぞ」と、かみつきそうな顔をしていった。

門田が局次長のころ、ニューヨーク・タイムズ特派員の妻でたいへんな犬好きがいて、朝日にきて「紙面に犬の欄をつくれ」という。人間がろくに食えない時代だから犬を捨てる人が多い。だから毎日野良犬の写真をだし、もらい手を求めてくれ、というのである。門田はあきれた。局長室から日劇の玄関が真下にみえる。戦災孤児の靴みがきが群れをなしている。

門田はいった。

「あれをみてください。みんな人間の子です。あのハダシの子どもたちが、みんな靴がはけて、めしが食えるようになったら、そのときには犬のことを考えてもいい」。夫人は怒った。いろいろおどした末に帰っていった。

民主主義はよい。しかし、筋のとおらぬ勧告には納得できない。敗者の逆境のなかにあって、精一杯の抵抗を門田はこころみた。

新人記者の小林幸雄は、「歌舞伎の外題は何と読むか知っているか」と門田にきかれ、わからなかった。「社会部記者は浅くてもよいから知識の窓口は広げておけ」と、叱られた。ある日、コラム欄「青鉛筆」に記事を書いたら、「おい、きょうの、あおえんはだれだ」と門田。また怒られるかと、小林は覚悟していたら、「なかなかいいぞ。このユーモアと風刺を忘れるな」と、ハッパをかけられた。小林の青鉛筆の記事は昭和二十一年十二月二十八日付け。燃料不足で五割減運転をしている東急バスが「お急ぎの方はお歩きください」という珍看板を出したという内容。戦後の世相をたくまずして反映している。

戦災で焼けだされ、間借り生活や遠距離通勤に悩まされ、住宅難は朝日社内でも深刻だった。門田の家は鎌倉にあり、さいわい無事だった。鎌倉の社の保養所も焼け残っていて、門田は部員をこの保養所に泊めてやる便宜をはかる。自宅に部員をまねき、襖をはずして部屋を二つぶちぬきにし、相撲をとらせる。塩を畳にまかせる念の入りようである。

記者のなかには、えてして取材のためと称して、事件がらみのいかがわしい人間との交際を自慢する手合いをみかけるのだが、門田は徹底して清潔の士をえらんだ。なかんずく同じ鎌倉に住む大佛次郎。昭和二十三年五月、毎日新聞に連載され、芸術院賞を受賞した『帰郷』に、門田は絶大な賛辞をおくった。この小説は横領の冤罪で他国をさまよう海軍士官が、敗戦とともに帰国するが、母国日本の古きよき伝統はそこなわれ、人情は荒廃している現状に絶望し、日本を去る余韻をのこして閉じる。

圧巻は外地で拷問を受けた海軍士官守屋恭吾が、若い元憲兵に仕返しをする場面。一撃を顎にいれる。卑怯な男は長々と横たわる。恭吾は煙草をとりだして口にくわえ、寒風に消えようとするのを掌でかこいながら、ライターの火を移す。映画のワンシーンをみるような場面である。

門田はいった。「胸のすくような描写ですね。あの恭吾は大佛さん、あなたでしょう」。大佛は否定した。「違います。門田さん、あれはあなたをモデルにしたんですよ」。

門田はつづけて注文した。「うち（朝日）にもああいう傑作を書いてくださいよ」。そう頼まれて、朝日に連載したのが『宗方姉妹』である。のちに門田は、「チャンバラはもうやめて歴史物にかかったらどうですか」。この提案にこたえたのが「天皇の世紀」である。大佛は四歳年下の門田を信頼していた。

五、局長から一部員にもどる

門田は昭和二十二年（一九四七）六月、局次長に就任。その期間中にいちばん頭を悩ませたのは共産党の伊藤律架空会見記事件だが、このいきさつは別項にゆずるとして、二十五年十月、大阪本社の編集局長に移ってからの動きにしぼってみよう。

仕事のあと、門田はよく京都木屋町のバー「おそめ」に出没した。元祇園の人気芸妓上羽《うえば》秀《ひで》の経営である。おそめは、のちに銀座三丁目にも進出。秀の才気と美貌、京風のはんなりした雰囲気は各界の有名人をひきつける。

「おそめ、お前さんに鎌倉のダイブツさんを拝ませてやろうか」。そういって数日後つれてきたのが、大佛次郎である。大佛も馴染みの客となる。

仕事は順調にすすんでいた。ところが、である。一年五ヵ月後の昭和二十七年三月一日付けで、突然、欧米部員（外報部の前身）に降格された。局長からヒラの一部員へ。

村山家に睨まれた、という噂があった。が、取締役会長の村山長挙《ながたか》夫妻と門田の関係は決して悪くないことは、すでにみたとおりである。門田は後年、社長の広岡とくらべて長男の浩に「お藤さんは広岡よりも（人間的な）幅が広いんだよ」ともいっているのである。

ある部長とけんかしたのが、おろされた原因とみるのが妥当のようだ。バーで、くせのある部長と口論となり、つかみあいとなった。門田の一撃が部長の顔をとらえた。この話は東京の編集局にも伝わり、五十をすぎて門田さん、やるもんだと、若手はその熱血に感服した。とはいえ、局長が部長を相手に大立ち回りを演じたとあっては、役員に迎えることはできない。だれもが「門田さんは、次は重役だ」とみていた当然の予測が狂った。欧米部も処遇に困ったことだろう。

吉岡専造は、「門田さんの文才を生かすために、信夫専務がとった措置でしょう」というのだが、結果としてはそうかも知れない。欧米部員の辞令と同時にヨーロッパへ特派され、縦横に筆をふるう。部数は年を追ってのびていく時代。門田の麗筆がこれに輪をかけ、各層にわたり読者を幅ひろく獲得していった。その見聞記は「パリ通信」「ロンドン通信」「ニューヨーク通信」にまとめられた。以下はその一部。

パリは美人だらけと考えるのは、スイスの花はみな高山植物と思うようなものだ。ここは特に美人の多いところでもないようだ。

美人がお嫌いでないらしいこちらの人にきいてみたら、「フランスは決してよその国より美人が多いとはいえない。イタリアやスペイン、スウェーデンあたりの方がずっときれいなのが多い」といってから、「しかし」と来た。「服の着方とか、物腰だとか、話の機知とか雰囲気とかいうことになると、フランスの女は世界一だろう。フランス女の特質はその魅力（シャルム）にある」

言葉が通じない以上、人間は風景の一部以上に出ないから、わたしがフランス女の魅力というやつに接する機会がないのは遺憾だが、ここは男が威張る国のようだ。女が威張るので弱っているのが、アメリカだろうが、あれはメイフラワー号に女が少なかったのが、そもそもケチのつきはじめにちがいない。ものごとははじめが大切だ（後略）。

曇った空気を鋭利な刃物で切り刻むような感じ。川端康成、大佛次郎の評言を待たずとも生き生きとしたセンテンスである。

東京、ローマ間が空路三十八時間。何と早いことかと、門田は感心していた、そんな時代である。門田は妻通子にあて「ロンドン通信もパリ通信もいろんな人間をモデルにして書いてある」と、伝えている。

現地駐在の三高、京大時代の先輩、学友、朝日OBたちから、取材のもとになる「モデル」をさがしてしっかりと取材している。

なにげない観察のなかに風刺の目が光っている。つぎは連載「中共拝見」④の「周恩来」の項から。

「（前略）見様によってはこの人の顔は歌舞伎の優しい女形だ。そして別の角度からみると、——わたしはここにピッタリだと思う言葉があるのだが、こいつは隣国の総理に対して遠慮しなければなるまい。まず豪胆不敵な革命家の顔といって間違いはない。一つの造作に女形と革命家が同居している顔である。話をしていないときの、この人のひとみは実に目まぐるしく動く。これが周恩来氏でないならば、わたしはこの相手を間違いなく神経衰弱と思うだろう。そして非常に細かいところまで気のつくのに感心した。遠い席にボーイが音を立てて茶を入れている間、総理は通訳に言葉を待たせていた。自分の前におかれたマイクを、自分で隣りの通訳の席へ移した。そしてまたしばらくして、イスから身体を折り曲げて手を延ばすと、床にうねっていたそのマイクのコードを、ひと揺りさせて真っすぐに直した。こういうことが気になるらしい」(昭和三十年＝一九五五＝九月十二日付け朝刊一面)

周恩来首相にインタビューしているわけではない。首相の身のこなしを観察しているだけである。それでいて、周恩来の性格をいいあてている。のちに出した『外国拝見』(朝日新聞)では、「何かの拍子で、凄まじい、氷のように冷酷な表情が浮かぶ。美しいだけにゾッとする感じ」、社内報と自著『新聞記者』(筑摩書房)では、「なんとも不敵きわまる面魂にかわる。女形と強盗が同居している顔といったらよかろうか」と、辛辣である。

このころ撫順の戦争犯罪人管理所をおとずれている。そこで収容者たちの演芸会をみた。笑い声ひとつ聞こえない、重苦しい空気に、門田たち記者団は胸をしめつけられるような気持ちだった。この人たちは記者団と目を合わせない。きびしい禁令が出ていると門田は感じた。

門田の知人が三人、戦犯としてここに収容されていた。門田は所長の許可をえて面会し、写真をとった。そのなかに後輩の泉毅一《たけかず》がいた。微笑を浮かべた顔の写真が、泉の妻貞子の手元に残っている。囚人番号と氏名の縫い取りが胸にあって、痛々しい。

泉は昭和十年(一九三五)、東大美学科卒後入社、昭和十七年、報道班員に従軍し、八月八日、第一次ソロモン海戦の取材にあたり、一面全面をうめつくした。一人の記者の記事だけが題字わきから左端の下の隅まで紙面を占有したというのは空前のケースである。

泉はその後、昭和十九年三月、将校として中国戦線へ。敗戦後シベリアに抑留され、凍土を掘る過酷な生活六年。つぎは中国の撫順戦犯管理所で五年。思想改造のための「認罪」学習をしつこくやらされた。

泉に未公開の手記があり、それによると管理所側の尋問は苛烈をきわめている。ある陸軍中将は無理やり書かされたと、帰国後、雑誌に告白し、訂正している。

門田が見た演芸会はこのような状況のなかでおこなわれた。不自然な所作がめだつ道理である。管理所の最高責任者は周恩来であった。後輩の高木四郎は「洗脳工作だ」と批判している。昭和三十年九月九日付けから七回、一面に連載された「中共拝見」には、さきにみた周恩来会見記のほか、「蝿や蚊がいないというが、農家は蚊帳をつらないと眠れない」など、事実追及の目が随所に光っている。

泉は十一年の抑留生活を終えて帰国後、社会部に復帰。やがてテレビに活路を見いだし転身、NET（日本教育テレビ）専務を最後に退任する。

六、名文の底に流れるもの

ある日、「何を読んでいるんだ」と、長男の浩が広げている本を覗き込んでから門田はいった。「おれの『外国拝見』は（文化史家の）和辻哲郎の『風土』（が基礎）だよ」

『風土』のなかで和辻は昭和初期、上海、香港で、労働者がジャンクに大砲を取り付けているのを見た体験から「モンスーン的風土の特殊形態」をあげ、「彼らには著《いちじる》しく意志の緊張があり、忍従性の奥に戦闘的なるものをひそめている」と、自分の身は自分で守るしかない風土で育った中国の国民性を紹介している。

門田は広大な視野にたつ和辻の論考をもとに、曇りのない、色もつかない、透きとおった目で各国を見て回った。周恩来および中国を見る目も同様である。厨川白村の反骨を縦軸に、和辻哲郎の風土論を横軸にして、門田の文体が形成されていく。

昭和二十八、九年にかけて、花森安治、大宅壮一と手分けして週刊朝日に「日本拝見」を連載している。そのひとつ「京都」（昭和二十九年二月二十一日）をあげてみる。

「京都の空気には、なにか静かな匂いがある。『枕の下を水の流るる』、そのきれいな水が浮かべる匂いだろうか。それとも苔のにおいなのか。京都は美しい苔の町だ」

という書き出しではじまる。最後は「アプレの京娘がくわえ煙草で、ボーイフレンドをつかまえて、『アジャー』などといっている。優にやさしき京ことばも、近頃だいぶ崩れたそうだ」

と、むすんでいる。この二ヵ所だけでも京都のイメージが伝わってくる。中身は当然京都の歴史、風土、各方面における現況、人物を取り上げているのだが、ものごとをあれこれ関連させながら読者の想像力をかきたてる手法なので退屈させない。結核の死亡率、日のあたらない家屋構造を説明したあとで一転し、「千年まえの都市計画の欠陥だ。桓武天皇の責任である」とくる。

小説『帰郷』以来、観光客がふえ、その吐く息が苔によくないという住職の話から、「苔寺は大佛次郎先生に、損害賠償請求の権利がある」、南禅寺の山門の腐りかけた廂がかたむいているのをみて、「五右衛門も足許が危なくて、春景色どころの騒ぎでない」といった調子で、しゃれのめしている。湯川秀樹ら「三川」と称される進歩的な学者たちをエピソードで描き、その反面、学問の大御所西田幾太郎には直接ふれず、「銀閣に近い疎水に沿うて、美しい静かな桜並木の道がある。ちかごろは安っぽい温泉マークが並んでいるが、この道に『哲学の小道』の名があるそうだ」と、軽いタッチでつないでいく。西田哲学そのものには直接ふれず、からめ手から要領よくまとめている。

この連載記事の「東京」（昭和二十九年一月三日）は、都心（門田）、郊外（花森）、江東（大宅）の三地域にわけて執筆している。さすが当代一流の書き手だけに、復興途上の首都の巨大なざわめきを、それぞれジャーナリスチックな手法で描いている。

連載記事は冒頭の書き出しに苦慮する。門田の書き出しは、「東京」編では、「実をいうと、東京拝見にそこらじゅうを駆けまわる気持ちはない」と、虚をつくような調子ではじめる。このあとで、社内の海外出張経験者たちから「世界中にトウキョウほど楽しい都会はない」と聞いた話を枕にして、ペンを走らせる。得体の知れぬマンモス都市を取材する的確な方法といえよう。

書き出しで記事全体の方向を予知させている。文の冒頭が短い。それが瞬発力となって後続の文章をひっぱっていく。この形は後輩の斎藤信也にもつながる。

出版写真部員で日本拝見の取材のため門田に同行した吉岡専造は語る。

「佐渡にいったとき。明け方、隣の門田さんの部屋で本をめくる音がするので、そおうっと襖をあけてみたら、佐渡に関する文献をいっぱい、夢中に読んでいる。独特の美学でしょうか、執筆中の姿を人にはみせないのです」。さらさらと流れるような文体ではあるが、吉岡がみたように、じつは鏤骨《るこつ》の作品である。

吉岡は傑出したカメラマンである。さっぱりして、筋をとおす性格。門田とごく親しい。あの写真ぎらいの吉田茂首相が、吉岡の撮影には全面的に協力した。大磯邸に木戸ごめん、「無数に撮らせていただきました」という。

吉岡の写歴のなかで特筆すべきは吉田茂と昭和天皇を撮った作品で、いずれも写真集にまとめ、発表されている。吉岡は「写真は肉眼だ」と強調していた。ファインダー越しではなく、生の肉眼で被写体に対峙してこそシャッターがきれる、という意味であって写真創造の真髄がここにある。

このような吉岡を門田は大事にし、足しげく飲みにさそった。門田はコップでチビリチビリ。量はいかず、仕事の話はあまりしない。とりとめのない雑談である。門田は愛用のライカで写真撮影もすぐれているから、吉岡の写真哲学に習ったことだろう。二人は家族ぐるみの付き合いをした。吉岡はさらに語る。

「私は銀座のすし屋で門田さんに殴られたことがあるんです。カウンターでしゃべりあっていたら、奥のほうで大声で私たちの話を邪魔する男がいる。静かにしろと、門田さんが注意してもきかない。たまりかねた門田さんが拳骨をにぎりしめ、男に向かいました。私は、殴るのはやめさせようと、なかにはいった途端、男をめがけた門田さんの鉄拳は間違ってわたしの顔に当たってしまいました。男は気勢にのまれて静かになりましたが、門田さんのパンチは強烈でした」

職場であったか、酔ってからむ男の襟首を門田は片手でつかみ、グイともちあげ、強力にものをいわせて、そのままドアの外に突き出したことがある。

門田は定年延長後の昭和三十七年に六十歳で退社し、フリーの身になる。

昭和三十九年秋、突然、横浜支局（現在総局）の横田正平支局長に一本の電話がかかってきた。

「いま県版に連載中の史都散歩、いいね。若い記者が書いてるんだろう。おれんとこにくるようにいってくれ。教えてやるから」

門田である。記者は写真部員で、横浜支局駐在の福田徳郎。鎌倉が題材。折りからの東京オリンピックの取材に先輩記者たちがかりだされ、新人の福田は本職のカメラだけでなく、記事も書いていた。

福田が鎌倉市長谷の門田宅をたずねると、あるじはローイングを使ってボートを漕ぐ動作をしている。

名カメラマン・吉岡専造

「やあ、きたか」と機嫌よく話しかけ、門田は鎌倉の故事来歴、現代に息づく生活、問題点をふきこみ、時には一緒に取材に出かける。門田が傘をさし、後ろ向きになっている姿を福田が撮り、紙面にのせている。望遠と超広角レンズを駆使して鎌倉の新しい美を表わすことに成功した。記事もユーモア、ウイットをきかせ、切れ味の鋭いものに仕上がっている。

福田が感動したのは、若輩の面倒をみる門田の情熱である。いかに名記者の誉れ高かった人でも、定年後、後進の文章指導をこころみるケースはめったにない。自信、実力、それに強い愛情がなければ実行できるものではない。こうして連載記事は正続三編にまとまり、読者の希望にこたえて『鎌倉史都散歩』と題し、朝日から出版された。

この本は前記福田のほか、遠藤清一、篠原亮一が担当し、解説を門田の『鎌倉雑感』と沢寿郎鎌倉市立図書館長の『野史片々』がかざっている。門田の解説はピエール・ロティの『秋の日本』と、ロティと同じころ鎌倉をおとずれた小泉八雲の見聞記からはじめていて、簡潔、平明、柔軟。しかも問題点を記者の目で鋭くえぐっている。二百ページに足りないが、この一冊だけで基本的に鎌倉を理解することができるだろう。

福田と同じ世代で横浜支局員だった角倉《すみくら》二朗は、門田の家にしばしばさそわれた。門田は社からの帰途、横浜で途中下車して支局に立ち寄り、支局員を飲みにさそうのだが、門田を敬遠する先輩に頼まれて、角倉は接待役を仰せつかる。結果、門田宅でもジョニクロなど当時としては一流の銘柄ものを痛飲ということになる。角倉には門田の権威、権力をきらい、価値基準をきちんと見据える骨太の反骨精神がのみこめた。

さきにみた「おそめ」を気にいって、門田は後輩をひきつれて銀座に出没した。ときには妻の通子もつれだした。マダムの上羽秀の門田評がある。婦人公論の昭和三十二年十一月号の特集記事「私にとって魅力ある男性」に掲載されたもので、「門田さんはこまかいことまで気をくばってくださいます。清潔感があって、男性的で」。秀は門田が晩年、病の床にあったときも介護に自宅を訪ねている。

ヒラの部員になってから外国の取材にまわり、帰国後、古巣の社会部に立ち寄ったさい、後輩たちに「組合に入りませんか」と、冗談めかしてすすめられ「ああ、いいよ」。ふたつ返事に、部内はどよめいた。しばらく恭順の意を表していれば、役員になれるかも知れないと期するのが並みの感覚だが、まったく無頓着。このあたりが「門田さんは天衣無縫」と、後輩たちが慕うゆえんである。昭和二十九年（一九五四）の秋ごろのことだった。

前年八月にはレッドパージに絡む控訴審が東京高裁でひらかれ、門田は会社側証人として出廷したにもかかわらず、元部下で解雇された小原正雄を共産党員でもシンパでもないと弁護している（小原ともう一人の被解雇者で同じ社会部員の梶谷善久の二人は、やがて復職を果たす）。

昭和三十八年（一九六三）の暮れに、朝日でお家騒動がおきる。やがて社長が交代するのだが、一時、門田が社長候補に擬せられたことがある。そのころ、ある役員が電車を乗り継いで門田宅をおとずれた。「朝の散歩で参りました」と、その役員はいった。あとで門田は周辺にいった。「電車で散歩なんてあるかい。おれが社長なんかになれるわけが、ないだろう。あいつはそんな奴だよ」。この役員は人望が厚かったが、門田にかかっては形無し。スパッと、相手の心底を見抜く。門田は、朝日の社長には朝日の記者出身で新日本製鉄副社長、自民党参議院議員で、財界政治部長と信望あつい藤井丙午を推奨していた。

門田は朝日における軟派記事の代表。対する硬派記事の代表は次章にかかげる笠信太郎《りゅうしんたろう》である。

第三章――ものの見方について〈笠信太郎〉

一、イデオロギーを捨てよ

昭和三十六年（一九六一）四月、新入社員の入社式と、それにつづく幹部の講演・事業説明があった。笠信太郎《りゅうしんたろう》論説主幹が登壇。血色のよい頬。鋭いが、よくみると優しい目。濃紺のスーツをスマートに着こなし、満面に笑みをたたえた笠主幹は、おもむろに口をひらき「諸君、おめでとう」。つづいて「（諸君は今日から）少尉だ」と、もちあげた。平和憲法擁護論者のこの人から旧軍隊用語をきくのは新入生にとって意外であり、面白くもあった。「職場や境遇に優越感、劣等感をなくすこと」「偏ってものを見てはいけない」「イデオロギーを捨てよ」「相手によって態度を変えるな」と、低い、落ちついた声で、ユーモアをまじえ、あるいは厳しく、かんでふくめるように説いた。笠の思想が熟成した内容であった。

笠は朝日の筆政を主宰していただけでなく、オピニオンリーダーであり、ジャーナリストの最高峰の地位にあった。

新入生一同、一言半句も聞き漏らすまいと、耳をかたむけた。「調子」という言葉を多用するのが印象に残った。以下はその要点。

私たちの子供時代には、博覧会などで観覧車というのが非常に人気があった。あれと同じで、いま乗り込んだ諸君は、だんだん上にあがっていく。やがて、だんだん年をとれば、当然この観覧車から降りなければならない。私などは、いま下車直前になって終わるわけだ。むろん人によって、必ずしもいちばん最高のところまでは行かない人もあるわけだが、それは一人一人の事情もあり、向き、不向き、運、不運もあり、仕方のないことだと思う。それを妙にひがんじゃいけない。だれもがケネディやフルシチョフになれるわけがない。そんなことは先刻、賢明な諸君にはおわかりのことと思う。

要するに、やがて諸君自身が、みんなの世話をする側の人になるわけなんで、そのことを今から考えておいていただかなきゃいけない。昔の十九世紀末の教科書に書いてあるような、変わることのない万年労働者がいて、別に資本家があり、それがわれわれを使うのだ、というふうに考える時代は、どんどん過ぎ去りつつある。いま観覧車のいちばん下から乗り込んだ人があがっていく。

ちょうど昔の士官学校を卒業した者が陸軍少尉になる。しかし少尉は大将と対立関係になりはしない。この少尉はやがて大将になる。大佐どまりの人もあるだろうが、対立ではなく、ひとつの職能的な序列ということがいえるでしょう。本社でも、かつて組合の役員をやった人で、早くも会社の役員をやっている人がいます。（右腕を大きく振り回し）やはり観覧車だ。経済学でいうところの、労働者と資本家が喧嘩するという図式ではないのです。

自分たちがこの重要な仕事を、それぞれのポストでやっておる、という気持ちをぜひもってもらいたい。これが私の申し上げたい第一のことです。いま流行の社会的な観念や、それに小さな個人的な不平がごっちゃになって、頭をもちあげかねない社内的、対内的な待遇面でのインフェリオリティ・コンプレックス（劣等感）を克服するようにお願いしたい。そういうものが心のどこかに芽生えようとしたら、早く摘み取って、どうか平静な心持ちで、どんな職場にいても、われわれこそが朝日新聞だというサブジェクティブな（主体的な）気持ちに立つようにしていただきたい。

筆政を主宰、オピニオンリーダーだった笠信太郎

第二には、ちょうどそれと反対のスペリオリティ・コンプレックス（優越感）をもたないように。諸君は秀才にちがいない。少年時代からむずかしい試験を次々とうまく突破してきたのだから、偉いにはちがいない。そこからくる、おれは相当のもんだというウヌボレ。これはかなり日本独特ですよ。単純な成功イズムというか、それが日本の社会にみちみちている。社内で見ておっても、

だいたい入社十年ぐらいたつと、この傾向が出てくる。スペリオリティ・コンプレックスをもつ資格など、われわれにはないのです。

私は長いことヨーロッパにいたが、イギリス人でもドイツ人でも自分の生活をしっかりつかみ、それを大事にして、エンジョイしている。日本人は、そういう大事なことは忘れてしまって、世の中のハシゴ段を登りさえすればよいということで精一杯です。一種の貧乏性です。

朝日新聞でも次長になり、部長になるころになると、さすがに落ちついた顔になる（笑）。この辺が人生のむずかしいところでしょう。それでも、もう少し人間の大切なところはどこであるか、といった観点を忘れないようにしておかないと、かぶっているフォームだけ、着物だけに重点がくる。どうも面白くない、ということになってきます。偉いはずの人がいちばん失敗することが多いと思いますが、どうかひとつ、謙虚に、足元に気をつけてください（中略）。

十九世紀は学問が非常に進歩した時代ですが、何か立場のちがう、いろいろな学問が総合されうるといった気分があったように思われるのです。主としてドイツなんですが、ヘーゲル、マルクスあたりが正にそれで、「経済学的につかめることが、社会学的な世界につなぐことができる。したがって、それから人間の具体的な行動にそれが完全に緊密に連関するし、そして科学的にその連関がつかめる」ような感じをもってできあがったのが、いわゆるイデオロギーだと、いっていいと私は思います。

しかし、現代になってみると、どうもこれはおかしいと、わかってきた。科学が進むにつれて、まだ科学の総合というものはできないということが、はっきりわかってきた。経済学的にみると、資本と賃金というような要素が、相対立し、相剋した関係をなしているということから、労働者と資本家が相対立して、死ぬまで闘争しなければならんものだというふうに、クギ付けすることは、いまのサイエンスの立場に立つならば、どうも考えにくい。

そこでひとつお願いしたいのは、ここで古いイデオロギーを捨ててもらいたい。ドイツでカントに心酔しているというと、何だ、いまでもカンティアンか、とあきれた顔をされますよ。学問研究の対象としてなら別ですけどね（中略）。

われわれの仕事自体は、むろん学問の仕事ではない。しかし、学問をいろいろと使わなきゃならない。これを使ってわれわれがやらなきゃならんのは、生きた具体的なものにぶつかることです。ぶつかって、その真実の姿を捕えることです。

事態の真実を伝えるためには、結局は、その事態をぐるぐる回り、あらゆる側面から知識と材料をあつめて判断する。問題によっては、たとえばラオスの問題のように、東西関係その他多岐にわたるのだから、判断に長期間を要する。判断を構成する材料を巨細《こさい》に捕えて、そのうえで材料そのものにものをいわせるよう、自分の判断の部分をできるだけ少なくすることでなくてはならない。場合によると、学問研究より遥かにむずかしい仕事であるということを、頭にいれておいていただきたい。

事柄を右からみたり、あるいは左にかたむけるのではなく、あくまでも、ものそれ自身がここに現われたような正確な真実でなければならない。われわれの新聞が不偏不党、中正をうたっているのは、真実そのものを伝えることにほかなりません。真実以外には、右とか左とかいうことが、およそ問題になるようじゃいけないと思う。右とか左とかを越えて、もっと高いところをめざして、きょうから出発されるようにお願いしたい。

二、思想界の二人の巨人

笠は東京高等商業専門学校（現一橋大学）で恩師、法学博士三浦新七教授の指導のもと、若くして当時、世界の思想界を席巻していたドイツの文化哲学者、歴史哲学者のシュペングラーを卒業論文に選び、卒業後も研究をかさねた。笠の思想上の立脚点となったこの思想家を瞥見してみる

オスヴァルト・シュペングラーは、前後二巻の大著『西洋の没落』を第一次世界大戦の前後にそれぞれ出版した。

『西洋の没落』は、啓蒙思想以降のヨーロッパの近代文明のもつ価値に対する痛烈な攻撃の書である。シュペングラーは、世界の文明、文化はエジプト、インドなど八つのそれぞれ独自で影響することのないものに分かれて発展してきたと論証しており、それまでヨーロッパを中心に古代——中世——近代へと直線的に文化が進歩していくとしていたとする歴史観を根底からくつがえしている。ここに彼の思想の一大特色がある。

当時、人種差別論をかかげ、ヨーロッパ人（白人）優位の進化論を主流としたダーウィニズムを真っ向から否定する思想であり、彼みずからこの持論をコペルニクス的発見と称した。相対主義の歴史観である。すなわち各国の文化、文明の歴史には固有の形があり、それらの間に優劣をつけることは不可能または困難であるという見方である。

こうした立場から『西洋の没落』『プロイセン主義と社会主義』などの著書は、二十世紀の世界史をみごとに予言している。シュペングラーは一九二〇年の時点で断定する。「マルクス主義はその試みである喧騒にみちた狂宴とともにこんにち、現実となって崩壊する」「千九百十八年をもって共産党宣言は、単なる文学的に記念すべき存在になったのである」と。

ソ連の崩壊が一九九一年。七十年も前にマルクス主義の行方を喝破している。

笠信太郎が「シュペングラーの歴史主義的立場」を世に問うたのは、昭和三年（一九二八）、二十七歳のときである。東京高商で三浦新七教授のすすめと指導により、卒業論文のテーマとして取り組み、卒業後も翻訳、研究をつづけてきた成果である。

笠は序のなかでいう。

「偉大な思想のいずれもが多面なる眺望をもつ如く、シュペングラーもまたきわめて多面的な、多角的な風貌をそなえている」

シュペングラーの底知れぬ思想の奥、深みに幻惑されまいと、笠はシュペングラーの思想の核心をしっかりととらえ、それを自分の思考の枠組みのなかに押さえ込んで検証していく。

ただし、伝統的、直線的な史観を否定するシュペングラーの多元論に共鳴しつつも、笠は、マルクスを信じないシュペングラーのマルクス主義批判には同調できなかった。昭和初期の日本はマルクス主義、プロレタリア文学の全盛期であり、笠もマルキシストの一人であったからである。

しかし笠はやがて、マルクスの唯物史観から離れていく。シュペングラーの感化は大きかった。「唯物史観のとおりには歴史は動いていない」と、知人に語るようになる。シュペングラーの思想をひきのばしてみれば、国々はそれぞれ独自の発展の仕方があるから、思想、理念を尊重し合うべきであって、干渉するのは不当であるというところに落ち着く。この考え方は、一面的にものを見ないという、笠の思想形成の根拠となっている。

笠の思想の軌跡をもう少しあとづけてみよう。東京高商で三浦教授にシュペングラーの研究を指示されたことは前にのべた。

三浦はその論考「エリアス・フルヴィッツ氏の国民心理学的研究」のなかで、「ドイツ人の宗教を客観的にみれば英雄崇拝、天才崇拝、もしくは団体崇拝で、とにかく総てを拘束する客観的標準をつくりうる個人もしくは団体があるという信仰に基礎づけられる」といい、ここにイギリス人とは正反対のドイツ国民の悲劇があると指摘している。

これを要するに、ドイツの観念論哲学者は、ある一つの思想体系をつくり、そこからあらゆるものごとを推し量り、結論を出そうとしていて、そこに危険性があると三浦論文にはみてとれる。

そうではなくて、ものごとを、それはそれ、これはこれと、テーマごとにわけて考えてみる自由な発想を三浦は提唱していて、三歳年長のシュペングラーに似ているようだ。

後年、ヨーロッパ特派員時代、ベルリンで毎晩の空襲に悩まされていたころ、笠は、こんな状況だからこそ読みなおしてみたいと、三浦の論文を友を通じて送るよう頼んだ。たまたま日本からベルリンへ秘密飛行をするA−26号機に託されたが、機は昭和十八年（一九四三）七月七日、インド上空で消息を絶った。三浦の諸論文はまとまって没後、『東西文明史論考』（岩波書店）という大部の本になっている。笠はこの本からくめどもつきぬ思想のエッセンスをすくいあげて、飽くことを知らなかった。

三、欧州の天地に立つまで

笠は明治三十三年（一九〇〇）十二月十一日、福岡市の小間物屋をいとなむ笠与平と峯子の長男として生まれた。祇園山笠の追い山で知られる櫛田神社のちかく。博多っ子である。小学生のときから絵が得意で、笠の描く軍艦は勢いよく黒煙を吐いていて、いまにも走りそうだったという。

朝顔の絵が残っている。一本のつる、一枚の花びらにも神経をゆきとどかせている。画家を志したこともある。笠の文章が八方に目くばりしていて、色彩感にみちているのは、故ないことではない。

県立修猷館中学にあがってからも成績は上位。とくに競争意識をもつというわけでなく、マイペースで勉強するタイプだった。撃剣、柔道の盛んな校風だが、笠は撃剣はあまり強くはなく、面をうたれて、痛そうな顔をしていたという。第一次大戦で敗れたドイツ軍の捕虜が福岡に収容され、街を歩く捕虜に、笠はよく話しかけていたと、級友の懐古談にある。明るい、積極的な性格であった。文才にすぐれ、黙々と家事に育児に立ち働いていた母を、敬愛する短文を後年ものしている。

笠家はさかのぼると、遠祖笠大炊助《りゅうおおいのかみ》に達する。城主筑前守原田種直の大老で、糸島郡の高祖城に依拠した。六百年まえに落城、断絶。高祖宮という神社で笠が調べたところによると、笠大炊助の祿高は八千九百二十石。筆者の手元にある原田家歴伝では八千五百石となっている。大差ない。息子の名前大炊は先祖に由来している。

家が貧しいため、早く就職をと、高等学校にはいれる実力があるにもかかわらず、学業期間の短い東京高等商業に進んだ。

高商のとき、英語熱心な学友に軽薄才子が何人かいた。これが気にいらない。笠は同志三、四人と語らって英語をやらない同盟をつくる。あんな奴になるもんか。おれたちはひとかどの人物になるんだ、という豪傑気取りである。それが悪かった。あとあとまで響き、追いつくのに苦労した。不勉強がわざわいして、英語だけでなく、ドイツ語も遅れをとった。一時的にせよ、ばかなことをしたと、笠は悔やんだ。若気のいたりで、後年「論説の鬼」となる人にしては、ちょっと考えられぬ珍事であった。

高商卒業を控えてはじめて三浦教授の講義をきき、感動してゼミをとり、学校生活をのばす。高商が東京商大（現一橋大）に昇格したあと、大正十四年（一九二五）に卒業した。

昭和三年（一九二八）、大阪天王寺の大原社会問題研究所の助手に迎えられる。財界の大物大原孫三郎がつくった研究機関で、当時もっとも進歩的な学究の集まりであった。

笠は商大卒業後十年間、この研究所を母体に、経済学、労働関係論、哲学、歴史学と読みまくり、随時翻訳にも精をだした。やがて金融貨幣論を専攻し、論壇に進出、学殖の深さを認められる。

入所初期、二十八歳で『シュペングラーの歴史主義の立場』を同文館から出版した。特筆すべきは休み時間を利用して卓球の名手に成長したことである。笠のスマッシュは強烈で、いつでも相手になってやるぞと、所外の友人にも挑戦状を書き送っている。たくましいインテリに変貌をとげる。会社員になることはやめ、薄給にたえながらも学問の道をひたはしった。

昭和十一年（一九三六）一月、三十五歳で朝日の論説委員に。朝日はそのころ社外からの人材移入を考えていた。大原研究所の先輩大内兵衛が緒方竹虎東京朝日主筆に笠を推薦した。そのころの朝日には緒方主筆のもと、前田多門、関口泰、大西斎、町田梓《し》楼《ろう》ら政治、外交に一流の見識をもった人たちがいて、彼らの自由闊達な談論に接して笠は、「オープンな空気のなかにいるようだ。書物よりもイキモノを相手にしているような気分」を味わった。大原社研時代のマルクス主義一辺倒の考え方は徐々にうすまり、専門外の目をひらかれ、笠は記者として大成していく。

論説委員として社説に健筆をふるう一方で、笠は近代史上最大の国策研究機関といわれた昭和研究会に所属し、政府に提言する政策課題に力をいれる。昭和研究会は近衛文麿首相のブレーン後藤隆之助が昭和八年に結成、東京有楽町のビルに学者、官僚、ジャーナリストら百人から百五十人を集め、軍の圧力をおさえるため、既成政党の再編などによる新体制をめざした。

昭和十二年（一九三七）。日華事変がおきたこの年は戦時インフレへの突入がぬきさしならぬ事態へさしかかっていた。このとき笠は、「十二年度の軍事費は、じつに昭和元年の三倍をこえて膨張し、（予算全体にしめるその割合は）五〇パーセントにせまっている」と、数字をこまかくあげて、歴代内閣、とくに蔵相を批判している。

真っ正面から軍を攻撃するのは許されない。笠は軍需生産が歴史的にみて悪性インフレにつながり、国民を生活苦におとしいれる必然性をあざやかに論述している（『朝日時局読本第五巻・準戦時統制経済』朝日新聞社）。

笠は戦時インフレーションに関連して、紡績、金属、機械器具などの工業出荷額を商工省の調べとして、昭和六年、五十一億六千三百万円、昭和十二年、百六十四億五千万円とあげている。が、筆者が平成十七年（二〇〇五）、経産省産業統計課に問い合わせたところでは、六年が五十一億六千万円、十二年が百六十三億二千八百万円。すなわち昭和六年分を三百万円、十二年分を一億二千余万円、商工省が水増し発表していたことがわかる。

官僚による工業製品の生産量、出荷額の水増し報告は太平洋戦争突入後もひきつづいておこなわれ、政府、軍首脳を不当に楽観させ、ミスリードする愚をおかす。

昭和十四年（一九三九）。生産力拡充四ヵ年計画は、戦時下の国力では期待できなかった。こうしたとき、年末に発表した笠の『日本経済の再編成』（中央公論社）は、国民各層に雄大な希望をあたえた。

戦時インフレーションを克服し、国民経済を安定させねばならない。そのために、笠は経済人の覚醒をうながし、序文に、

「経済界自身がその自主を取り返すためには、結局のところ、その腐りかけた自由主義の一部分を切って捨てる覚悟が必要である。この意味で経済界の指導的頭脳は、彼ら自らを真実に生かすために、大死一番の覚悟をもたねばならぬ」

と、強硬に宣言する。

そのうえで、当面する物価、生産拡充、財政整理の三つの問題をとりあげ、それらのなかで再編成の条件をもとめた。このなかで統制、なかんずく利潤の統制をはかることが急務であると、大胆な提言をおこなうのである。

さらに「企業家なり資本家なりが、利潤本位の立場を捨て、いいかえると個人主義的な経済的活動の建前を捨て、そして一個の国家的、社会的な職能のうえにたつことが、その何者にもこだわることなき立場からして、はじめて国家的に、社会的に有力な発言をなしうる条件をもたらすということである」

と、政府、経済界に呼びかけている。

ひらたくいえば、

「戦時下の日本経済は民需のとぼしい縮小再生産の危機にある。これを打開するため増産を急がねばならない。そのために、企業は一定の配当をすれば、あとは生産増強に専心すべきである。したがって企業の経営者は大株主から選ぶのではなく、生産増強をめざす有能な人でなければいけない。また、労賃を引き下げるには、そのまえに物価を下げて国民生活に支障のないようにしなければならぬ。そのためにこそ利潤を抑制、利潤は国家が管理せよ」というのである。

時代環境の差をみた場合、いまの人には読みづらい文体だが、当時、これを読んだ人の感想では「もやもやしたものが消え、国家が企業を管理する日本経済の方向がはっきり示された」というものであった。この本は中央公論社から刊行され、ベストセラーに。「再編成」は流行語となった。

ゆきつく先は資本と経営の分離論である。無能な資本家は経営陣に口をだすな、というこの新説は、激烈な反応をまきおこした。阪急電鉄の創始者、すなわち資本家でもある時の商工相小林一三は、「とんでもない。アカだ。危険思想だ」といって激怒した。が、後年二人は仲直りする。この辺が笠の懐の深いところである。

つぎのような統制反対論もあった。経済学者山本勝市は著書『計画経済の根本問題』のなかで、

「統制はすなわち社会主義経済であり、経済の破滅である」として、市場機構の確保を訴えている。名指しこそしていないが、明らかに笠論文を批判したものである。

笠の願いは、統制経済を採用せざるをえぬ戦時下のなかで、いかにして資本主義の純化をはかるか、そして、いかにして軍部の圧力下、それを逆手にとって経済の社会化を進め、資本主義の悪弊部分を除去するかというところにあった。「紋切り型の思想ではなく、なによりも与えられた現実の材料であり、条件であることを」国民経済建設の基礎とすると、強調しているのである。

朝日に移ってからの笠はすでにマルクス主義をはなれ、視野は拡大され、経済思想はいっそう深まっていったから、社会主義者という批判はあたらない。いまでは珍しくない資本と経営の分離論は、時代を遥かに抜きんでた卓見であった。笠構想は国の総合的、基本的政策を立案する企画院がとりあげ、政府と財界を二分する大問題にまで発展した。

企画院にアカがいるというので捜査の手がのび、和田博雄、勝間田清一、稲葉秀三らが検挙された。近衛首相が緒方主筆に「笠もあぶないよ」と耳打ちした。笠あてに脅迫状がまいこみ、机の引き出しの二つの段にぎっしり。見てくれといわれて同僚がのぞくと、「お前を殺す」と書いた手紙もあった。

「一年程度だよ」といって、緒方は笠を欧州特派員にだした。一年以内には騒ぎはおさまると、緒方も笠も楽観していた。それが翌年の日米開戦により果たせず、笠は戦後をふくめ七年三ヵ月間におよぶ滞欧生活をすごすことになる。

昭和十五年（一九四〇）十一月、笠は横浜から鎌倉丸で海路アメリカ経由、ドイツ・ベルリンに向かう。出航してすぐに憲兵が港にやってきて、一足ちがいで笠を捕まえそこない、地団駄ふんでくやしがったという。

左翼の論陣がめだつ大原社研出身だからソ連経由でいくかと思われていたが、笠はソ連を避けた。ドイツ行きを共にすることになった整理部記者茂木政《もぎまさ》が、シベリア経由のほうが早いので、ソ連のビザをとろうとしたが、笠は頑強に反対していった。

「きみ、ソ連という国は何をするかわからんからね」

大原社研にいた笠は左翼情報に明るかった。二年まえに左翼演劇の演出家杉本良吉と女優岡田嘉子が樺太からソ連に越境して、杉本は前年に銃殺されている。

昭和十五年といえばアメリカが七月に石油、屑鉄の輸出を許可制にして日本はこれに抗議。九月に日本軍はフランスの了解のもとに北部仏印に進駐。同月末に日独伊三国同盟が調印され、巷《ちまた》でも日米戦わざるべからずの声が日増しに盛んになっていった。笠は日米間の風雲急を告げつつあるなかで、あえてアメリカ経由をめざした。デトロイトの自動車産業をみてまわり、アメリカの底力を確認した。

笠は翌十六年一月、ベルリン郊外に居をかまえ、戦乱のヨーロッパを大局的に見てまわり、本社に送稿した。着任早々、現地要人たちのまえで国際関係の現状につき、ドイツ語を駆使して講演もしている。

では別天地のベルリンで、笠はどんな活躍をしたのだろうか。ドイツはすでに破竹の電撃作戦で周辺諸国を手中にし、前年九月にはロンドンを猛爆撃したあと、英本土上陸をうかがっていた。それは時間の問題とさえ日本国内ではいわれていた。笠はしかし「この戦争は長引くだろう」と打電して、本社デスクに叱られている。

ベルリンには大阪商船欧州駐在員で海軍武官事務所で海軍嘱託の津山重美がいた。津山は欧州戦乱の大波をかぶってそのままとどまり、海軍武官事務所で海軍嘱託の津山重美がいた。鹿児島県出身。東大法学部卒。英、独語に堪能。短波放送などで交戦各国の状況をつかみ、同じ九州出身のよしみで笠と親しく連絡をとりあっていた。

ベルリンにスイスの中立紙ノイエ・チューリッヒア・ツアイトゥンクが出回っていた。平成二十年（二〇〇八）三月現在、百歳の長寿をたもつ津山は回想する。

「中立国の新聞なので、ドイツでも読むことができました。面白いことに、ドイツの戦況の不利なことを書いてある。それでも妨害されずに発行されていました。笠さんの貴重なニュース源であり、ネタ本ですよ。笠さんはあの新聞の記者とよく意見交換をしていました。戦前から信用のある新聞でしてね」

笠は戦後も、同紙の記事からふんだんに引用し、時局を論じている。

ドイツの敗色が濃くなった昭和十八年秋、ドイツにいては危ないとみて、笠は空路スイスのベルンに移っている。スイスは情報網の中心地であり、高い視野にたち、情勢判断ができるからである。

離日三年。朝日の編集幹部は、ドイツの潜水艦で訪日するのがあるので、それに笠を便乗させて帰国させたいと考えていた。ところが、笠のスイス行きと入れちがいだったのか、乗れなかった。これはUボートで、十九年三月、キールを出航して日本に向かう途中、大西洋のベルデ岬諸島の北西で五月十四日、米海軍に撃沈された。乗らなくてよかった。

四、同志と携え終戦工作に協力

笠は食通である。窮乏一途の故国の人たちには申しわけないが、長い外国生活のなかで食事になじむのに苦労した。何ごとにも研究心旺盛な笠は、送稿の合間、貴重な米を手にいれて炊き、豆腐らしいものや醤油にちかい日本ふうの調味料をつくり、湖で釣ったウナギを蒲焼に仕上げるなど、くふうをこらす。

面倒みがよく、在独の日本人特派員や外交官を自宅に招いてごちそうし、興いたれば黒田節や「人を恋うる歌」を熱唱する。笠は詩才があって、家族をおもい故国を憂える詩を叙情味ゆたかに歌いあげている。

ベルンでは「戦ひに使して」という十節からなる詩を書き、これにベルリン在住の音楽家荒谷正雄が曲をつけ、在留邦人の間で愛唱された。戦後、九大温泉治療学研究所長となる八田秋は、戦時下、笠宅におしかけ、夜ふけまで語り、泊まりこんだと、次のように懐かしんでいる。

「談は思想、経済、科学の各般にわたり、戦争の見通しについては情報を分析して、米国は日本とドイツをつぶしはすまい。必ずソ連との対決の日がくるだろうからと（笠さんは）説かれた（中略）。行住坐臥、春風あたりを包み、安らぎと希望と勇気をあたえられた」（昭和四十二年十二月二十一日付け日経）

笠はベルンで、ふとしたことからハンブルク大学出身の経済学博士フリードリッヒ・ハックと出会う。ハックは反ナチ、親日派のドイツ人で、第一次大戦後、福岡の捕虜収容所にいたことがある。立派な収容所で、彼らは食生活にも恵まれた。一定範囲内での散歩、日本人との会話も自由。捕虜とは思えぬ優雅な処遇であった。

ハックの場合は、それだけでなく、のちにヒトラーのユダヤ人迫害に反対して投獄されたところを小島秀雄武官ら駐独日本海軍武官府に救出され、親日派の立場を不動のものとした。そしてスイスのチューリヒを本拠に、日本海軍に物資を売りこみながら、ヨーロッパの情報収拾にあたり、その関係で後述する藤村義一中佐（戦後、義朗に改名）と、しばしば情報交換をしていた。

笠は中学生のとき、通学の路上でハックと顔をあわせたことがあったかも知れず、二人は旧知の間柄であるかのように、たちまち意気投合する。

一年以上がすぎた。笠に集まる戦争の情報は、ドイツも日本も、ほとんど絶望的なものになっていく。そうしたなか、笠は意外なめぐりあわせで、故国日本の終戦工作に飛び込んでいくことになる。

ベルリンの陥落が迫った昭和二十年（一九四五）四月中旬、駐独日本大使館付武官の小島秀雄少将は、大島浩大使とともにドイツ国内のバード・ガスタインへ疎開する。これにさきだち武官補佐官の藤村中佐は、小島とそれぞれ終戦工作を実行することを約し、小島の指示で三月下旬、津山とともに車でベルリンをたち、スイスのベルンに転任する。藤村、津山は久しぶりに笠、ハックと再会した。

藤村と笠はベルリンでは突っこんで話し合う機会はなかったが、「私たちは死を覚悟して終戦工作をやるんだ」と説く藤村に、意気に感じる笠は、二つ返事で「それならおれも一緒にやるよ」と、協力を申し出た。

藤村は頭がきれ、ズケズケものをいう直言居士、行動力も抜群である。戦うべき軍人が敵と和平交渉をするなど、利敵行為であり、反逆罪である。これがばれたら軍法会議にかけられ、銃殺刑に処されるだろう。だが、ドイツは風前のともしび、日本の敗戦も時間の問題とみていた。一刻も猶予はできない。笠、津山も、同じ思いであった。

それでなくても、笠は一年まえ、つぎの長文の原稿を本社に送っているのである。

「いかなる軍事問題も、米英ソ間の政治的葛藤を考えたうえでないと完全に理解することはできない。（中略）米英とソ連間の戦略的問題の本質は、どちらが対独戦に先制的位置を占めるか、どちらが前衛拠点を先にとるかという争いである。この根本的に矛盾した関係は、何度か解消せんとするかにみえて、いまだに解消していない。米英とソ連が外面上には協調をつづけていくことは疑問なしとしても、両者の根本的対立は今年中に非常に先鋭化するで

あろう」（昭和十九年一月十三日付け）

日独両国の敗戦が必至であることをふまえ、その後の米英対ソ連の確執、両陣営による冷たい戦争の展望にまで目をそそいでいる。

さて、命がけの終戦工作、その案内役を三人はドクター・ハックに頼んだ。津山はハックについて語る。

「彼は誠意と熱をこめていうのです。『戦争は、負けるとわかったら一日もはやく講和をむすび、国土復興を考えるべきなのだ』と」

こうして四人は、極秘裡に笠の自宅で打ち合わせにはいった。ハックは、米大統領の直属機関、米戦略情報機構（OSS）の欧州本部長アレン・ダレスの部長級部下で極東担当のポール・C・ブルームと、通じていた。藤村、笠、津山の三人は、ハックの手引きでまず二回、ブルームと会った。二回とも会う場所がちがう。向こうから日時を指定してきた。

そこへいくと、またどこか知らない場所へ車でつれていかれる。スパイらしい男が尾行してきた。会っても最初は雑談に終始した。ブルームは、のちに「日本人は敵なので警戒しながら話したが、藤村さんたちは真剣であることがすぐにわかった」と述べている。

三人を代表して藤村がダレスと五月二日、はじめてベルン郊外の民家で会った。ダレスは戦後CIA長官になる人で、当時はアメリカが欧州にはりめぐらしたスパイ網の頭領であった。ごくふつうの紳士という感じである。

この会談で藤村は、脈があると直感した。そこで藤村は緊急暗号電報をつくり、じかに海軍大臣、軍令部総長に届くようにした。暗号文の作成と打電、解読には津山があたった。第一信を発したのは五月八日。奇しくもドイツ降伏の日である。その内容は「アレン・ダレスは信頼できる人物である」「ドイツの二の舞を踏むな」「ソ連の対日参戦の動きに注意せよ」というもので、だから「対米和平を断行せよ」との趣旨で一貫している。

しかし打電しても、東京から返事がない。その理由は後述するが、彼らは六月十五日までに二十一本をうっている。

結局OSS側に対し、ダレスと直接交渉したのは藤村一人で、三回。ダレスはポツダム会議の準備らしく、六月末、ベルリンに飛んだきり、ベルンには戻ってこなかった。その間、笠と津山が、ブルームとの下交渉を活発にすすめた。二人は戦後の国策まで検討する。戦後処理、国政などの三条件を笠がまとめ、津山がこれを英訳、先方に渡した。

笠提案の三条件とは、

一、日本の国体をそのまま存続させること（注・皇室を残すこと）。

二、商船隊を現状のまま残す（注・国民の食糧、生活用品の確保のため）。

三、台湾と朝鮮をそのままにする（注・日本の食糧基地として必要なため）。

この提案に対し、ハックが集めた情報では、一項と二項は有望だが、三項の朝鮮はむずかしい。しかし台湾は可能性がある、としていた。

六月はじめ、ダレス特務機関から藤村たちに回答があった。「東京から大臣か大将級の代表者で、（和平）条約にサインできるクラスの者を呼びよせられないか。米側は日本からスイスまでの空路輸送を確実にひきうける」という前向きの内容である。ところが、である。六月二十日、海軍大臣の名で親展電報がとどき、「貴趣旨はよくわかった」としながらも、和平交渉をそっけなく拒否した。万事休す、である。緊急電はこの日までに総数三十五通に達したが、徒労に終わった。それでも、笠はあきらめなかった。

笠は、ソ連の対日参戦のちかいことを見抜いていた。そのまえに、戦争を終結させねばならない。そこで数通の和平交渉促進の要求を「所見」として津山に頼み、ベルンの公使館から外務省経由で政府首脳に打電した。そのうち、内閣顧問の緒方竹虎にあてた六千字にのぼる即時和平を訴えた上申書が、外交史料館に残っている。七月九日の発信で、十一日に外務省に着信。要旨つぎのとおり（漢字、仮名遣いは現代文になおした）。

「ソ連邦ハ東亜参戦ノ権利ヲ獲得セントノ態度ヲ進メツツアルコト疑ウ余地ナシ（中略）欧州戦終局ヲ告ゲタル今日、直接ニ対日宣戦ノ挙ニ出ル可能性ハ頗《すこぶ》ル多シト考エザルヲ得ズ（中略）ドイツハ単ナル敗北ニアラズシテ敗北シ過ギタルモノナリ。生キ残リタル国民ノ経済的苦難ハ相当期間ニワタリ、事実上他国ノ奴隷ニ近カルベシ（中略）今ヤ戦イヲ継クルハ易ク矛ヲ収ムルハ難シ。若シ一人ノ名将アラバ、矛ヲ捨テテ敢然大君ト国民トヲ守ラン（中略）今小ナル執着ヲ捨テ、忍苦百年ノ覚悟ニ生キ、国ノ根幹ト国民トヲ守ラザレバ、遂ニ何物ヲモ喪ウ日到ラザルナキヤ、真ニ憂慮ニ堪エズ（中略）幾多護国ノ英霊ノ尽忠モ、一ニ以テ祖国ヲ安泰ニ導キ、其ノ父母子弟ヲ護ラントノ念願ニ外ナラザルヲ以テ（中略）英霊ガ後ニ残シタル父母兄弟子女ヲ彼等ニ代ッテ護ルコトコソ、英霊ノ心ニ副ウ所以ナリト信ゼザルヲ得ズ（中略）政府ニ於カレ重大御決心ノ一日モ早カランコトヲ祈念致ス」

ある外交史家が「憂国の情あふれ、百世にのこる大文字」と評したこの笠電報は、昭和四十七年（一九七二）八月、外交史料館で発見された。笠の没後である。着信時に目をとおしたのは、その押印のある三人。外相（東郷茂徳）、次官（松本俊一）、政務局長（安東義良）だけ。緒方顧問には回っていない。新聞社の一特派員が政府要人に警告文を打電するというのも異例のできごとである。残念ながら笠の切々たる提言は、無視された。

二日後の七月十三日、日本はソ連に和平のあっせんを頼むため、近衛文麿元首相を特使として派遣することを申し入れた。羊を狼にあずけるような行為であった。

ところで藤村電報について、終戦後の昭和二十年（一九四五）十二月ごろ小島がたずねたさい、米内光政海相は、「若い補佐官が米国の情報機関に利用されているのではないかという疑念があった」と、また豊田副武軍令部総長は、「藤村は、君（小島）がベルンに派遣していたことがわかっていれば、考えかたもあった」と答えた。藤村とは何者なのかと、スイス駐在武官でもない一中佐の身分の者の意見は、信用しにくいというのであった。

一方、当時海軍省軍務局長だった保科善四郎中将の話では、ちょっとニュアンスがちがっていて、保科が米内光政海相に「藤村、笠の電報報告を全面的に受け入れたほうがよいと思います」と提案したところ、米内は賛成し、豊田軍令部総長も同意した。しかし陸軍に反対された」となっている（保科善四郎、大井篤、末国正雄共著『太平洋戦争秘史』日本国防協会）。

小島と藤村とはベルリンで別れてから暗号電報での交信ができなくなっていたので、藤村は直接、東京に打電していた。小島が「藤村をベルンに送りましたから、彼の情報を検討してみてください」と、一言でも打電したかどうか、気になるところだ。

藤村は昭和二十八年（一九五三）、アメリカが朝鮮戦争の処理で苦慮していたころ、CIA長官になっていたダレスに会った。ダレスは、「あのとき、東京政府がわれわれの提案を受け入れたら、米国はいまのように苦しまずにすんだだろう」といった。米政府は、ダレス特務機関の交渉に期待していた。いくつかあった終戦工作のなかで、ハックをふくむ四人のスイスからの行動は、和平交渉の道筋をつけるうえで、もっとも実現の確率が高かったのである。それだけに、惜しんでもあまりある終戦工作の一幕であった。

五、オピニオンリーダー

戦いは終わったが、在留邦人は急には帰国できなかった。アメリカ、イギリスが、自国領海に敗戦国の日本人を乗せた船がとおるのを禁じたからである。笠はスイスを拠点にドイツ、フランス、イギリスからイタリア、東欧、バルカンにまで足をのばし、地を這いずるようにして取材活動にかかる。

終戦直後の欧州をとりあげた記事は、国際的水準からみても他の追従をゆるさぬレベルの高さで、読者は笠の記事によって欧州の実態をつかむことができた。飢えと窮乏、混乱のさなかにあって、笠が押し上げた窓から世界をみることは、読者にとって大きな慰めであり、希望であった。

戦後、いちばん困ったのは本社からの送金が一時とだえたことである。海外特派員の給料は横浜正金銀行から電信為替で送られていたが、復員して帰社する社員があいつぎ、本社はその対応に追われ、特派員にまで手が回らなかった。さいわいスイスの銀行が気持ちよく金を貸してくれたので助かった。

イギリスを取材して、笠は「おやっ」と感じた。戦勝国ではあったが、イギリスもモノ不足で生活難にあえいでいた。が、ヤミが横行せず、だから物価もひどくは上がっていない。笠はこんな話をきく。外国人客がホテルの食堂で、一ポンド出すからもう一皿をと注文したら、ほかの食堂で食べてほしいと、断わられたというのだ。

「統制がないとインフレになるから、統制には賛成だ」と自然に答える。「インフレを防ぐために、お互い我慢しよう」と。自分を生かすと同時に人をも生かす、これが本当の個人主義なのだ。笠はそう書き送る。単に戦後の欧州を知らせるというのでなく、敗戦国日本を再建するための参考になり、模範となるような課題を多方面から取り上げているのが、笠特電の特質である。

「ただいま帰りました」

底ごもった力のある声。笠信太郎がパナマ経由で横浜港に到着、東京本社に姿をあらわしたのは昭和二十三年（一九四八）二月である。昔を知る人たちは、笠の様変わりに目をみはった。

戦前の笠は細身にちかく、顔も鋭角的で、左翼論壇の雄という感じが強かった。それがよく太って、顔も丸みをおび、金縁の眼鏡が似合う英国型紳士となっていた。会話を交えるにつれ、往年のマルキシストが西欧的な良識をもつ民主主義者に成長したのを知って、滞欧生活が笠にもたらしたものがどんなに大きかったかを周囲は理解した。同年五月、論説委員に復帰、十二月、論説主幹となる。それから十四年間、社論を主導するとともに言論界をリードする。みずから社説に筆をとることが多く、「ご親筆」とよばれた。

文体、話し言葉、いずれもわかりやすく丁寧、一つのものごとをあらゆる角度から観察して真実に至るという思考方法で、たやすく結論をださない。現実的で、しかも理想を追求していく姿勢である。

このようなスタイルで帰国後まもなくあらわした『新しい欧州』（河出書房）は絶賛をあびた。笠はこの本のなかで、ヨーロッパ諸国民と比べたうえで日本人論をかたる。

日本人の特質としてあげているのは、没個性である。自分の頭で考えようとしないで、権威によりすがり、「必勝の信念」というような理屈にあわぬ言葉を信じこむ。理屈の欠けた部分を感情で埋めようとするから、三国同盟のようなものに引き込まれてしまう。人のふりみてわがふり直すはよいが、外側に新しいものがあれば、ただちに心をひかれる。おなじ方向で群れをなし、大海を遊弋するイワシの大群のようだ。少し違ったことをいえば仲間外れにされる——。

平明かつ痛烈な日本人論。しかし、笠の同胞をみる目はあたたかい。無自覚な日本人。とはいえ、「そこには謙虚な、抑制のきいた性格も働いているのであって、こうした日本人のよき性格、しかしながら、はなはだこわれやすい、国際的に誤解されやすいその性格の陶冶と伸張、教育に最大の力をそそぐべきである」と強調している。

戦後三年。虚脱状態のなかで、おそろしく卑屈になり、日本人ダメ論が横行していた空気を一掃するような、涼風に似たこの論考は、多くの日本人の励みになった。

スイスに滞在中、笠はナポレオン時代のスイスの外交官ピクテ・ド・ロシュモンに傾倒していた。列強のなかで永世中立をなしとげた人物で、戦後、笠は『中立態勢への道』に紹介している。

笠は憲法擁護と中立こそ日本が国際社会のなかで取るべき道であると、激しい気迫を込めて各方面に訴えていく。笠は気概の人である。この理想はしかし、昭和二十五年（一九五〇）六月末に突如、北朝鮮の侵攻で火をふいた朝鮮戦争により大きく揺らぎ、米軍の占領下、笠の立場を危機におとしいれる。

朝日は開戦の一ヵ月ほどまえ、「講和に対する態度」と題した社説を三回にわけ、一面に掲載している。朝日では異例の措置で、筆者は笠論説主幹。全面講和を強く求め、ソ連を排除した単独（多数）講和への流れを批判している。

この論説は朝鮮戦争に言及し、アメリカに協力する政府を「自ら買って出て国際的紛議に介入する何らの資格もない」と、批判しつづける。あらゆる圧力を排して新憲法による平和主義をつらぬく。これが笠の姿勢であった。したがって、もはや吉田茂首相に、スイスのロシュモンを期待しなかった。

果然、七月末、GHQは笠の社外追放を朝日に要求。机をたたいて笠を非難するインボデン新聞課長。長谷部忠社長は懸命に抵抗し、説得し、笠はかろうじて退社処分をまぬがれた。笠が全面講和を主張したのは、さもなければソ連があとから日本を管理する権限があるといって、不当な要求を出してくる恐れがあったからである。日ソ不可侵条約を破って参戦したソ連を、笠は信用しなかった。が、講和条約にともなう日米安保条約の改定には賛成しており、この点はいわゆる進歩派とは逆である。論説委員の土屋清に「アメリカとソ連のどっちが信頼できるかといえば、やはりアメリカだね」といっている。

この年の八月、笠はロングセラーとなった『ものの見方について――西欧になにを学ぶか――』（河出書房）をだしている。

「イギリス人は歩きながら考える」と、スペインの文人外交官サルバドール・デ・マダリアーガにもある名文句を書き出しにしたこの本を読んで、泊まり勤務の記者たちは、「この本を読むと、どんなものの見方をしていいか、わかんなくなるね」と茶化していたものだが、よく読めばイギリス人の思考方法に学ぼうという論旨が了解できる。いろいろと違った視点に立ってものごとを、ぐるぐるまわって見ることの大切さを、図入りで示している。

多元論的経験論であり、本項冒頭の新入社員への訓示につながっていく。前作『新しい欧州』をさらに深めた内容であり、翌年の講和会議をひかえ、真の独立国建設にとりかかるための基本的な心がまえでもあった。

昭和二十七年（一九五二）四月、日本独立。占領軍の桎梏《しっこく》から解放され、戦前から数えて新聞は二十年ぶりに言論の自由を回復することができた。「弾圧、抑圧の時代は去った。いまほど自由な時代はない」と、笠論説主幹。社論も堂々としていた。

その一つをあげると、日韓会談の決裂について、「韓国側は李ラインの一方的な宣言をおこない、李ライン内に立ち入るわが漁船や漁夫をとらえ、韓国法廷において有罪の判決をくだすがごとき理不尽な事態につきすすんだ」と、厳重に抗議し、韓国側に反省を求めている（昭和二十八年十月二十二日付け社説）。元軍人をみる目の冷たい世相にあって、「白衣の傷病者が物乞いをする悲しい街頭風景を、一日も早くなくせ」と、軍人恩給の復活を望む社説もある（昭和二十八年七月十七日）。笠は、旧知の元海軍大佐扇一登《おおぎかずと》に、恩給復活の運動を勧めてもいる。紙面全体が闊達で元気よく、わかりやすい。

論説委員室は四階にあり、室内中央に楕円形の机があって、笠主幹を中心に社説のテーマをきめる。主幹室は隣接していて、なかは衝立で仕切られ、片側に秘書役の女性がいる。笠の拳がトントンと机をたたくときは、原稿の論旨が不明で不満の意を示すとき。納得した原稿には「ウン、ウン」といったり、小声で黒田節を口ずさんだりする。長電話の相手には受話器を耳にあてながら、原稿用紙に相手の似顔絵を描いたりする。あとかたづけをする秘書役の伊地知《いじち》繁子（のち畠山姓）には、それがおかしかった。「笠直し」といえば有名で、デスク担当の副主幹の手を放たれた原稿であっても、ゲラに何度も赤鉛筆で朱を入れる。朱が全く入らない原稿は土屋清のものぐらいだった。土屋は一流の経済記者。理想主義的自由主義者、河合栄治郎の正統を継ぐ社会思想家でもあり、自宅にゼミを開いて多数の門下生を養成した。

土屋がインフレの危機に警鐘を鳴らした昭和二十八年（一九五三）八月二十七日付けと九月十二日付けの社説は、首尾一貫した論旨であるのみでなく、時の日銀首脳、政府当局に重大な影響をあたえた。一連の社説を読んだ日銀の一万田《いちまだ》尚登《ひさと》総裁はこの提案を受け入れ、金融引き締めの断をくだした。

笠と土屋は、経済を語り、シュペングラーを論じる親密な間柄であった。

やがて国論を二分した安保闘争の季節に突入する。新しい日米安全保障条約は昭和三十五年（一九六〇）一月十九日、ワシントンで調印された。これに対し社会党、総評などによる安保阻止運動が目標を条約批准の阻止に移して、日ごとに激化していった。

調印にさきだち朝日は、一月十四日の社説で「事前協議」を「事前同意」とする、条約期間を十年間の長きにわたって固定するのはやめよ（注・笠は三年間が持論）と、社論を簡潔に要約して訴えた。

在日米軍の行動、配置については事前の同意を最優先にせよ、これが欠かせないという主張である。期限のない、独立国間の体裁すらなしていない旧条約にくらべ、新条約は改善されている。安保の条件つき賛成は笠の主張であり、朝日の社論であった。

安保闘争は戦後、A級戦犯容疑で逮捕された岸信介首相に対する感情的反発と、議会答弁にみられる首相の強権的姿勢がまねく「反岸」の性格が色濃かった。五月二十日、自民党が新条約承認を強行採決。安保闘争は一気に燃えあがった。朝日は二十一日の朝刊に「岸退陣と総選挙を要求す」という社説を一面トップに据えた。

その一方で笠は、反対運動が激化して暴動がおきるのではないかと、憂慮を深めていた。窓からデモの波をみる笠の顔はこわばってみえた。

六月十五日、全学連と警官隊が衝突し、女子東大生が死亡した。国会周辺の流血事件は、普及しはじめたテレビをつうじて、すさまじい衝撃を国民に与えた。

六月十七日の朝刊一面に「暴力を排し議会主義を守れ」とする在京七社の共同宣言が出され、地方紙も同調し、掲載は四十八紙におよぶ。デモ隊の暴力排除に重点がおかれていたため、反対運動をすすめる学者、文化人から「闘争に冷水をあびせた」と、批判された。

この宣言は各社の論説トップの意見を勘案して、笠が主導してできあがった。全体のトーンは笠のものである。宣言には、岸首相の退陣と総選挙の要求を明記していなかったため、安保反対運動の陣営から、朝日は「右翼偏向」と非難された。笠はのちに「それを入れたかったが、各社の歩調をそろえるために、入れることができなかった」と悔やんでいた。

笠主導の社論は、強烈な岸批判を加えるとともに、岸政権を倒すのは暴力によってではなく、あくまでもペンの力、言論の威力によって実現しようという線で一貫していた。暴力否定の社説を約十本のせている。粗暴な振る舞いをきらう、笠の穏やかな人柄を反映したものである。

六月十九日、新安保条約は自然成立。その直後、岸首相は退陣を表明。安保闘争は潮が引くように沈静化していった。七社宣言は沈静化に決定的な役割を果たした。「一管の筆に託して天下に呼号する」とは笠の信念である。テレビの力がまだ弱かったこの時代に、新聞の影響力は絶大であった。笠はその頂点にたち、オピニオンリーダーたるにふさわしい実力を発揮した。

岸退陣をうけて池田勇人内閣が成立した。高度経済成長がはじまる。笠の烱眼《けいがん》はここでも光をはなち、昭和三十六年十一月に「斜めからみた経済成長」という連載記事にとりかかる。のちに『〝花見酒〟の経済』という本になって朝日から出版された。落語の「花見酒」にことよせて樽酒を土地にたとえ、国土の一部を売ったり買ったりして生ずる地価の騰貴が信用膨張、すなわち銀行の無制限の貸し出しをあおり、土地の取得は庶民にとって高嶺の花となる超インフレ傾向を予測し、池田政権の土地無策を非難している。

この警告はみごとに当たった。昭和四十七年（一九七二）の田中角栄内閣の成立が火に油をそそぐ結果となり、地価の暴騰と、それを押し上げた銀行貸し付けの急増は、笠の憂慮をはるかに超える狂乱状態となった。本書は笠晩年の警世の書である。

また笠は、昭和三十八年（一九六三）に「憲法と世界連邦」と題して講演。最高裁の判断を援用して、第九条が自衛権を否定したものではない、国に自衛権は当然あるとしたうえで、

「（九条の）文章のまずさは辛抱できる。解釈だけが確定すればよろしい」と、解釈改憲の立場を伝えている（「文藝春秋」昭和三十九年二月号）。このように自己の憲法論をあきらかにし、その延長線上に世界連邦論を展開している。

笠は戦後をふくむ在欧中に、経済、政治、歴史、哲学、教育、文化など多方面にわたる洋書約千百冊を入手した。そのほとんどが、長男大炊の手により、母校の一橋大学に寄贈され、同大学で既存の図書との重複をさけて選別がおこなわれ、小樽商科大学にも寄贈された。「他日にそなえ、いまはひたすら耐えて学ぶのみ」ときめた心意気が、これら横文字の各ページから、立ち上がってくるようである。

第四章——入れ墨記者の奮闘〈辻豊〉

一、モンテンルパ戦犯の帰国

(一)　さよならは言いません

昭和二十八年(一九五三)七月二十一日夕刻、横浜港沖に日本海汽船所属の貨客船・白山丸(四三五一トン)がポッカリと白い姿をあらわした。船足は速い。みるみるうちに迫ってくる。死刑から無期に減刑された四人五十数人をふくむ、フィリピンに抑留されていた「戦争犯罪人」百八人の帰国である。報道用ランチが十数隻、ミズスマシのように走りまわり、船べりをめがける。朝日記者たちを乗せたランチも向かっていく。

「ごたんだあー」。突然、ランチから白山丸に向け、絶叫のような声。辻豊である。五反田栄一は、辻の海軍時代の戦友なのだ。

船員がタイヤをランチの外側に下ろし、白山丸との摩擦を防ぐ。タイヤがこすれる。二つの船体は波に乗って大きく揺れる。

辻は白山丸がこちらに少し傾いた瞬間、まっさきにタイヤに片足をのせ、同時に梯子《はしご》をつかみ、靴を海にぬぎすてて一歩一歩、梯子を踏み固めるようにして登っていく。辻はこのとき風邪で体調をくずしていた。学生時代スケート、スキーで足腰をきたえていたが、戦時下、前線で右膝を銃弾でやられ、骨が割れている。が、ハンディにかまってはいられない。写真部員、横浜支局員がつづく。梯子は甲板から船べりに幾重にも垂れ下がっていて、つかみにくい。つかみそこねて海中におちたらスクリューに巻き込まれて、一命を失いかねない。

全員無事に甲板に登りつき、取材合戦がはじまった。矢継ぎ早の質問に帰国者たちは、ただ「うれしい」「感無量です」と、手短かに答え、涙ぐんで八年ぶりにみる故国の陸に光る灯りを見つめていた。

帰国実現には、辻記者をふくむ関係者たちの底知れぬ献身があった。辻自身、「ぼくは新聞記者としては、やりすぎだったかも知れない」と述懐するほどだった。

前年の昭和二十七年（一九五二）一月、日比賠償交渉のため、津島寿一を団長とする全権団がフィリピンのマニラにやってきた。報道陣も同行し、このなかに朝日の辻がいた。辻は英語、中国語が堪能。大阪外語時代に日比学生交流会議でマニラにきたことがあり、土地勘はあった。けれどもフィリピンの対日感情は極端に悪い時代である。ホテルから一歩出るにも命の保障はできないと、比政府当局に警告されていた。

辻は小柄で敏捷。目が少しくぼみ、彫りの深い顔立ち。フィリピン人に似ている。中国人をまねてスイカのタネを口にふくんで吹いてみせたりもする。こうやってホテルの前に立つ三人の護衛兵の目をくらまし、語学力を武器に街ダネの取材に走りまわった。

そうしたある日、上院議員のベラノから辻に電話があった。「なぜモンテンルパにいる同胞の戦犯に会いにいってやらないのか」と、怒っている。ベラノは戦時中、ミンダナオ島で日本軍と戦ったゲリラの隊長だが、戦後日本にきてからすっかり親日家に変わり、後述するデュラン下院議員とともに戦犯たちのよき理解者になっていた。「フィリピンには、まだ戦犯が残っていたのか」。辻は自分のうかつさに舌打ちして、マニラ郊外のモンテンルパ・ニュービリビット刑務所へ走った。NHK記者一人と新聞記者が三人。

刑務所内に一歩入り、百十一人の戦犯の姿をみて、辻はいいがたいショックを受けた。

国内外で活躍した辻豊

「もう十一回も、比島でお正月を迎えましたよ」（終戦まえから収監されていた人）と、ふりしぼるような声がNHKの録音器に入る。面会時間が終わるころ、辻は見覚えのある一人の顔に気づいた。どこかで会ったことがある。「ぼくを覚えていませんか」ときく辻に、男は不思議そうに首を横にふった。面会を終えて戦犯たちは獄舎に戻されていく。

辻は納得できない。「もう一度、独房にいかせてほしい」と、刑務総監に頼み込む。金網越しに会話を交えているうちに、男はいった。「ぼくは海軍の航空隊にいました。十三期の予備学生出身です」。これでわかった。五反田栄一と名乗るこの人物は、辻と同期の海軍予備中尉だった。昭和十八年暮れ、寒風吹きすさぶ土浦航空隊の練兵場でともに駆け足訓練に励んだ仲ではないか。辻はそのときの五反田の横顔をしっかりと覚えていた。

「なんだ、貴様だったのか」。五反田の口から海軍言葉がとびだし、他の独房に向かってさけんだ。「おい、この新聞記者は十三期だぞ」。みな口々にいった。「予備学生ばかり八人います。みんな死刑だ」。

辻は昭和十九年（一九四四）八月、香港・啓徳に出陣した。もし自分の赴任先がフィリピンだったら、ひょっとしてモンテンルパに引っ張られていたかも知れない。そう思うと、記者として戦犯の人たちをみる目が身内を痛切に案じる目に変わっていた。居ても立ってもいられず、辻の提案で、死刑囚八人による獄中座談会をはじめた。

ひとりが「ぼくらは無実だから罪の意識を感じない」といった。「では、どうして、こんなばかげたことが起こったんだ」と辻。これに対し、彼らは次のように説明する。

「米軍が上陸してきて戦闘がはじまった。戦闘地区の住民がゲリラ化しつつあるから処分すべしという司令部の作戦命令が発せられた（注・ゲリラは米軍の兵器をもち、正規兵と変わらぬ装備だった）。そこで二、三の小隊が夜間、後方の山岳から出ていって、約百名ほどの住民に危害がおよんだ。そして、それを指揮したのがわれわれであると、検事側証人に指摘された。しかし、実際に、われわれはこの行動に参加してはいなかった。

われわれは各自のアリバイを証明したのだが、まったく認められなかった」

辻の質問に、冷静にこたえる。

「私たちは正義と人道の名を痛いほどきかされて裁かれた。しかし、米国のためだけの戦犯、ソ連のためだけの戦犯ということがありうるだろうか。正義と人道の名が一国に偏したら、戦犯裁判というものは、復讐という憎悪の念だけだ」

ものを考える切り口の鋭さ、視野の広さ、思考の深さ。そして何よりも死刑囚とはみえぬ冷静、沈着な態度に辻は圧倒された。万難を排しても、この人たちを救出せねばならぬ。そう心に誓った辻は、成果を得ぬまま日比賠償全権団が帰国したあともマニラに残り、刑務所通いにとりかかった。

獄内の人たちは情報に飢えていた。辻は日本国内の政治、社会情勢、朝鮮問題など、ホットな話題を開陳して喜ばれた。とくに辻は直近まで朝鮮戦争の特派員として、国連軍の最前線までいき、砲弾のとびかうなかに身をさらしていた。その戦闘のすさまじさ、南北分断の悲劇を説明し、日本人が考えねばならぬ多くの問題を提起した。獄囚たちは渇きをいやすように、聞き耳をたてた。

辻は彼らを写真撮影して出身地ごとに分けて送り、新聞の都道府県版にのせた。これは絶大な効果をあげた。絶え間なく送稿する記事とあいまって、国民の多くに、戦後七年もたつのにまだ戦犯がいて、それも外地に留めおかれている深刻な事態を知らせた。

辻は三月十日、社命でいったん帰国する。親しく交流を深めていた百十人(一人は釈放、帰還)が獄舎のまえに四列にならび、死刑囚の横山静雄陸軍中将が一同を代表して辻にあつく感謝のことばをのべた。

辻は涙で言葉にならない。みな泣いている。やっと、これだけいえた。

「さよならとは申しません。絶対に、みなさんに、さよならとは言いません。ひと足さきに帰りますが、またきます、きっときます」

ウウ、ウウと声がもれ、嗚咽《おえつ》の波が広がっていく。去っていく辻に、みな手を力いっぱいに振った。

フィリピン戦犯の救出運動の原動力となって実現にこぎつけた功労者は、辻記者と教戒師加賀尾秀忍、厚生省復員局事務官の植木信良、歌手渡辺はま子、外務省マニラ在外事務所の参事官金山政英の五人。互いに連絡をとり、あるいは独自の手法で国民にこの問題を強く訴え、理解と協力をうながした。その活動をみるまえに、フィリピン戦犯の出発点にたちかえってみよう。

昭和二十二年(一九四七)三月二十八日、アメリカはマニラの米軍事委員会の裁判を、独立したフィリピンへ移管することを声明、日本人容疑者三百六十七名の裁判権はフィリピンへ移された(豊田隈雄著『戦争裁判余録』)。

外地でおこなわれたB、C級戦犯裁判の記録収集はむずかしい。被疑事実ない者の不起訴、釈放をのぞき、結局半数にちかい百六十五名がマニラで裁かれた。裁判は昭和二十四年(一九四九）十二月に終了。そのうち死刑七十九名（うち三人執行）、無期三十一名をかぞえ、約半数が極刑であった。

高野山の真言宗住職加賀尾秀忍が日本を出発したのは昭和二十四年（一九四九）十月三十日。ひたすら受刑者たちの早期釈放を祈りつつ、獄舎の一室で起居をともにしながら親身になって世話をし、経典をひらいて慰めた。

半年の派遣期間がすぎたが、加賀尾は「この人たち全員と一緒に帰国しよう。それが僧職の勤めではないか」と、心臓に持病のあるわが身をはげました。国からの派遣費が打ち切られたので、囚人と同じものを食べてすごした。一年がたち、アメリカをはじめ各国の間に日本との講和条約締結の機運が出てきた。やっと帰国の夢がかないそうだ。受刑者たちは安堵の色をうかべて昭和二十六年（一九五一）の新春を迎えた。

ところが一月十九日、突然十四人の死刑囚がよびだされ、絞首刑に処された。準備してあった十三階段を一人ずつ、問答無用とばかりに登らされていく。加賀尾は「心を鬼にして」処刑の様子を見届けた。十四人のうち六人は住民を虐殺したという。が、彼らは現場にはいなかった。他の八人は「犯人はこの人だ」と、何の証拠もなく、勝手に指さされたり、ゲリラとの交戦を住民殺害と決めつけられたりしたケースである。ろくな弁護もない、一方的な裁判であった。

死刑囚たちのショックは大きかった。「今夜かもしれない」と、おびえた。「八十億ドルの代わりになって死のうじゃないか」と、勇ましくさけぶ者もいた。フィリピンの対日賠償の要求額は八十億ドル、日本円にして二兆七千八百億円という途方もない巨額であった。フィリピンの一般会計予算の四十年分に相当するのである。

受刑者たちは荒れた。彼らをなだめ、不安を解消させねばならない。加賀尾はありとあらゆるルートをつうじて減刑、帰国の運動に心血をそそいだ。

そのかいあってか、強力な助っ人があらわれた。バチカン駐在の代理公使金山政英である。加賀尾の手紙からくわしく事情を知った金山は、ローマ法王に謁見して報告した。ピオ十二世はさっそくマニラの法王大使に手紙を書き、大使はそれをカトリック信徒でもあるエルピディオ・キリノ大統領に伝えた。

金山は法王の信任あつい カトリック信徒で、やがて志願して外務省マニラ在外事務所に参事官として赴任、政府当局と交渉し、救出のために明け暮れる一年をおくる。

復員局総務調査部事務官の植木信良は二十八歳の若さだが、留守家族会に情報をあたえ、毎日のように家族に会っては激励してまわる。収容者あての新聞、雑誌、物品をとりついで送る。

「戦犯裁判は勝者の一方的な復讐行為だ」と憤る熱血漢。「モンテンルパの最後の一人が帰るまで結婚しない」と誓って、植木は企業、団体の経営など多方面に活躍していた菅原通済《つうさい》(正しくはみちなり)、日本工業倶楽部常任理事の中村元督《もとただ》ら、実業人を相手に救援の募金活動もやる。集めた募金は加賀尾におくる。加賀尾はこれを留守家族への通信など運動費にあてる。予算がないという役所の壁をのりこえ、植木は寝食を忘れて救援活動を進めた。G

HQの監視の目が光っているから、裏にまわっての行動である。「宣言」したとおりに、植木は戦犯の帰国後に結婚した。

僧侶の枠を超えた僧侶と、外交官の枠を超えた外交官と、役人の枠を超えた役人と。「らしくない」三人がここにいた。

(二)　歌、放送、執筆で釈放運動

それでも加賀尾は不安だった。いつ、また処刑の命令が出るかわからない。呻吟している加賀尾にひらめくものがあった。歌をつくることである。シベリヤ抑留者の二人が作詞、作曲した「異国の丘」が大ヒットし、帰還運動に弾みをつけたことを思い出した。

「歌だ。歌しか彼らを慰め、励ますものはない。それも死刑囚がつくったものを」

はやる胸をおさえて加賀尾は、読書家でチリ紙にも文をつづっている元憲兵少尉の代田《しろた》銀太郎に作詞を頼んだ。作曲は大尉の伊藤正康。二人とも虐殺の被疑事実はなく、裁判所側の事実誤認である。

全三番の歌詞がうまれた。ロ短調四分の四拍子。切なく、物悲しいこの曲は、名づけて、「あゝモンテンルパの夜は更けて」

モンテンルパの夜は更けて
つのる思いに　やるせない
遠い故里　しのびつつ

涙に曇る　月影に
優しい母の　夢を見る　（一番）

曲を完成し、死刑囚数十人の前で、伊藤がオルガンを弾きながら歌ったのが昭和二十七年四月二十八日。対日講和条約発効の日である。歌い終わっても、拍手も喝采もなかった。反応がないのにがっかりしたが、加賀尾は、「せっかくつくったのだから、日本に送って、専門家の感想をききましょう」と、とりなした。

加賀尾はこの楽譜を「支那の夜」「蘇州夜曲」などのヒット曲で知られる歌手の渡辺はま子に送った。はま子が受け取ったのは六月。さっそくピアノで歌ってみた。

「とても地味な歌よ」と説明したが、レコード会社のディレクターは感動して、吹き込もうといってくれた。宇都美清の力づよい声を得てデュエットを組み、レコードが発売された。二十万枚を売る大ヒットとなった。

一方、帰国後の辻はラジオの座談会に、執筆活動に、講演会、説明会にと多忙をきわめ、そのつど「戦犯を救え」と訴えつづけた。五月二十五日、ラジオ東京による座談会がひらかれ、辻と植木、裁判の通訳、モンテンルパを慰問した大学生、無罪放免となった人、遺族会ら十二人が出席、約一時間にわたり実態が報告された。

受刑囚の手紙が読みあげられる。――看守の足音に息をひそめる。胸が不安に高鳴る。脂汗が流れる。のどが、カラカラ。足音が独房をすぎていく。「助かった」。このようにして夜があける。

この放送の反響は予想を遥かにこえて大きく広がり、六月に再放送された。辻はこの放送座談会と、さきにおこなわれた獄中座談会とあわせ、『「モンテンルパ」比島幽囚の記録』と題して十月に朝日から出版、ロングセラーとなる。本の印税はすべて留守家族による問天会に寄贈した。これを機に、戦犯救出のための署名運動が全国規模で本格化した。

こうした動きとは別に、かつて戦地を歌で慰問した渡辺はま子には、やり場のない思いがあり、時に歌仲間の淡谷のり子とともに男性も二の足をふむ巣鴨拘置所に出向き、歌って戦犯を慰めていた。

その縁で、フィリピンの下院議員で親日派のピオ・デュランを知る。デュランは元文部大臣で、日本語が得意。はま子のファンでもある。デュランから比島刑務所の実態をきき、愕然とした。一刻も早く現地にいきたい。ところが日比国交がいつ回復するかわからない。そこへ助け船を出したのが辻である。

辻が電話でいってきた。「マニラを目的地とするのではなく、東京、マニラ、香港、東京と回遊切符を買って、途中下車としてマニラに降り、刑務所に直行すればいいでしょう」。なるほど、そんな手があったのか。はま子は小躍りして渡航準備にかかった。

刑務所には八月にレコードが到着。みんな「こんなにもいい歌だったのか」とききほれ、歌のよしあしは歌手によるのかと思った。

渡辺はま子がアコーデオンの伴奏者をつれて来所したのは、昭和二十七年十二月二十五日のクリスマス。真冬とはいえ四十度の猛暑。はま子は汗だくになって衣裳をいくつもとりかえ、何曲も熱唱をつづけた。最後はモンテンルパの大合唱に。「これでお別れです」と司会の加賀尾がいったとき、はま子と一緒にきていたデュラン議員が呼びかけた。

「私が責任をもちますから、みなさんの国歌を歌ってお別れしなさい」

禁じられていた君が代である。一同、襟をただして歌いはじめたが、声にならない。胸がつまり、とめどなく頰を涙がつたった。途中で座り込んでしまう者、泣いて顔をあげぬ者。君が代がこれほど心にしみるとは……。嗚咽の時が流れた。

加賀尾が金山参事官とともにマラカニアン宮殿にキリノ大統領をおとずれたのは翌昭和二十八年六月十日である。加賀尾は金蒔絵の表紙がついたアルバムをキリノに手渡し、「戦犯の釈放をお願いします」と、手短かに懇願した。アルバムを開くとオルゴールになっていて、あのモンテンルパの歌が流れる仕掛けになっている。大統領は、じっと耳を傾けてからきいた。「非常に哀調に富んでいますが、何という歌ですか」。加賀尾は「監禁されている二人の死刑囚がつくったものです」と説明した。

深くうなずく大統領の心に変化がおこった。彼の妻と、三人の娘のうち二人が銃撃戦にまきこまれ、日本軍に殺害されている。クリスチャン大統領であるとはいえ、日本に対する憎しみは固く心の奥に張りついている。さきに十四人の処刑を許可したのは、ほかならぬキリノである。

そのキリノはもう一度メロディーをきいてから、「こんどの独立記念日（七月四日）に、戦犯二人を釈放します」といった。二人だけか。加賀尾たちはがっかりしたが、六月二十七日、死刑囚（この時点で五十九人）は無期に減刑し、その他の無期、有期刑は特赦すると発表した。この日の朝、戦犯釈放を嘆願する日本人五百万名の署名簿が東京から空路とどけられた。三十冊もある膨大なもので、これがフィリピン外務省に差し出されたのと特赦令が出たのは、ほとんど同時刻であった。

オルゴールが渡ってから、事の進むのが早かった。この歌は、キリノの固い心を開いたのだろう。後日、キリノは語った。

「私は最初、戦犯を釈放してくれと、加賀尾が泣きついてくるのかと思い、うんざりしていたが、彼は静かに、抑制した態度なので、好感がもてた。憎しみからは何も生まれない。愛だけが未来を切り開くのだ」

全員の帰国決定をきいて、辻はただちにマニラに飛んだ。刑務所の同じ場所に、百八人（三人が釈放、帰還）が待っていた。こんどは一人も黙っていなかった。辻の姿をみるなり大歓声と拍手がおこった。どの顔も笑っている。「さようならとは言いません」。辻はその約束を果たした。

マニラ出発二日まえの七月十三日、百八人は、刑死者十七人の墓に詣でることを許された。墓は刑務所の南方二キロ、ラグナ湖の見える丘の中腹にある。十七人の、土饅頭が並んでいた。加賀尾を中心に百八人は墓のまえに声もなく立った。死刑囚たちは、かつては、この十七人とおなじ運命の渦中にあったのである。

十七人の遺体が掘り出され、荼毘《だび》に付された。その場面に立ち会った辻は語る。

「ぼくは、あまりものに動じないほうなんだが、あのときばかりは体じゅうから冷や汗がだらだら、足が、がくがく震えたね」

日本から駆けつけた辻たち十人の新聞、ラジオの特派員たちは、彼らをのんびりさせようと、帰りの白山丸に乗り込むことを自発的に遠慮した。

特赦の背景だが、「純然たる寛容の心であろうと、あるいはかなりの計算であろうとも、よりよい日比の将来のために投ぜられた一石であったことに間違いない」。そう確信して、辻は帰ってきた。

白山丸は十五日マニラを出航、二十一日に横浜に帰港したのは冒頭にみたとおりである。検疫後の翌二十二日、大桟橋に接岸し、三万の大群衆からねぎらいの出迎えをうけた。この時点で死刑から無期に減刑された者は五十六人だったが、その後、釈放措置があって五十二人に。さらにこの年の十二月二十八日、フィリピン政府は巣鴨に服役中の五十二人全員を赦免した。これで比島戦犯全員が釈放された。

三年後の昭和三十一年（一九五六）七月、日比賠償交渉がようやく妥結した。

「モンテンルパの聖者」加賀尾秀忍に、辻を讃えたつぎの言葉がある。

「その情熱と、センスと、同胞愛をもって、忘れがたい足跡を残した人として、朝日新聞社会部の辻豊記者のことを申さないわけには参りません」（加賀尾秀忍著『モンテンルパに祈る』）

㈢　小野田少尉の「待て」で命拾い

これは辻がモンテンルパ戦犯の救出にのめり込んでいた昭和二十七年（一九五二）三月の「事件」。辻は、あやうく銃殺されかかったのである。狙撃を図ったのは、元陸軍少尉で、最後の日本帰還軍人、小野田寛郎《ひろお》。残置諜報者としてルバング島に渡ってからの三十年は、あまりにも有名である。

そのころ、マニラの新聞に「ルバング島の日本兵、また島民を襲撃」という記事が出た。比政府も放っておけず、討伐隊を島に送るという。これを読んだ辻は無視できず、ある奇縁で親しくなっていたマグサイサイ国防長官（のちの大統領）に会い、呼び出し工作にあたりたいと申し出た。長官は即座に承知してくれた。

小野田寛郎。辻豊記者射殺の命令を思い止まった

そこで空軍の小型連絡機を借りて、まず上空から島をつぶさに偵察、次いで魚雷艇に乗ってルバング島のティリクに上陸。ここで四人のポーター（荷物運び）をやとって、島の東南端のロークという展望のきく高台に向かった。翌三月六日、ロークを出発、ジャングルの入り口にある高台から、携帯マイクで残留兵に日本語の呼びかけをはじめた（当時は小野田少尉のほかに、島田庄一伍長と小塚金七一等兵が健在だった）。

やがてジャングルに入っていくと、ガイド役のポーターがおびえはじめ、先頭をいくのは嫌だといいだした。そこでやむなく辻が先頭に立ち、進んでいった。辻も怖かったのだが、日本兵が日本人の自分を撃つことはありえないと確信していた。まずは日本の歌、それも軍歌を歌うことにした。ところが、海軍にいた辻は陸軍の歌をあまり知らない。

そこで、ロークでも実行したように「ぼくは朝日新聞記者の辻だ。戦争はもう終わったから出てきなさい」と呼びかけてみた。さらに一計を案じて、シャツをぬぎ、上半身裸になって歩いた。顔と腕はすでに現地色に日焼けしていたが、胸や背中には、まだ白さが残っている。それをみれば、残留兵たちも最近、日本からきた日本兵だと認めてくれるだろうと思い、「この私の肌を見てください。白いでしょう」と、声をかぎりに日本人であることを叫んで回った。

しかし、ジャングルのなかで先頭に立つと、密生したつる草や枝を、ボロ（山刀）で切り払いながら進まねばならない。切った小枝やつる草は容赦なくはね返ってきて、たちまち顔や手、胸はみみず腫れになってしまう。

こうして二十いくつかの山や谷を越えて島を縦断。やっと西南端のルバングの街にたどりついたときには、さすがの辻も足腰はガタガタ、気息奄々であった。ジャングルからは、なんの応答もなく、日本兵の痕跡はみつからず、まったくの徒労に終わった。

一方、小野田たちはこのとき、ローク展望台からわずか百五十メートルの地点で、辻がスピーカーで復員を呼びかけているのをみた。声は追い風に乗ってよくききとれる。上半身裸の人影（注・辻である）と、その周りに何人かいる。じつは前年にも、日本人を名乗る別の人物から同じような投降の呼びかけがあったので、小野田たちは油断しなかった。遠距離射撃に自信のある島田が銃をかまえ、「隊長、一発です」と促した。しかし、小野田は「やめろ」と、島田の銃床を押さえた。

敵の数は見えているだけとは限らないのだ。とにかく敵は実際には多数、優勢であることを片時も忘れてはならない。こんな大胆な出方には、何かが隠されていると判断したほうが間違いはない。周辺を調べないまま手をくだすのはまずいと考え、小野田は銃殺中止を決断した。

間一髪で、辻は一命をとりとめた。辻がこの事実を知ったのは三十一年後の、昭和五十八年（一九八三）十二月。後輩の記者から、「小野田さんが『ツジという記者が本当にいれば会いたい』といってる」と、きかされたときである。

小野田と辻は、東京・芝公園で会った。小野田はじっと辻の顔をみつめていたが、急に「やはり、あなただった。間違いない。本当に朝日の記者だったのですね。私はジャングルのなかの隠れ場所から、あなたを、じっとみていたのです」と、いいだした。つづけて「しかし、これは違う。朝日の名をかたった、手のこんだ敵の謀略だ。この男、たしかに日本語はうまいが、日本人ではないだろう。もし日本人なら裏切り者であり、敵の回し者だと、三人とも確信したのです」。

「あなたは無防備であることを示すために、勇敢にも、上半身裸になって肉薄してきたでしょう。敵ながら、あっぱれだと思いました。あのとき、撃たなくて、本当によかった」

この思いがけない話を、辻は呆然としてきいていた。昭和四十九年（一九七四）三月に小野田が救出され、それから、さらに九年が経過している。辻は自分が殺される寸前だったと知って驚く。その夜、殺しかけた側と殺されかけた側の対話はつきず、深更までつづいた。以来、双方、家族のように親しい間柄となった（注・小野田の記述によると、辻を目撃したのは二月となっている）。

小野田は平成二十年（二〇〇八）現在、八十六歳。妻町枝とともに東京中央区の自宅とブラジルの自営牧場との間を半年交互に暮らしている。福島県塙町に小中学生を対象とした自然塾を開き、たくましさと自然に感謝する心の養成につとめている。

二、明神礁特攻隊始末記

太平洋の一角で、突如、海底火山が爆発し、洋上に新しい島がうまれた。場所は伊豆七島の最南端、青ヶ島の南南東六十キロ、ベヨネーズ岩礁の東端。最初にこれを目撃、打電してきたのは付近を航行していた焼津のマグロ漁船第十一明神丸。昭和二十七年（一九五二）九月十七日で、新島はこの船の名にちなんで「明神礁」と名づけられた。第一報が入ったのは十七日昼すぎ。小なりとはいえわが国に新しい領土がふえたという知らせに、社会部はいろめきたった。

「飛行機を出そう」。社会部のデスクが声をかけた。朝日をはじめ各新聞社は、それぞれ航空部を太平洋戦争後に再発足させ、盛んに社機を飛ばしはじめていたころである。

その日、辻は欧米部の片隅で、ひまネタを探していた。そこへ社会部の小島安信デスクがやってきて、いきなりきいた。

「社のセスナ機で、青ヶ島の向こうまで飛べるかね」。唐突な質問に面くらったが、話を聞いて辻は興奮してきた。さっそく地図を出して距離を計算、セスナ一九五型の性能データも調べる。「往復距離は約八百キロ。セスナの航続距離は約九百キロだから大丈夫、いって、帰ってこられますよ」と返答した。

ついでに、生来の貪婪《どんらん》な好奇心から口走る。

「もしよければ、ぼくがいきますよ」

小島と一緒に航空部へ走る。

「至急、セスナを一機出してほしい」という小島の要請に、年配の機関士は、「直線だと八百キロかもしれないが、単発のセスナで海上を飛ぶには、安全上、島づたいにいくのが常識ですよ。そうなると往復距離は九百キロちかくになって、航続距離ぎりぎりだ。まあ、無理ですな」と、ことわった。

そこで辻は日ごろから親しくしていた立川基地の米空軍ＰＩＯ（渉外担当将校）に電話して交渉してみたが、その方面に飛ばせる飛行機は一機もなかった。

日本航空に問い合わせると、一機だけマーチン二〇二型のすい星号が空いていた。さきに大島で墜落事故を起こしたばかりの、もく星号と同型機だが、やむを得ない。チャーター料は四十万円だという。かけそばが二十円の時代、目をむく巨額だが、宮本英夫部長が「かまわん、借りろ」と決断したので、すぐ契約した。

ところが、話の行き違いから離陸したのは午後五時半、青ヶ島の手前で日が暮れていた。ベヨネーズ環礁にちかづき、同乗の写真部員槇野尚一が撮った夜景写真は、残念ながら失敗であった。

昼間の写真が撮れないものかと、辻は日航のオペレーションに問い合わせたが、「あすの朝、あいている飛行機はない」との返事。

槇野が深刻な顔で辻にたずねた。「あすの朝、どうしても、もう一度撮りなおしにいきたい。社のセスナ機は、ほんとうに飛べないのですか」と。

辻はこたえた。

「島づたいだと燃料はゼロになってダメだが、直線距離で往復するなら大丈夫。十五分間ほど燃料を残して帰ってこられる」と。

槇野は安心して、写真部にもどった。

ところで、辻はもともと欧米部員なのだが、社会部員兼務でもある。昭和二十六年の秋から朝鮮戦線従軍特派員、ひきつづきマニラ特派員に出され、さきにみたようにモンテンルパ戦犯救出の取材に尽力して三月に帰国。すぐに、こんどは「航空部員兼務」との辞令がでて、なんと「三足のわらじ」をはく身になっていた。

次項でみるように辻は、戦時中、海軍航空隊にはいり、水上偵察機の搭乗員として、南シナ海の洋上で戦っている。その経歴を買われての航空部兼務である。そこで、辻は運輸省航空局の管制課にかよい、航空管制英語の速成特訓をうけ、一週間でなんとか合格していた。槇野に「大丈夫だ」と自信をこめて約束したのには、このように、それだけのわけがあった。

　さて、しばらくすると宮本社会部長の席へ写真部の西橋真太郎部長、大木栄一次長、槇野の三人がそろってやってきて、「どうしても社のセスナを飛ばせたい。もう一度、槇野をいかせる」と、強く申し入れた。

「航空部が危険だといってことわった。危険な仕事には出せない」と宮本。

「しかし辻君が、直線コースで飛べばじゅうぶん行って帰られる。自分でいきたいと、いってるよ」

「あいつのいうことは、いつも、向こう見ずで乱暴なんだ」

　押し問答がつづき、決着がつかない。深夜になり、なんとか局長室の了解をえた。

　翌十八日早朝、羽田飛行場にポンちゃんこと西堀善次パイロットと辻、山本金志機関士、槇野写真部員の四人が顔をそろえた。部長、局次長、局長をつぎつぎに口説き落としたすえのフライトである。乗機はセスナ一九五型の若風。離陸は午前九時二十八分。

　エンジンは好調。発進後一時間半、八丈島の東方をすぎたあたりから、前方の気象があやしくなる。スコールである。そのなかに突っ込んで中央突破をこころみるか、あきらめて引き返すか、二つに一つである。

「ポンチャン、どう思うかね」と辻。

「まっすぐいくか、やめて帰るか、どっちかやね」

パイロットも、同じことを考えている。辻はふりかえって、カメラマンの顔をみた。槇野はだまったまま、辻を強い視線で見返す。声のない叫びである。「頼む、一枚だけでも（写真を）撮らせてくれ」と。

山本機関士は落ち着いて座っている。辻は決心し、パイロットにいった。

「ポンちゃん、いってみよう。このスコールのなかに突っ込んでみて、もしいけそうなら最初の五分間だけ、まっすぐに飛ぼう。危ないと思ったらすぐ引き返そう。それで、もしいけそうだったら、もう一度、五分間、同じことをやってみよう。それを繰り返しているうちに、スコールの向こう側に抜けられると思う。とにかく、いけるところまでいってみよう」

若風は、海面すれすれまで高度をさげ、スコールに向かって突進していった。視界は真っ白。窓ガラスには滝のような雨がぶつかり、機体はみしみしと音をたててきしむ。揺れに揺れて、持ち上がったかと思うと、ドンと落とされる。パイロットは両手で操縦桿をにぎりしめ、必死に針路と機体の姿勢を保とうとしている。機関士は後席から腰をうかせて、パイロットの肩越しに計器類をみつめ、機体が悲鳴をあげるたびに、その音源をさぐっている。

辻は航空用時計の秒針の刻みを追ってひたすら経過時間を一分、二分と数える。機はまっすぐに飛びつづける。ついに、スコールを突き抜けた。まぶしすぎるほどの光いっぱいの世界。真っ青な空と紺碧の海。正面には高さ数千メートルにおよぶ、壮大な噴煙の柱が立っている。その根元の、海に浮かんだ新火山島が、灼熱の赤いマグマと黒い火山弾を絶え間なく吹き上げている。四人は、思わず喚声をあげた。

セスナはひとまず千メートルに高度を保ち、風上から巨大な噴煙の柱をまわりはじめる。

「ポンちゃん、火山弾がかなり近くまで飛んでいるから、島にあまり近づくな」と辻。

「わかった。まず左旋回で高度を下げながら島を一周する。マキさん、しっかり、ええ写真を撮ってくれよ」

槇野は左側の風防の窓をあけて、シャッターをきりまくる。辻は山本機関士にきく。

「金志さん、燃料は大丈夫だね」

「安心はできない。帰りは、さっきのスコールは避けたほうがよいと思う」

「了解。そうなると、島を回れるのは一回だけだ。マキさん、一回しか回れないから、そのつもりで、しっかり頼む」

激しい硫黄のにおいが機内にたちこめる。海面には、帯状にウグイス色に染まった海水が流れている。一周は、ほぼ終わりつつあった。「OK。ポンちゃん、羽田に帰ろう」

そのとき、槇野カメラマンがさけんだ。

「もう一度、一度だけでいいから回ってくれ。ポンちゃん、頼む」。槇野はパイロットの肩をつかんで揺すった。飛行機もグラグラと揺れる。

「ダメだ！　マキさん。もう一度回ると、帰りの燃料がやばい。あきらめてくれ。いままでに撮った写真を、無事にもって帰ることのほうが大切だ！」

辻は槇野の手をパイロットから引き離し、後席のクッションに押し込んだ。帰途につく。スコールを迂回して羽田へ。

三宅島の東方あたりを通過するとき、辻は米軍ジョンソン基地（埼玉）の空域管制センターを呼び出し、都内月島にある小さなストリップ（滑走路）に、ごく短時間、一時着陸することの許可を求めた。予定どおり午後一時ごろ、ストリップに着陸。夕刊最終版の締め切り、ぎりぎりの時刻である。

セスナの滑走がまだ止まらないうちに、社旗をたてた一台のオートバイが、セスナと並行して走ってきた。ゴーグル（防護眼鏡）をかけた運転者が走りながら、「原稿を投げろ」とサインを送る。辻は窓をあけ、ゴムのパッキングで包んだフィルムと原稿を、走るオートバイへ投げた。運転者はサーカスのように、みごとな腰のひねりで車体を傾け、滑走路をころがるゴム包みを片手ですくいあげ、向きをかえるや爆音たかく、有楽町の本社へと疾駆していった。ゴーグルの下で微笑んだ顔は、通称原稿部という運輸部連絡係のがんさんこと、名物男の井上巌。

山本機関士がみると、燃料計はゼロ、ガソリンはぴったり十五分間分だけ残っていた。月島で燃料を補給し、セスナ機はふたたび離陸。羽田着は一時十六分。本社に帰ってみると、もう夕刊が刷り上がっていた。

槇野の撮った「燃える明神礁」と、その上に立つ大噴煙のみごとな写真が一面トップに。この写真は、その年サンフランシスコで開催された国際写真コンクールで二位に入賞した。

六日後の九月二十三日、明神礁の調査に向かった海上保安庁の調査船「第五海洋丸」が、現場で海底火山の爆発に遭い、乗組員と調査団員の全員三十一人が海底に没した。辻記者らも、火山弾一発で海底に消える運命にあった。彼らの行動の、「特攻隊」という表現は大げさではなかった。

三、シェークスピアを語る敗軍士官

㈠　戦火のかげに燃えた恋

辻は大正七年（一九一八）十一月十五日、上海で生まれたが、ルーツは広島県の音戸の瀬戸。京都府立一中に首席合格。しかし英語になじめず、一年一学期の英語の成績は零点。電気技術者の父忠夫は教育熱心。そこで京都の魅力にとりつかれたイギリス人を家庭教師に招き、英語の特訓をしてもらった。おかげで、めきめき上達し、二学期には百点をとった。てっきりカンニングをしたと思った学校側は、その後のテストで教師三人を見張りにたてたが、全問正解なのに驚いた。

その外国人の英語の先生はリチャード・ポンソンビーといい、イギリスの名門貴族の出身。その感化で、口ずさむのは英語の歌。おかげで、英語と米語の発音の差まで覚えた。

辻は足腰が丈夫で、スケート、スキー、遠泳できたえた。一中自慢のラグビーに積極的だったためか、野球は好きになれなかった。ゴルフは「球を打つのは時間のムダ」といい、在社中にも手をそめていない。社交ダンスはワルツ以外なら、まずまず。

大阪外語英語科でフランス語も学んだ。さらに九州帝大東洋史学科にすすみ、中国語と漢文の勉強に力をいれた。東洋史を専攻したのは、シルクロードの旅に見果てぬ夢を抱いていたためだが、戦争がそれを許さなかった。

思いついたらすぐ行動に移す。気にいった場所へは無銭旅行も辞さない猛進派である。博多から実家の京都に帰ったとき、途中駅までの切符しか買えなかったが、京都駅に到着後、妹の冨美子に電話をかけ、不足分をもってこさせたことがある。「ぼくはものを考えない。感じるだけだ。数学は苦手だよ。本は何でも乱読」と自己点描をしたことがある。「動物的な直感力、行動力か」との質問にはこれを否定せず、満更でもなさそう。

昭和十八年（一九四三）九月、繰り上げ卒業後、海軍が募集した第十三期飛行科予備学生を志願、土浦海軍航空隊に入隊する。翌昭和十九年一月、上海航空隊で偵察専修の飛行訓練を受ける。五月に少尉任官。上海航空隊での飛行訓練をおえた辻少尉たち四人は、十九年八月はじめ、第二遣支艦隊司令部直属の南支飛行機隊（水上偵察機隊）の搭乗員として、香港の啓徳飛行基地に赴任した。

昭和二十年（一九四五）のはじめ、三人乗りの水偵に搭乗して辻は、南シナ海の上空を飛んでいた。搭乗員は辻機長（偵察）と操縦員、電信員。フィリピンにむかう味方船団を護衛し、北上してくる敵潜水艦を哨戒する。敗色濃厚の時期にはいり、防衛の主力をになう、きわめて重要な任務であった。

その日、いつものように、六十キロの爆弾二個を積んで五、六時間はかかっただろうか、長い哨戒飛行から帰途についていた。香港島、九龍半島が視界に入ってきた。全身の血が逆流、後と、突然、音もなく、バラ色の光の束が右翼の端をかすめて流れた。ろをみると鼻先の長いP51戦闘機が、パイロットの顔さえみえるほどに迫っていた。

「左旋回」と、とっさに命令。

「高度十五メートルまで降りろ」

高度十五メートルは、フロートが海面を切りそうな低さ。しかし身軽でスピードの速いP51は、くいさがって離れない。海の上を這い回るようにしてP51に肩すかしをくわせながら、砂浜へ突進、着水した。幸運にも機体は転覆せず、機銃弾は追撃の手をやすめなかったが、三人ともかろうじて助かった。

息も絶え絶えである。死のまぎわ、すがれるものは何ひとつないと知った辻は、その日から将校のクラブにかよい、酒を飲みだす。

ある晩、クラブの片隅で一人の中国の女性が泣いているのをみて、辻は声をかけた。ある高級将校が、むりやり交際を迫っているのだという。辻には、それが誰だか、すぐわかった。

「よし、わかった」そういって、辻はピストルを出し、弾をぬいて赤鉛筆で一発目にくだんの将校の名を、二発目は軍属（軍隊における文官などの非軍人）、三発目は辻の名を順次に書き、最後の四発目は「きみの名を」と、きいて書きしるした。そして「暴力で迫られて拒みきれなくなったら、この順序で射ち殺していくんだ」と、ピストルを手渡した。

女性は感謝の色をあらわしつつも、「ありがとう。でも、私は自分の身は自分で守ります」といって、ピストルを返した。

酔った将校が彼女をむりやり引き寄せようとしたとき、彼女は相手の腕にかみつき、一寸の隙をねらってウインドに頭をうちつけ、そこから飛び出した。

辻は、彼女の家をたずねていった。ひどい貧民街で、頭に包帯した彼女のそばに、枯れ木のような父親が無表情に座っていた。収入のなくなった一家のため、辻は当番兵に「おれはきょうから飛行隊のめしは食わん。その分を生米のまま、おれにくれ」と頼んで実行。食事をぬいたり知人宅で食べたりして貯めた米を、三日に一度ずつ彼女の家に運んだ。ヤミ米の高い時期で、一家がまずは食べていける量であった。

辻はよほどこの女性が気にいったらしい。七月ごろ、アルコールで溶いた墨に針をたばねてひたし、部下に頼んで左腕に入れ墨を彫らせた。彼女の名前である。

辻の妻エツ子は戦後、結婚にさいして、この経緯をきき、昔のこととして理解した。

これも戦後の話。辻は久しぶりに香港を再訪して、恋人であり、戦争が終わったら結婚の約束をしていたその女性と対面した。が、彼女はすでに結婚していて、夫とかわいい双子の女の子がいた。

女性の夫も気のよい人物で、辻を「兄貴、兄貴」と慕い、二人は親友以上の仲になる。やがて双子たちは十八歳に。その一人を、日本で教育したいと親のたっての要望で、昭和四十年(一九六五)の春、姉のほうが来日した。辻夫妻のアパートに同居し、日本語学校にかよいはじめる。その名は鳳芝《ホンチー》。子供のいなかった辻夫妻に、娘が一人できた。エッ子は、素直な鳳芝がかわいくてたまらない。エッも、実の母親のようにエツ子になついた。辻が海外特派員で留守中、エッ子の努力のかいあって、鳳芝は青山学院大学に入学できた。

鳳芝は日本人の青年と結婚して一生、辻夫妻子のそばにいたかったようだが、両親の希望で香港に帰り、中国人の青年と結婚する。一年後、女の子が生まれた。辻夫妻はクリスマスや誕生日がちかづくと、赤ちゃんに何をプレゼントしようかと考える。そんな年月を、夫妻は楽しみながらかさねてきた。辻はまた香港で、姑娘《クーニャン》（娘）の腕をつかんで拉致しようとした日本の憲兵下士官二人を街頭で、倒れるまで殴ったことがある。図にのると弱者を横柄に見くだす一部の日本人の卑劣な根性が許せなかった。

(二)　オックスフォード英語と戦後

やがて終戦。八月末、英極東艦隊が香港港外に到着した。三十日、まず空母「インドミタブル」から艦載機「アベンジャー」雷爆撃機三機が啓徳基地に飛来、着陸した。降伏条件受理のための日本側軍使を迎えにきたもので、香港における戦後の日英間の最初の出会いである。アベンジャーから降りてきた英側の指揮官は海軍少佐。これを出迎えたのは啓徳基地指揮官の辻中尉である。

英従軍特派員が、辻にちかづいて聞いた。

「日本人はなぜ、負けるに決まっているこんな戦争を、仕掛ける気になったのか」と。

辻は返答に窮した。パッと中学時代のポンソンビー先生のオックスフォード・イングリッシュがよみがえった。

「私のような下級士官には、およそ返答不能の難問だが、あえて現在の私の心境を告白するならば、シェースクピアがハムレットをしていわしめたごとく、『この天地の間には、ホレーショよ、およそ人間の知恵のおよばぬものがあるものだ』」

英特派員は目をまるくしたが、腹をかかえて笑いだし、英兵たちに向かっていった。

「ヘイ、このジャップは、シェークスピアのせりふで答えやがったぞ」

そのあと、あまりうれしくない質問が二、三でたが、ユーモアできりぬけた。指揮官らしい少佐が、

「ところで、これから、きみら香港の日本人はどうするのか」とたずねた。それは、こちらが聞きたいところだと、いいたいのをこらえて辻は、ふたたびシェースクピアの名せりふをつかい、「何をなすべきか、なさざるべきか、それが問題だ」とやった。英側の間に大爆笑がおこった。最初のとげとげしかった空気がすっかり溶け、「きみのオックスフォード・イングリッシュは素敵だね」。きのうの敵は、お世辞半分ながらも感心してそういった。

終戦処理のため、若い辻中尉は日本側の連絡将校を艦隊命令で引き受けることになった。捕虜収容所に入れられてから乾パンの一枚、二枚を争う飢えの戦いがはじまった。それを調整する辻の悪戦苦闘がつづく。数ヵ月間に復員が終わり、辻は最後の引き揚げ船でようやく帰国をはたした。

京都に帰宅した辻は、地元の夕刊紙に就職した。新聞記者になる気はなかった。年来の希望はあくまでもシルクロードを踏破することにある。が、まずは食っていかねばならない。英語と足を武器に書きまくる。親日家のイギリスの詩人エドモンド・ブランデンが京都を訪問したとき、辻は京都の印象をきいた。ブランデンはその場でさらさらと一編の詩を書いてくれた。こうして特ダネをものにしていく。朝日の大阪編集局長の信夫韓一郎がその新聞社と交渉して、辻をスカウトした。

ここで、ひと悶着がおきる。昭和二十四年（一九四九）一月、朝日大阪社会部に入社することになって、社の医務室で身体検査を受けたのだが、「不合格」とハンを押された。例の入れ墨である。ヤクザを採用してはならぬという医務室側の説明。社会部長の原清が「いったい、何の入れ墨かね」ときく。恥ずかしながらと、説明する。部長は医務室に電話して、「一人ぐらい、ヤクザがおってもエエやんか」と、たんかを切ってくれた。この一言で、危うくクビがつながった。

さっそく警察まわり。ある日、窃盗事件の原稿が、ザラ紙に何十枚にもわたって、デスク当番の入江徳郎の手元にとどいた。たかが、軽い窃盗じゃないか。記者の少ない地方紙で、紙面を埋めるために書きまくった癖が残っているんだな、と思って読みはじめたところ、「泥棒にやられたのは、これで三回目」と書いている。家の位置、家屋構造まで、ことこまかにえぐっている。発表だけに頼らない取材姿勢に、入江は感心した。

仕事を頼むと、徹底的に追いかける。人間に対する深い愛情、洞察力をもっていた。絞りのきいたレンズのような目。入江は辻に惚れこんだ。辻はやがて東京本社へ移る。その後は、先述の朝鮮戦線、モンテンルパ、ルバング島、明神礁へと、身の危険をともなう、きわどい取材へとつながっていく。

(三) 米紙に戦場のXマス紹介

モンテンルパの戦犯が帰国して三ヵ月たった昭和二十八年(一九五三)十月末、辻は米カリフォルニア州フレスノ市にあるフレスノ・ビー紙の一員として三ヵ月間の勤務にはいった。これは新聞をつうじて米国と他の国との相互理解を深めようという米新聞界の企てに国務省が賛同して、前年からはじめた事業である。全世界から二十二名が招かれ、そのうち東京社会部員の辻は、はじめての日本人記者として選ばれ、英文で日米相互理解のための健筆をふるって好評を博し、多くの知己を得た。

三ヵ月間に二十五本の記事。達意の英文である。戦後の日本および日本人の生活を紙面に紹介した。そのなかでも、日本人の教会の信者たちが、戦禍に苦しむ韓国の住民にわずかながらも救援物資を送った記事は、フレスノ市民を感動させた。以下はその話。

昭和二十六年(一九五一)十二月はじめ。朝鮮戦争の従軍記者だった辻は、ソウル(当時は「京城」と呼んだ)から一週間の休暇をもらって一時帰国した。じつはシラミ退治のためである。前線でアカにまみれ、シラミがわくので、時々米軍の立川基地に帰着、基地内のバスで体を洗い、熱湯で着衣を消毒するのである。

その足で本社へいってみると、ある同僚が日本聖公会の神父をつれてきて紹介した。神父はソウルの現況を知りたいと、辻に頼んだ。辻はソウルに帰り、さっそく聖公会にいったところ、教会堂は戦火で破壊され、多くの神父が連れ去られ、その消息はわからない。生き残った沈という若い神父を中心に、廃墟と化した堂内で細々と布教活動をしていた。その実態を辻は東京の聖公会に報告した。

折り返し東京の聖公会から辻あてに大きな包みが届いた。あけてみると衣類、書籍類、食料品、クリスマスカードがいっぱい。戦後まだ六年。自分自身が食うや食わずの日本人たちの、貧しい、しかし心のこもったプレゼントである。辻は沈神父に、これらの品を引き渡した。

十二月の末、京城の記者宿舎の一室で、弾丸雨飛の修羅場からもどった辻は、「前線のクリスマス」とでもいった記事を打とうと、タイプライターに向かっていた。と、深夜にノック。何事か。宿舎の前庭に出た辻は立ちすくんだ。老若男女、百人ほどの韓国人が灯のともった蠟燭を手に立っている。辻に向かって「聖《きよ》しこの夜」の大合唱がおこった。零下二十五度、星も凍るような寒夜である。

そのなかから、ひとりの男性が進み出て、「辻さん」と呼びかけていった。

「日本のきょうだいたちの温かい心のおかげで、私たち、いまこの戦禍にあえぐ信者たちも、この上なく心温かい思いのクリスマスを迎えることができました。しかし、私たちはいま、貧乏で、何のお礼もできません。せめて感謝の気持ちだけでも日本のきょうだいたちに、お伝え願いたいと、賛美歌を歌いにやってきました」

時ならぬ深夜の歌声に、国連従軍各国の記者や新聞係の将兵たちが驚いてとびだしてきた。沈神父がいった。

「辻さん、天なる神には栄光、地には平和、人には善意のこのクリスマス。一日も早く平和が来ますように。そして、神様のお恵みが日本のきょうだいたちの上にありますように」

沈神父と金という信者の世話役が、辻の手を握りしめた。二人とも泣いていた。信者たちの間からもすすり泣きの声が流れた。辻も涙声で「伝えます。きっと伝えます」と、しどろもどろに答えた。

呆気にとられたのは、これをみていた米、英、仏、その他各国の記者、兵士たち。彼らは日ごろ、韓国人から日本人に関するありとあらゆる悪口をきいて、この二つの民族は不倶戴天《ふぐたいてん》の敵であると信じていたからである。その韓国人と日本人が、手を取り合って泣いている。その驚きをよそに、信者たちは再び「主は来ませり」の大合唱をはじめた。かつて神様など信じたことのない辻は、間違いだらけの文句で「主は来ませり」を唱和した。

辻はフレスノ・ビー紙の最後の記事に、楽しかった三ヵ月の仕事に謝意を表するとともに「サヨナラはグッドバイではありません。それはコンマであって、フルストップではないのです。またお目にかかりましょう」と記している。辻はこのあとロンドン特派員へ。

四、ロンドン―東京五万キロドライブ

昭和三十年（一九五五）の秋、ロンドン総局の辻特派員から一通の手紙が信夫専務にとどいた。

「私はロンドン駐在が長くなったので（注・約一年半たっていた）まもなく交代ということになります。そこで、お願いがあるのですが、東京へ帰る途中、自動車を運転して欧州各国、中近東を経由して、インド、パキスタン、タイ、ベトナムなどのアジア諸国をまわり、各地で庶民の生活、風習、社会情勢などをルポして帰りたいのです」と、あった。

「役員会で了解を得られたらよい」と、信夫は返答した。役員でもある編集局長の広岡知男も、これはいけると思い、OKとなった。しかし記事だけではものたりない。写真部員を同行させようということに決まり、九州小倉の西部本社写真部員の土崎一が最適任とみて、本人の承諾を得た。土崎も辻と同じ飛行予備学生十三期の海軍中尉。戦時中は戦闘機、偵察機に乗り、まっさかさまに近い急角度で突入する訓練に励んだ。いくたびも危険を乗り越えてきたカップルである。辻はロンドンで、土崎は東京品川の鮫洲で自動車の運転免許をとった。

車は調査の結果、純国産車であるトヨタ自動車工業会社の中型乗用車トヨペット・クラウン・デラックスに決め、ロンドンに送り届けた。

こうして辻と土崎両特派員を乗せたトヨペットは、白地に黒の「LONDON―TOKI

○」の標識をフロントガラスの上に掲げ、昭和三十一年（一九五六）四月三十日朝、ロンドンタイムス社前から東へ出発することに。

「いったい、どんなコースで東京に帰るのか」とイギリス人がきく。風まかせ、放浪の旅である。イギリ人は「なんて無鉄砲な」と、あきれ顔だった。政治とは関係のない、一般の国民、それも下積みの庶民にぶつかって、その生活と思いを知るのが目的なのである。運転は交代ですすめた。二十九回におよぶルポの一部を要約してみる。手始めにロンドンから。

夫が老妻を手押し車にのせて押していく写真のわきに、「彼らはペンショナー（養老年金受給者）として、野垂れ死にの心配がない。夫は妻を墓場まで押していくだろう」と、福祉の充実した国情を描いている。

ついでパリ、西独のボン、北イタリアのゼノア、ローマ、ギリシャと、まずは順調な帰国の旅ではあるが、中東、アジアに入ると、俄然というか、当然というか、砂漠や洪水にたちふさがれて、運転は困難をきわめた。故障して動かぬ日がつづく。飲み水も切れ、渇きに苦しんだ。

イランの砂漠は、二人にとって悪夢のような思い出である。道はなくなり、川床を這って進む。毎日少なくとも一ヵ所は車に故障がおきる。激しい震動で内臓が口から飛び出しそうだった。車の溶接部分が折れてしまう。土崎は応急修理の天才。ハンドルのアームが折れると、針金で排気管にぶらさげ、片車輪運転でとにかく前進を考える。キャブレターのパッキングがだめになると、木綿糸を巻きつけて、パッキングの代用にしてしまう。

砂漠では飲料水にも不自由した。シリアではバグダッドに着く二百キロ手前で、最後の一滴まで飲んでしまった。シリア砂漠の、暑さと乾燥の度合いはすさまじい。土崎が脱ぎ捨てたシャツに煙草の火がちょっと飛んだ途端に、ガソリンをぶっかけたように燃えあがってしまうのだ。

イランのエズド付近では、ささくれだった石ころと亀裂のある道。そして砂地獄。車はここに落ち込む。反対方向からきたトラックからイラン人が降りてきて助けてくれた。

インドでは、洪水で道が水びたし。排気管がつかってしまう深さだ。途中で三回ほどエンストした。が、万策尽きてもあきらめない。煙草をすって、バカ話でもしていると、苦しまぎれの知恵が浮かんでくる。二人とも海軍時代に飛行機に乗っていて、生死の境を味わった体験がものをいった。

イギリスを離れると英語は役にたたない。言葉では苦労したが、結局、身振り手振りでなんとか通す。野宿することもしばしばだった。

辻と土崎が日本人と知って、ほとんどの国で親愛の情を示された。なかでもユーゴ、トルコ、ギリシャの親日感情は圧倒的だった。

アラブ世界では、「きみたち日本人が西欧帝国主義をはね返してくれた。そのおかげで、われわれも独立できた。ありがとう」と、挨拶をされて恐縮した。

こうしてビルマ（現ミャンマー）、タイ、カンボジア、南ベトナムを最後に、二人はタイのバンコクから三井船舶の貨物船・協立丸（八八二一重量トン）に乗船。十二月二十六日山口県富田港に入港、ここから再びトヨペットを駆使し、東京まで最後のコースを走る。沿道で「ごくろうさん」の声援と紙ふぶきをあびながら、三十日午後四時半、千数百人の群衆がつめかけるなか、朝日本社玄関まえに到着した。

運転席に座っていた辻は、白い歯をみせ、両手を高々とさしあげて、万歳の格好をしてみせた。走行距離は実質四万四千三百三十三キロ。入れ違いのように、前月八日、南極観測第一陣の宗谷が出航していた。

敗戦のショックからようやく立ち上がろうとしていた自動車産業。辻がものした一連の記事は、その芽を大きく伸ばすのに計り知れぬ勇気と力を与えた。トヨタは、車が売れに売れ、マイカー時代が到来する。日本の自動車産業は、世界のトップにおどりでた。

記事と写真がみごとに調和している。土崎の撮る写真は、辻にいわせれば、「猛烈によくしゃべる、内容ゆたかなもの」。それで、辻は一応、ある国の、ある場所の、問題の背景や歴史は説明する。しかし、「あれを撮って、これにして」という注文はしなかった。

十一年後の昭和四十二年(一九六七)三月、辻は探求心もだしがたく、こんどは「世界ロービング通信」という名の、移動特派員の旅に出る。前回いきそびれたアジアの一部、アフリカ、北米、中南米をくわえ、一年一ヵ月にわたり、約七十ヵ国を巡り歩いた。交通機関を乗り継ぐこと百数十回。パスポートは五冊、飛行機の切符の束の厚さは二十センチをこえた。

かつて、辻はいく先々の国で、その国の人々が日本人をどう思っているかを考えた。それが、ロービング通信の旅では、いく先々の国で「日本人がその国の人々をどう思い、どう取り扱っているか」と、自分の感じ方が主体的に変化しているのに気がついた。トランジスタラジオ、カメラ、自動車と日本は尊敬と驚異の目でみられている。日本の国際的地位が高まり、日本人が堂々と国際社会に復帰したのを確認できた旅でもあった。

辻は昭和四十三年（一九六八）三月、東京企画部長に。潔癖な辻は、社外からくる贈り物に対し、丁重に断わり状を書き送って拒否した。

若い人と語るのが好きな辻は、アルバイト学生たちをよくお茶にさそって歓談し、指導した。このなかから一流の画家やノンフィクション作家が育っている。

戦時下、米戦闘機に追撃されて以来、生命の危険に幾度もさらされながら、辻は強運よくこれを乗り越えてきた。しかし、晩年に襲われた病魔には勝てなかった。多くの人に惜しまれ、平成二十年（二〇〇八）十一月十三日、九十歳の誕生日まで二日をのこし、肺炎のため他界した。

第五章――独自の視点で問い直す

一、知と情を合わせもつ論説記者〈深代惇郎〉

㈠ 民族の再生へ臥薪嘗胆

一九七〇年代のはじめ、銀座六丁目のフランス料理屋。音楽評論家で劇団四季取締役の安《あ》倍寧《べやすし》は、門田勲がテーブルを前に腰をおろしているのをみつけた。

「おい、すわれよ」

門田は自分の隣の椅子を示した。門田と安倍の母は大正のはじめ、東京青山で隣同士の家に住んでいたので、安倍にとって門田は親戚の親しいおじさんのような感じである。おなじ調子で門田は前に腰かけていた後輩記者らしい若い男にあごをしゃくって、

「こいつ、深代っていうんだ」

と、紹介してくれた。

安倍は、色白で、ふっくらと明るく、人懐こそうな瞳のその人物をみて、

「ああ、深代惇郎《ふかしろじゅんろう》さんですね」

という言葉が自然に口をついてでた。

「おまえ、どうして惇郎なんて下の名前まで知っているんだ」

「だって日曜版の『世界名作の旅』を読んでますから」

「おい深代、おまえ、けっこう有名人なんだな」といって、門田は愉快そうに笑った。後輩をいつくしむ思いがにじんでいる。

深代は、安倍が門田と親子二代にわたる付き合いだとわかると、着ていたツィードの上着の左腕のあたりを右手でなでながら、にっこり笑って、「きょう、これを頂いたところなんですよ」といった。

ぜいたく好みの門田らしい、一見してそれとわかる英国製の生地である。門田はすでに退社している。が、ここぞと思う後輩記者を引っ張り出してはかわいがる。さきに福田徳郎の例でみたとおりである。

「世界名作の旅」と題する一連のルポルタージュは、すぐれた文芸作品を生んだ各国の土地をたずね、作品の背景をさぐることによって、日本人と外国人との相互理解を深めようという趣旨で企画された。発案者は大阪社会部出身の守山義雄である。疋田桂一郎、森本哲郎ら数人の書き手が選ばれた。深代もその一人で昭和四十年（一九六五）四月から八月まで十編

を担当している。

そのなかで深代が最も力をいれて書いたのは、フランスの作家、ロジェ・マルタン・デュ・ガールの二十年がかりの大作、全八部におよぶ『チボー家の人々』である。深代が学生時代から耽読していたこの大河ドラマは、第一次世界大戦を舞台に、チボー家のアントワーヌと、ジャックという二人の兄弟の運命を描いた物語。戦争と革命、動乱に翻弄されながらも懸命に平和の実現をめざして生きる若者たちの姿を、克明に、感動をこめて描いている。

わが国でも敗戦後の一九五〇年代に、革命家のジャックに感情移入をしながら熱読する若者たちが目についた。深代はこの大作を二回にわたって取り上げている。そのトーン、着眼、結末へのもっていきようは、作者マルタン・デュ・ガールの手法を思わせるものがある。

その書き出し――。

名文家であった深代惇郎

手にとると、軽い純白なわた毛だった。プラタナスの実からはじけた綿だと、教えてくれた人がいた。それが、いつ降りだしたのか、無数に、吹雪のように、セーヌ川の岸を乱れとんでいた。手のひらにのせ、フッと吹くと、また吹雪の中に帰っていく。その下で、ジェラニウムの花が炎のように、真っ赤に咲いていた。パリの夏。ジェラニウムのにおい。その中を歩きながら、私は『チボー家の人々』の主人公、ジャックの青春を思い浮かべた。

優しい幻想的な語り口である。「馥郁《ふくいく》たる香りが立ち上がってくる。こういう文章が新聞で読める時代、読者はほんとうにしあわせだった」と、安倍は嘆賞する。

深代は昭和四年（一九二九）、東京浅草の出身。父守三郎は日本における喫煙具商の草分けの一人で、工場をもち、パイプをつくっていた。深代の妹、望月英子は、

「父はものごとを右とか左とかに決めない、バランスのよい性格で、弥次郎兵衛みたいに、元にもどる人でした。戦前、戦時下、市電（都電）が宮城まえにくると、乗客はいっせいに最敬礼をしましたが、父は帽子もとらず、頭をさげない。将校の靴をみただけで、めらめらと抵抗心がもえてくるのです。それでいて、終戦の暑い日、陛下に申しわけないと思ったのか、宮城まえの広場にいきました。私を連れて」と、語る。

守三郎は大正デモクラシーの自由で合理的な空気のなかで成長した人ではあるが、深代はこの父親と将来設計をめぐってよく衝突した。結果、多くの場合、彼の意志がとおった。めずらしく父親が最初から許してくれたことがある。新聞社志望の件である。

「思いがけなく、うれしかった。父が僕に記者を許してくれるほど自由な人とは思わなかった」と日記にでている（『深代惇郎青春日記』朝日文庫）。

自宅のちかくに本屋があって、深代は小学生のころから五十銭玉をにぎって出入りしていた。本を買って、その日のうちに読みおえて返しにいく。よごれていないので、新しく買う

本の代金と相殺してくれた。無料で読ませてくれるようなもので、深代は下町のあつい人情のなかで育った。小学校二年のとき、割れた風船に絆創膏をはって飛ばした作文が表彰され、早くも文才をあらわしている。

府立三中（現両国高校）から受験者総数七万三千人、二十倍の難関を突破して昭和二十年（一九四五）四月、長崎県針尾島の海軍兵学校に入校する。大多数が中学三年の修了者で七十八期、日本海軍のアンカーである。五ヵ月にみたぬ短い団体生活ではあったが、四千余人にのぼる生徒たちは、戦後、八〇年代の社会の中核にあって、あらゆる分野で活躍し、組織を動かし、国を発展させていく。

生徒の組織は七部、八十四分隊に編成され、一分隊の生徒数は五十人弱。深代は第七部の第七分隊、通称七〇七《ななまるなな》分隊に属し、生徒数四十八名。教官は予備学生出身の海軍中尉、清水馨八郎（当時は菊島姓）。清水は理科が専門で世界史にも造詣が深く、吉田松陰の松下村塾の気概をもって生徒たちを導いた。清水は語る。

「戦争に負けてなるものかと、すさまじい決意で集まった少年たちだから、みな、人格はすぐれていた。深代もその一人で、成績は中ぐらい。スマートなスポーツマンというタイプだった。目立たない、ふつうの少年で、あれほどの名文を書くようになるとは思わなかった」

深代と同じ分隊の伍長補（副級長）佐久田昌昭の深代評。

「気配りのできる人。スマートな都会っ子。三月十日の大空襲で彼はあやうく命拾いをしたはずなのに、それを全然口にせず、ほかの連中が空襲でさんざんな目にあった話を広げるのを、うん、そうかといった調子で、黙ってきく。決して先を争うことをしない。何かといえば頼りにされる。模範的な生徒なので、清水教官に大層かわいがられました」

この二人の評言によって、深代の人間像がうかびあがってくる。

八月、敗戦。日本海軍の歴史は幕をとじる。分隊員は痛恨の思いで寄せ書きをした。深代は「臥薪嘗胆」と墨書した。

三中に復学して新しい人生がはじまる。順調な人生コースを歩んだかにみえたが、深代は一高の受験に一度失敗する。同期生に幾人もの合格者がいたので悔やしがった。「受験まえにみた映画の題名が悪かった」と日記に書いている。「今ひとたびの」という映画。二度目に一高文科丙類（フランス語）に合格。東大法学部政治学科を経て、昭和二十八年（一九五三）、社会人としてスタート。

ここで注目すべきは在学中のおびただしい読書量である。彼の背骨を形づくるマルタン・デュ・ガールはもとより、アラン、ジッド、ロマン・ロラン、マルクス、ニーチェ、アミエル、ウェーバー、ジョン・スチュアート・ミル、毛沢東と、掌をかえすような調子で遍歴している。

ミルの自由論を読み、その伝統的なイギリスのリベラリズムに感動し、「自由は少数の者のためにこそ必要なのである」と宣言していた。だからといって、やみくもに反多数、反権力を振り回したわけではない。あくまでも真実を、正しい判断を彼は求めている。

自己の内側に切り込む刃もするどく、「ときどき弱音を吐きそうになる」「きょうは何かしら一日腹が立って仕方がない」と、あらゆる罵言を自身にあびせ、「不機嫌が不機嫌をつくりだす」というアランの幸福論から、気分転換をはかろうとこころみる。

こうした彼の姿勢を同期入社の涌井昭治は、「自己凝視などという静的なものでなく、自己点検と呼ぶにふさわしい（中略）。情念を必死に取り抑えたからこそ、彼の知性は光沢を放つのであり、彼固有のバランス感覚も、理性と情念の苛酷な闘いの果てに体得したものであることを、この日記は私たちに解きあかしている」と、説明している。

読書遍歴、自己省察のほか、教授に対する端的な人物月旦、国際政治、事件をみる皮肉たっぷりな所感も盛られたこの日記から、深代には二十代のはじめにして、すでにコラムニストの資質が養われていたことがわかる。

朝日入社後、横浜支局に配属され、四年ほどして本社社会部にあがり、自宅にちかい第六方面の上野、浅草などの警察署を担当。上野署が基幹署で、ここの記者クラブにきて、深代は暇さえあれば読書三昧。三歳年下で東京タイムズ記者だった関根宗四郎は語る。

「深代さんは些事かまうべからず、の概がありましたね。のちに語学留学生になったことから、先を見て勉強していたのかも知れません。上野動物園の記事をよく書き、あれっと思うような街だねをものしていました。

自宅に案内され、大きくてハイカラな店内で商品のパイプをみせてくれました。『剣菱というらまい酒があるぞ』といって、よく誘ってくれる。池の端のそば屋でした。飲んでもムダ口をきかず、人の話をよくきく。記者にはめずらしい人でした」

昭和三十四年（一九五九）十月、念願かない、晴れて語学留学生としてロンドンの欧州総局に出発、翌年四月、総局員。ローマ五輪取材の一員となり、試合そのものは先輩にまかせ、観衆の表情を書いた。

それから五年間、頑健な体と堪能な英語力にまかせて欧米十数ヵ所、ほとんど地球を一周するほどに駆けまわった。社会部デスク、論説委員（教育担当）を経て昭和四十六年、ふたたびロンドンへ。こんどは総局長になって赴任する。ここに二つの文がある。読み比べてみたい。

ロンドンは、黒っぽい建物の間を、赤いバスが走る町である。

万事パリより遥かにガッシリしている。道路もずっと立派だ。家も堂々としている。金がなくては建たない家だが、建築費はとっくに償却済みにちがいない。

まことに立派な町なのだが、ただ少なからず重苦しい。赤レンガの家も多いのに、町から受ける感じは黒だ。パリの街はグレイだった。

先日、知り合いの若いイギリス人記者に「イギリスはお好きですか」と聞かれて、「落日の美しさが格別に好きです」と答えたことがあった。ロンドンは夕暮れがよく似合う町だ、というのが私の実感だ。レンガや石も、赤いバスも黒いタクシーも、まぶしい太陽にさらされると、恥ずかしげで、体のもってきようがないといった風情をみせる。ところが日が落ちるにつれて、微妙なかげりをたたえ始め、息をのむほどのうつくしさをみせるひとときがある。

ものの本質をつかみとる点、リズムや、漢字の使用を極力おさえる注意ぶかさなど、同人物が書いたと思えないだろうか。じつは違う。前者は門田勲、後者は深代で、門田文は『外国拝見』（朝日新聞社刊）、深代文は『深代惇郎エッセイ集』（同社刊）に納まっていて、双方の書いた時期に二十年の隔たりがある。安倍寧にいわれて気づいたのだが、深代は門田との雑談のなかで、門田の息づかいや発音、短くて歯切れのよい言葉の使い方に、いつのまにか感化されていったのだろう。心の動きまで、似かよってみえる。

門田の愛読書に、ダダイズムの極致をゆく永井荷風の日記と三高時代の同窓、梶井基次郎の短編がある。門田は、「荷風は読まれるために、あれだけの日記をつけたんだ」とみている。深代との対話のなかで、そういったことも話題になったと想像することができる。

(二)「香りのある天声人語」

深代は昭和四十八年（一九七三）一月、帰社して論説委員にもどり、翌二月からコラム欄「天声人語」を二年九ヵ月間担当する。

深代天声人語の特質は、場面転換の巧みさにある。一例をあげよう。

上野動物園の象インディラが老齢で足腰がきかなくなり、人気がおちたうえ、パンダブームですっかり気落ちしてしまった。贈呈者はインドのネール首相で、娘の名からとった。獄中で娘に書いた手紙に「話し合うことで真理の糸口がほどけてくる」と語りかけている。『父が子にかたる世界史』である。

娘は野党指導者たちを逮捕するために非常事態を宣言した――。

象の話からはじめて、言論の自由な国はアジアで日本だけと、むすんでいる（昭和五十年＝一九七五＝六月二十七日付け天声人語）。

このなかで『父が子にかたる世界史』には、インド人を人と思わぬ、イギリスの暴虐非道が描かれていて、深代のペンは読者を白人社会が犯したアジアの近代史にさそいこみ、考えさせてしまう。

いきなり本論にはいる濃密でスピーディーな運筆。これがデータ不足だと、冒頭から三分の一ぐらいまでは不要の枕ことばに堕してしまう。単にニュースをなぞるのではなく、ニュースを起点として話を展開していく。コラムそのものがニュースであったりする。

膨大な読書量、世界各国をまわった取材の実績、海兵の同期分隊だけでも四十八人いる支持者たち。こうした強力な取材条件がかさなりあって、問題意識に裏打ちされた厚みのあるコラム記事をつむぎだしていく。

仔細に検討してみよう。深代の天声人語は国際関係にあかるい。キッシンジャー米国務長官の時代に北ベトナム爆撃を再開したことをとりあげ、彼が受賞したノーベル平和賞も小さくなったと、慨嘆している（昭和四十八年十月十八日付け）。ソ連に対して北方領土の返還を要求し（昭和四十八年十月十二日付け）、くるくると変わる中国の外交姿勢に対しては、なすすべもないわが国の政治家たちを批判している（昭和五十年一月二十四日付け）。

イタリアの地方選挙にかこつけて、地下のマルクスに架空インタビューをこころみ、「九十万坪の大地主だなんて、そんな共産党書記長があるもんか。ソ連のブレジネフ書記長はカーキチだというし」と、社会主義政党の綱領批判をやらせている（昭和五十年六月二十日付け）。架空取材による記述がほかにもあって、皮肉、風刺がきいている。

人権侵害に対する告発、弾劾の筆剣は徹底している。たとえば金大中拉致事件。「この怒りをどこに向けるべきか」と読者の覚醒をうながし、昭和四十八年八月十九日付けにはじまって、自由と人権を守るべく説得力に富む論鋒で十数回にわたり、すさまじい勢いで肉迫している。深代の没後、北朝鮮による日本人拉致事件が明るみに出た。

平成十五年（二〇〇三）八月、故人を偲ぶ内輪の会が都内で催された。出席者は故人の妹・英子とその夫の望月礼二郎・神奈川大教授、弟徹郎、長戸路政行・千葉敬愛学園理事長、馬場昌平・同学園常務理事、安倍寧、筆者の七人。この拉致事件が話題になり、「深代さんだったら、拉致被害者救出の一大キャンペーンを張ったでしょう」と筆者がたずねたところ、当然とはいえ、だれも否定しなかった。

深代は弱者や、しいたげられた者の境遇に我慢できない。京都で、持病の苦しみから母親が服毒自殺した。竜治君という小学五年の息子が、悲しんであとを追い、飛び降り自殺した。「みんなが親切にしてくれへんかったせいや」という遺書を残して。

「この遺書が読者を打ちのめすのだ」（昭和四十九年四月十日付け）と、書き終えたとき、深代の目に涙がにじんでいたのを同期の涌井昭治は知っている。知の人、というにとどまらない。下町育ちの人情味ゆたかな深代の姿がここにあった。

自然環境の保護にも重大な関心を示し、食料増産が人口の急増においつかず、米は百パーセントの自給だが、穀物全体では四十三パーセントにすぎないと警告する（昭和四十九年四月三日付け）など、三十篇ほどをものしている。このなかで地球が寒冷化傾向にあるとする気象庁の発表を出して、食糧戦略を策定せよと主張しているのが目を引く。地球温暖化対策だけが最大の議論になっているいま、反対の議論である寒冷化に対しても目配りするよう、このコラムは提起している感がある。

環境問題の取材では、海兵時代の教官で戦後千葉大教授となる地理学者、清水馨八郎に負うところが大きい。清水は朝日の社論からは対極の位置にあるが、自由人深代にとって、左右の色分けは眼中にない。必要なのは真実の追求であり、正確な判断である。深代は新宿の清水宅をたずねては知識を得、清水も深代の天声人語を借用した。

「彼は街を歩いていて、人やものごとをよく観察しては、ひっきりなしにメモするんです」と、清水は深代のメモ魔ぶりを語る。

レパートリーはひろい。差別する者を憎み、追及の手をゆるめない。が、行き過ぎを戒めている。

「このコラムで『片手落ち』という表現をつかったとき、差別用語だと抗議があった。『片手落ち』や『手落ち』がいけなくなると、いずれ『視野がせまい』などといえなくなる。視野狭窄症の人から抗議がくるだろう。『どもる』は『言語障害がある』といいかえるべきだというが、脳出血で言語障害になっても、必ずしもどもるわけではない。『吃音する』では何のことかわからない。『近視眼的だ』といえば近視眼の人は怒るだろうし、『鼻が高い』といえば鼻の低い人への偏見になる」

と、反論。声の大きさに恐れ入って、タブーにするのはやめよう、と提言している（昭和五十年九月十八日付け）。

ある日、安倍が週刊朝日の副編集長によばれて有楽町のレストランに入ったところ、門田に出会った。門田は、「深代を待っているんだよ。あいつ、いまな、綴り方をうんうんいいながら書いているところだよ」と、豪快に笑う。門田にかかっては、天声人語も綴り方になってしまう。

安倍が「深代さん、すごく評判いいですねえ」と水を向けると、「そりゃあ、深代のは香りが違うからなあ」と、わがことのように嬉しそうな表情をみせる。地方では若い支局員たちが「あしたの天人は何が出るんだろう」と、楽しみにしていた。

門田は、ある体験を深代にうちあけた。日米開戦の年の暮れ、香港島の英軍が降伏した。日本横浜支局の次長をしていた門田に、香港行きの命令がでた。これを門田はことわった。日本軍の入城式は、日本中を狂喜させるニュースである。スター記者を送って書かせたいと編集幹部が考えたのだ。

従軍記者たちは兵隊たちと苦楽をともにしてきていた。記事は彼らに書かすべきだと門田は思った。心のともなわない文章を書きたくなかったのである。書かざる入城記の話は、門田のどんな名記事にもまして、深代には強烈な記憶として残った。

深代は健康にめぐまれていて、周囲も彼の健康を過信していた。体に異常を感じ、昭和五十年十一月一日、一本書き終えて入院。最初は敗血症といわれたが、白血病であった。その十二月十七日、死去。享年四十五歳。尊敬する門田先輩よりずっと若いのに、門田より九年も早く世を辞した。

絶筆の末尾に「いつかもう一度、法隆寺を訪ねてみたい」と記している。

二、リアルに、感動を込めて〈斎藤信也〉

㈠ 空爆行に決死の同乗九回

斎藤信也の名はノブヤが正しいが、通称シンヤでとおっている。太平洋戦争の全期間をつうじて、徴用をとかれず、海軍報道班員でとおした稀有の体験をもつ。まずは「朝日に斎藤あり」と俄然、注目をあびたアリューシャン攻略記から。

「濃霧は深く、重く、暗緑色の海はうねりにうねった。まこと、狂瀾怒濤の名にあたいする北洋の波濤を衝いて、わが艨艟《もうどう》（軍艦）は故国を距る二千浬《カイリ》、春浅き六月八日、遠く米領アリューシャン列島を急襲したのである」（昭和十七年＝一九四二＝六月二十五日付け）

キスカ島上陸作戦の記事である。散文詩を読むような書き出しに、朝日の社内から讃嘆の声があがった。戦場記事といえば、「わが海鷲、果敢に敵基地を猛爆、戦果甚大」といった、紋切り型のものが一般だったから、斎藤のこの記事は光った。他社のなかにもこの記事によって、はじめて斎藤を知った人が多い。上陸後、敵機の空襲は十一回におよび、斎藤は死を覚悟したこともあった。

時に二十八歳。一連の従軍記に観察の眼がゆきとどいている。兵隊は涙して、撃墜のあと歌をうたったりするものではない。斎藤は乗艦の副長から「新聞記者はすぐに泣いたなどと書くね。ああ書かないと、感じが出ないのかね」といわれ、日記にしるした。「嘘のない感動。ホンモノの感受をそのままに書く。手垢のつかない表現で」と。同時にまた「カサカサの無味乾燥の事実の羅列ではいけない。新しい感動の発見のために、絶えざる注意と思索が必要だ」とも自戒している。

休む暇もなく昭和十七年十月十三日に羽田を出発、昭和十九年三月十九日に台湾の高雄に着くまで、一年五ヵ月間、南方の海軍航空隊ですごした。配属さきはセレベス島ケンダリー基地（海軍第二十三航空戦隊司令部）で、ここを足場に南方最前線のチモール島クーパン基地へ。九死に一生をえた北豪の首都ポートダーウィン爆撃行の同乗記事を送った。

「蝶々が白く群れ飛んでいる。ここは青草に陽炎のもえる南海の飛行場である。芋虫に似たその攻撃機のヘシ曲がったプロペラの前に、数名の若鷲たちと記者は、いま黙して立つ」

ここでも、自然の風物へのこまやかな感情をあらわした書き出し。夜間爆撃後に被弾したうえ、片肺飛行で奇跡的に生還を果たした感慨がこめられている。

昭和十八年一月二十日の夜、甲種予科練出身の上等飛行兵曹谷村正夫機長は、大型攻撃機(注・一式陸攻か)の翼の下で部下搭乗員と作戦行動の最終打ち合わせをしていた。そこへ「機長はどなたですか」の声。「私です」と谷村がふりむくと、図嚢《ずのう》という小型の皮製カバンを無造作に肩にかけた報道班員がいた。

「隊長より二番機に搭乗するようにいわれた斎藤です。よろしく」

谷村は、勇敢な記者がいるものだと感服し、機内に案内した。

敵のサーチライトに捕えられながらも、谷村機は高度を下げる。斎藤のペンは修羅場を生々しくつづった。

「赤い曳光弾が吸いつくように飛んできた。赤だ、紫だ、黄だ、いりみだれている。高角砲弾が炸裂しはじめた(中略)。偵察員が伝声管で叫ぶ声によって目標に向かい、絶好の位置を取ろうとするらしい。主操の腕と偵察の眼といまや完全に一体の極致にあるのだ。プンと爆薬の臭いが強く鼻にきた。爆弾投下だ。連続投下だ。照空灯が一つポッと消えた。命中だ（記者にはこれしかわからなかった。後できくと滑走路と施設に確実に弾着したのだった）」

爆撃を終えて帰途、敵戦闘機P－40の射撃をうけ、左のエンジンに被弾、炎上。自動消火装置も効果なく、左のプロペラが停止した。谷村は自爆を一瞬きめたが、民間人（斎藤のこと）を巻き添えにしてはならぬとの思いから、味方基地ちかくの海岸にでも不時着をと、力をふりしぼって操縦、深夜、ようやく基地にたどりついた。斎藤は前書きのあとに記している。

多くの爆撃に同行した斎藤信也（吉岡専造氏撮影）

「航空隊の人たちさへ驚きをもって口にする『九死に一生をえた』その経験に、記者はかつてないショックをうけながら、つねに死を隣人とするきびしい荒鷲暮らしの一端に真実ふれえたように思うのだ」（昭和十八年三月十四日付け）

勇ましい記事ばかりが並ぶなかにあって、「死を隣人とする」という表現は、当時の紙面にはみられなかった。同僚の入江徳郎は「忘れえぬ一行だ。その底に人間をいたむヒューマンな記者の目がある」と、瞠目。現地の検閲担当は、真珠湾攻撃当時の第一次制空隊指揮官の板谷茂少佐。戦争の激烈な体験から空疎な戦意昂揚の記事を苦々しく思っていた板谷は、斎藤の原稿をみて、「これはいいね。この調子で書いてくれ」と、督励した。

海軍航空基地では一発でも多く爆弾を積む必要上、非戦闘員の報道班員を乗せるのをいやがり、報道班員は爆撃機の帰投後、降り立つ乗員にかけよって取材するのが常であった。斎藤にはそれが納得いかなかった。ガダルカナル島撤退後、守勢に立たされたわが軍の実態を自分の目でつかんでみたい。そこで斎藤は野村了介航空参謀をつうじて石川信吾司令官に願いでて許可をえた。強烈な報道使命感が司令官、参謀を動かした。

斎藤は豪州爆撃三回、ニューギニア爆撃六回に同乗している。作戦のあるたびに同乗を申し込むので、指揮官のほうが危ながって、やめさせることもあった。敵制空権のなかに飛び込んでいく。生還の保証はまったくない。目のまえで落ちていく僚機を何度もみた。

斎藤自身の説明によれば、太平洋戦争中、彼ほど多く爆撃行に参加した記者は、陸海航空隊をつうじて多分ないだろう、という。独身の気安さもあった。勇敢な愛国者だったからか、と自問して昭和十八年六月二十九日、チモール島クーパン到着の日の日記を引いて、それを否定する。「コクサ（航空参謀）に申し出、あす同乗と決す。早く寝る。もう何でもいいような気なり。一切が面倒くさくなり、乗ったらハッキリするならん」。学生時代に読んだ「退屈な話」などチェホフの一連の作品が頭にあった。無思想、無主義を攻撃されたチェホフ。斎藤は自分の爆撃行も「退屈のあまりだったかもしれない」と、ニヒルな調子でいってのける。が、この言葉は彼独自の韜晦《とうかい》、はにかみのようなものを感じさせる。

爆撃行同乗のほか、将兵の話をきき、戦況を集める。慰問にきた文化人らによる座談会をひらく。このようにして記事にまとめる。空襲の危険と隣り合わせの作業であった。積極果敢な取材活動をつづけた。

斎藤は理知的な話しぶりで将兵とつきあい、基地内の評判はよかった。さきにみた谷村は実戦百回以上におよぶ大空のサムライ。戦後高知市で事業をおこし、斎藤と親交を深めた。

基地には「欧州時報」という中立国から集めたヨーロッパ戦線までもふくむ戦況情報つづりがあって、斎藤はそれを克明に読んだ。日米戦では「ある在外武官（斎藤注・アルゼンチン？　忘失）の報告」として、昭和十九年一月二十四日、斎藤は日記に次のように書き写している。

「ガダルカナル、いま一息だった。日本の艦砲射撃にはほとんど参った。自分ですら『三日間以内に落ちざれば、腹を切ってみせる』と公言し、自他ともにあやしまなかった」「第一次ソロモン海戦、敵艦隊はほとんど全滅。なぜ日本はひきつづき積極的攻撃に出なかったのかと、キングかニミッツがいっている」

斎藤はこれらの報告から、詰めのあまい、融通のきかない日本の作戦を熟知した。

昭和十九年二月にクーパン基地を退隊、ケンダリーに到着。三月にマカッサル、台湾・高雄経由で復社。翌二十年（一九四五）早々、鹿児島県の鹿屋基地に派遣され、ここで終戦を迎える。

(二) 戦後の混乱のなかで

戦後、焦土と化した東京に復員した斎藤は、東京裁判を司法担当の野村正男らとともに取材する。昨日まで国の命運をにない、一転して今日からは裁かれる身に立たされた被告たち。かつてはこの人たちの下にあって戦争遂行に協力してきた報道人としては、やりきれぬ思いであった。戦争をあおる、美化する記事は一行も書かなかった。しかし、それでも、と斎藤は自分を責める。「新聞社には戦争責任はあるが、個々の従軍記者にはないよ」と友人にいわれたが、斎藤は「かならずしもそうではない」と、再三自分を追い詰めた。

昨日にかかわる今日の原稿が恥ずかしかった。繊細な神経の持ち主ゆえ、自分をもてあまして酒に逃げていた。変わり身の早い連中をきらう。Pという記者がいて、矢田喜美雄が非難したことがある。

「Pは面白い奴だったけどね、おれと斎藤信也の二人で、からかってやったんだよ。お前さん、鉛筆女郎じゃないかって。だって、そうだろう。戦時中はナチスドイツのお先棒をかついで、さんざん提灯記事を書きやがったくせに、戦争に負けたら、たちどころに手のひらかえしてヒトラー非難の続き物（連載記事）を紙面でぶちやがる。あんな変節、裏切り行為があるかい。そういったら、あいつ、かわいそうに、ノイローゼになっちまったよ」

Pは特派員時代、ドイツの国会を取材したなかで、「ヒトラーの演説はたまらない魅力だ」と話したドイツ人の談話を紹介し、「ヒトラーは和平獲得のためにあらゆる努力を傾けつくしたが、イギリスはそれをはねつけた」と断じ、電撃作戦遂行中のヒトラーの前線むけの告示を「非常な名文」と、もちあげている。日独伊三国同盟条約調印の一周年記念の記事では、「三国同盟はいまこそ英米側から放送される暗雲を突き破って『力の同盟』として登場すべき秋《とき》がきた」とまでうたいあげ、同盟賛美一色の論陣を張っている。それが戦後わずか一ヵ月で筆は逆転。

「ヒトラーの大雄弁は比類まれな異常性格をものがたっている」と、彼の「品の悪い」演説をこまかく打ち出している。「ヒトラーに握手を賜った日本人はたいてい参った。『わしはお前だけを信頼する』といった調子のねっとりした握手をされたとき、筆者は多少の寒気をもよおした」

と、独裁者の姿を解説する。

矢田の刃はさっと振り下ろされて、すぐに鞘におさまるが、斎藤の匕首《あいくち》は肺腑をえぐったのではないか。小原正雄は、「Pは、いやな記憶を早く払拭したかったのだろう」とみている。

新聞の戦争責任をめぐって、社内の空気は緊迫していた。幹部は引責辞職、経済部の森恭三による「国民とともに立たん」の宣言が紙面に出て、「朝日新聞はあくまでも国民の機関たることを、ここに宣言する」と誓った。喧騒と怒号のなかで労働組合が発足した。編集局内でも記者たちの組合部会、組合活動が活発に展開されていった。

こうしたなか、東京裁判の取材を一年やって、斎藤は遊軍にまわった。遊軍記者は社外から電話で送ってくる同僚の原稿を受けるほか、事件、事故、話題もの、政変と、何でもこなす。次長（デスク）の近衛兵である。そのひとりに小原正雄がいる。

小原は東京育ちだがルーツは福島県。それで斎藤とも親しく、二人は遊軍席にならび、原稿をデスクに出すまえに見せあっていた。小原も門田のメガネにかなった記者の一人である。小原の原稿を読んで、ちょっと考えるようにして、斎藤は黙ってかえす。「おれなら、こう書くのにな」といった風情。

その彼が、たった一回、小原をほめた。疎開していた人が東京に帰りはじめ、汽車が混んでいる様子を書けという小原へのデスクの命令。小原が上野駅にいくと、汽車が客を満載して入ってきた。機関車の前部にも屋根にも人がいっぱい。大荒原の巨大なサボテンのようにみえたので、そう書いたら「ここんとこ、ちょっと、おもしれえな」といってくれた。後輩もデスクに出稿するまえに、斎藤に手直しをしてもらっていた。

殺伐とした職場のなかに一点、明るい灯がともった。矢田喜美雄の結婚である。相手は同僚の記者で、さきにのべた小池初枝。

挙式は昭和二十二年（一九四七）十一月。媒酌人は運動部長の織田幹雄夫妻。式場は都下小平市の矢田宅。六畳と三畳の二間の戦災者用の都営住宅。斎藤は「獣宅」と呼んでいたが、間借り、遠距離通勤が普通だった生活レベルからみれば、ぜいたくはいえなかった。乏しいなかからカンパを募っての祝宴である。主賓は公職追放をうけていた緒方竹虎。友人代表は斎藤と田代喜久雄。

田代は目がするどく、矢田とは違ったタイプのハンサムで、同郷の熊本出身の名優笠智衆から俳優になれと勧められたことがある。

「新憲法施行の日に書いたおれの記事を読んでくれ」と、田代は自慢していた。老政客、尾崎咢堂《がくどう》の言葉をひき、署名入りで「この憲法は多難な道を歩むだろう」と、見通しがよい。のちに斎藤の妹愛子と結婚する。

矢田と田代は、それぞれの姓名に共通の三文字があるので、「二人とも名は体をあらわさないね」と冷やかされていた。総勢十四人。矢田は正面中央に花嫁と並んで腰かけ、デレデレしてカメラにおさまっている。

緒方はA級戦犯容疑者で、戦後まもなく巣鴨プリズン行きを覚悟していたが、健康が悪化していたため、自宅謹慎を命じられていた。このころにはだいぶ回復していたが、追放中の身なので遠出は禁物である。緒方の外出中に、米軍の使いの者が様子をみにきて、「歯医者にいってます」と、妻琴子の機転で難をのがれたことがある。トラブルがおこり得るにもかかわらず出席したのには、わけがある。緒方が一記者時代、初枝の父小池信美《のぶよし》は主任格で後輩の面倒をみた、その縁である。

社をとっくにやめていたが、緒方の愛社精神はおとろえることがない。中央線国分寺駅に出迎えた斎藤をみて、「斎藤君、ご苦労だね」と声をかけ、自分のことなど知るまいと思っていた斎藤を恐縮させた。

「緒方さんは、こんな濁り酒、お飲みになったことはないでしょう」と、斎藤はいささか矢田家の代理人みたいに弁じたところ、「いや、いや、きみ、めでたいご祝儀の酒が苦くてどうする。じつにうまい、うまいな」と、緒方は杯をかさねる。パーティーぎらいで、ほとんど出席したことのない斎藤だが、この日の緒方のスピーチほど胸に沁みたことはないと回想している。緒方は語った。

「部員のなかには大酒飲みがいて、夜中、台風のようにやってきて、机の上に寝てしまう。初枝さんのお父さんは、その上に新聞紙を何枚も重ねてやるんだ。ぼくは経験ないんだが、新聞紙にくるまると、えらくあったかいらしいね。風邪をひかんというんだな。ときにご父君は連中を外につれだし、酒をふるまう。温情あふれる先輩でした」

「こういうスピーチなら一時間つづいてもかまわない。だから二十分ほどで終わったのが残念だった」と斎藤は述懐する。情をつくした緒方のお祝いの辞は絶品で、初枝の目はうるみ、ほとんど泣いていた。

(三) 人物評論に新機軸をひらく

ぼさぼさの頭髪に不精ひげ。黒ぶちの眼鏡。声はひくく、だみ声にちかい。飄々として、よれよれのズボンでゆっくり歩く。気ぜわしい様子やあわてた姿をみせたことがない。暇なときは酒、酒、酒。興にのると酔言に皮肉、風刺、反語がまざってきて、相手をうろたえさせる。

斎藤信也は、大正三年（一九一四）二月十一日、福島県石川郡浅川村（現浅川町山白石《やましらいし》）で、父千代吉、母ヨネの次男として生まれた。父は山白石尋常小学校長で、川柳の大家でもあった。

県立安積中学から旧制弘前高校文科甲類、東京帝大文学部美学・美術史科へ。昭和十三年（一九三八）東大卒、都新聞（現東京新聞）入社、社会部勤務。十ヵ月で退社、昭和十四年四月、朝日に移って新潟支局勤務。昭和十六年（一九四一）十一月、新潟支局員から海軍報道班員となる。戦時下の報道記事はすでにみてきたとおりで、虚飾、誇大な表現を避け、冷静、正確に観察することに徹した。

弘前高校時代の信也像について同学年の小野正文（のちに青森県立図書館長）は、「文筆活動は校友会誌上で光彩陸離たるものだった」と次のように紹介している。

「発表した作品のなかで『窓の女』は四人の中学生と、結婚に破綻した女性との物語で、やがて彼女が若い画家と再婚する。その披露宴で中学生も幸福感にひたるという筋。少年らしい無償の愛。斎藤、時に十七歳。天稟の豊かさがうかがえる」

文芸部の懸賞短編小説に応募した「屋根に落花する夜」で一等に当選している。

短文の名手である。さきにみたキスカ攻略記はもとより、以下にみる戦後の一面や社会面の雑報、連載記事にいたるまで、冒頭や中ほどに、取材対象の全体を意味するごく短い意表をつく章句をもちいている。

「赤旗の奔流である。赤い帯である。大内山の翠越しに見る『赤い広場』である。五月一日、わが宮城は『静かなるクレムリン』の表情に沈んでいた」(戦後初のメーデー、昭和二十一年五月一日付け)。東京裁判では被告席にいる全二十六人の表情を簡潔に描写した。

エリザベス女王戴冠式の模様――。

「ロンドンは花束となって揺れている。きょう二日、無数の歓びの花束が一つの大きな輪となって、グルグルまわっている感じだ」(昭和二十八年六月三日付け朝刊)

「日本晴れ。

さくら花、しきりに飛ぶ。右手、板べいの囲いの外に枝ぶりを見せる山桜の白い花びらと、八重桜の桃色の花びらと」(皇太子殿下結婚式、昭和三十四年四月十日付け夕刊)

花をあしらうなど自然描写がたくみ。それが短いフレーズのなかで生きている。

斎藤はだれを文章の規範としたのか。そうきかれて即座に「斎藤緑雨とルナールだ」と答えている。緑雨は明治中期の作家で評論家。森鷗外の主宰する雑誌に、流行現象に対する辛辣な戯評の短文をのせた。信也が後年、「素粒子」という短評欄を担当したのも緑雨と似ている。

ルナールは、博物誌のなかで「蛇――長すぎる」「蝶々――二つ折りの恋文が花の番地をさがしている」と、これも短い。俳味のある文体で信也をひきつけている。

さきに挙げた記事にも、文底に、この二人の調子を下敷きにしているのがみてとれる。そのうえに、彼独自の感覚を光らせている。取材対象しだいで、花やいでいたり、鋭く批判的であったりする。

つぎにみる傑作「人物天気図」に、こうした斎藤の真価が遺憾なく発揮されている。「人物天気図」は戦後、夕刊が復活した昭和二十四年（一九四九）十二月一日から翌年八月十七日までのあいだ、最初は連日、終わりのころは飛び飛びに「葉」という署名いりで掲載された。第一回の南原繁東大総長から最終回の湯川秀樹博士まで、全百一回。のちに単行本となったときは、そのうち二人をのぞき、他の雑誌に書いた一人を入れて百人とした。原文には長短の差がかなりある。

驚嘆すべきはその筆力である。だいたい新聞記者はあらゆる面で素人である。なのに、一人の記者が政治、経済、社会、文化、芸術と、全方位の人物にわたってインタビューし、人柄をかぎられた紙面に紹介するのは至難の業である。斎藤はそれをやってのけた。テレビも週刊誌もない時代、有名人は遥か遠くに住んでいる人、というイメージが濃かった時代に、それらの人たちをまるで自家薬籠中のもののように茶の間に引っ張り出してくるのである。

まずインタビューの事前準備だが、たいしたデータがあるわけでない。せいぜい調査部にある人物切抜きの紙面、それに同僚、知人からきいた話ぐらいのもの。電話が普及していない時代で、相手と取材の予約をとるのも難儀だった。斎藤が得意とするのは文芸のほか、ふつう程度の数学、音楽、将棋。科学、政治、経済、法律は盲点である。スポーツも野球の選手は登場していないし、合性のよくない相手もいた。

ところが、いかなる難物も斎藤のペンにかかると、その人間性がありありと活写され、なじみやすい人物として登場してくるのである。意見をまじえた質問なので双方がからみあい、単なる一問一答よりも中身の濃いインタビューに高まっていく。相手しだいで皮肉を込めたり、ユーモラスだったり。ときに単刀直入、または妙にていねい。奇手縦横、退屈させない。「葉」記者の人間ぎらいの一面ものぞかせ、読者は記者にも深甚の興味をもつ仕掛けになっている。

政治家にきびしい。「政治家はいくらけなしてもいいんだよ。あのワンマンパーティーは傑作だったな」と、義弟の田代喜久雄が評している。吉田茂内閣の農相広川弘禅《こうぜん》とのやりとりである。自由党が吉田ワンマンの独裁政党であるとの批判に対して。

「ワンマン・パーティェなんてエエゴ（英語）を知らんやつ、チセエ（知性？）のないやつらがいうことだ」。大英語学者、ミスター・広川によれば、パーティーなる語は複数形であり、ワンマンなる単数とは、もともと結合いたしかねる次第であって、当節の流行語、ワンマン・パーティーなどは、チャンチャラおかしいという厳粛無比なる英文法をお持ち合わせなのである（中略）。「おれも働きづめだからな、タノーバー（筆者注・ターン・オーバー）で二、三日休むんだ」。「タノーバー？」と聞きかえすや、ミスター・コーゼン、知性なき輩を哀れむていで、「気分転換ちうことだ」とホンヤクしてくれる。だが、別の英語学者にきくと、「転覆」という意味もあるようである（中略）。

然らば、当方もタノーバーするとして、貴下の尊敬する人物は？　と質問を転換。「道元禅師だなア」と殊勝げな声で、こんどは和尚になりすます。「大宗教家、大哲学者、大実践家。右に出づる者なしだ。いちばん深ェなア」と生臭顔で、かつ、したり顔なのである。当方、毒気をぬかれて、あんたみたいです、とお追従をいうのを忘れた（以下略）。

幣原《しではら》喜重郎、佐藤尚武ら、戦前から国の命運をになって外交交渉の任にあたってきた大物に対しては、さすが、素直に敬意を表している。

苦手の相手には遠まわしに周辺からせめていく。一万田日銀総裁。「法王」という綽名の神秘性、経歴、日銀の特権意識にふれたあと、愚問と知りつつ、答えるはずのない支持政党、給料をきく。日銀総裁に「あなたの給料は」ときいた記者は斎藤ぐらいのものだろう。「知らんよ。そんなことを書いて君のプラスにゃなるまい」といわせる。答え方に性格がにじみでている。

第一等の美人女優、原節子の項では、末尾にわざわざ「五尺三寸、十四貫」と、尺貫法で身長、体重までしるしている（一メートル六十センチ、五十二・五キロ）。

共産党書記長の徳田球一に「議会主義捨てますか」とただして、「もともとわれわれは戦闘的議会主義なんですがね」と引き出しているのは、注目にあたいする。公職追放以前のインタビューである。心臓など健康上わるい個所が三点、と語らせてもいる。場所は衆議院の共産党控え室。党員たちが大勢、この部屋から二メートルもはみ出してきいている緊迫感のなかで。斎藤の後日談によると、「若造が何たるぶしつけな質問を」という空気があったが、徳田はいっこうかまわず相手になってくれたという。

仏文学の辰野隆《たつのゆたか》評は、褒めたり皮肉ったりで、後日、辰野に「斎藤という男は毒があるね」といわれている。三島由紀夫に対しては、「キラキラ光る才能、端正なポーズ」ともちあげながらも、その少女じみた言葉づかいを引用していることもあってか、後日、偶然出会った際、いやな顔をされたと、斎藤自身が語っている。

二十歳も年上の実業人菅原通済にたいしては、「五十六歳にしては、マセたことをいう」などとやっている。芸者道楽で文名をあげたり、通人できこえた人物だから、この調子でいけるのだろう。

異端児の落語家三遊亭歌笑には、眼の不自由なハンディに同情し、交通事故で死後、「かわいそうでならぬ。アプレゲールのひとつの型の終末だ」と心のこもった追悼記事を寄せている。

こうして読者は筆者とともに有名人を取材する気分にさせられてしまう。政治家は自分のPRになるから何を書かれても喜ぶ。芸能人は人気にかかわるので、よく文句をいってくる。が、新聞が世論を担っていると、世間が認めてくれる時代。あからさまな抗議はみられなかった。

歯切れのよい文章は、アップされた豊かな表情の写真と組んで大好評であった。甥の斎藤晋也は語る。

「人物天気図を褒めると、『何いってやがる』と突き放すのです。完璧主義者だから完璧を果たせない悩みがあるのでしょう。自己嫌悪、恥ずかしいという気分。人恋しさと人嫌いと。好き嫌いがはっきりしていて、それがストレートに出るんです」

㈣　偏向を批判する論説委員

エリザベス女王の戴冠式を取材して帰国後、東京版デスクに。当時の東京版デスクは次長、課長といった、れっきとした職制ではなく、部員の古手二人が交代で担当していた。

斎藤が東京版デスク当時、「もの申す」という欄が登場した。都民生活全般の苦情、問題を記者がとりあげ、役所や関係機関をまわって、その結果を記事にする。解決に至ったものも多く、大好評を博し、菊池寛賞の候補にもなった。記者は行政のご意見番の観があった。

斎藤は地味な仕事も熱心に手がけた。「お国だより」という、地方版の記事を書き直し、本紙(全国版)に転載する欄をこしらえ、みずから範をたれた。長い記事を十五行以内にまとめる。文章にリズムがあって、気のきいた読み物になる。若い記者がこれできたえられた。

このころの椅子は肘掛がなく、木製で疲れやすい。で、ときどき立ちあがり、職場の周囲を悠然と歩く。それをみて、離れた職場から「おうい、斎藤信也」と、一杯機嫌の声がかかる。「あいつ、おれの名前を知ってるのか」と、首をかしげる。斎藤は自分が局内の有名人であることに気づかない。

斎藤は英女王戴冠式にむかう船内で、明仁皇太子（現天皇）と将棋対局し、勝っている。その様子から「皇太子は好青年ですね」ときいたら、「えっ、そうかい」と、まるで珍しい発見でもしたような口ぶりなので、きいたほうが往生し、意外な感に打たれた。

超然としている。後輩の森正則（のちに山崎姓）を人物天気図のインタビューに同行させたあと、新橋ではしご酒をした。深酒のため、二人はどう勘違いしたのか、新橋駅から逆方向の大阪行き列車に乗車。シートに腰かけたとたん、寝込んでしまった。目がさめると大阪駅だ。あわてて車外に飛び出したが、所持金は二人あわせて三百円たらず（この区間は当時普通料金で一人約六百円）。駅の外に出ることもできない。森の機転で大阪編集庶務部に連絡、森の友人が汽車賃をホームに届けてくれたおかげで、無事帰京できた。飄逸、洒脱の斎藤だが、このときばかりは「森、だれにもしゃべるなよ」と、はにかみながらいった。四十年たった。もう時効とみて、山崎はうちあけた。

座をもりあげるのも意外にうまい。終戦の年の正月、社屋と日劇の間に爆弾が落下、社員二人が死亡、十数人が重軽傷を負った。この状況を語りながら、「○○はそのとき何階だったか、階段の手すりの脇にいて、爆弾のショックで一階の床にたたき落とされて全身をぶつけてね。それで頭がおかしくなったんだよ。その前からおかしかったけど、それ以来ますますおかしくなったんだよ」

と、真顔でいって若い記者たちを笑わせる。

昭和三十三年（一九五八）十二月、本物のデスク（次長）になる。デスク本番（当番）のとき全日空機爆破などの大事件があったが、手塩にかけて文章指導をしてきた部員たちが、指示しないのに調査部にいって関係の切り抜きをもってくる、専門家に電話をかける、社長宅に車を走らせる、と積極的に動いてくれた。一年ちかくたって論説委員に。翌年結婚、四十六歳になっていた。

ここで夕刊の短評欄「素粒子」を十八年四ヵ月間の長きにわたって担当する（昭和三十四年四月一日から五十二年八月三十一日まで）。短評欄は、かつて門田勲ですら上司だった鈴木文四郎にたびたび頼まれてもことわった難物なのである。一字のムダもない、そしてワサビのよく利いた寸鉄的な短評でなければ読まれないからである。それを斎藤はやりとげた。コラム欄は先輩の荒垣秀雄が天声人語を担当して十七年。この記録を斎藤はぬいた。私見を出しては、公正、不偏不党の朝日綱領に背馳する。かといって自己抑制がききすぎると無難な、面白みのないものになってしまう。三行基本の五項目を埋めるために、苦吟に苦吟をかさねる。大ニュースがある日はありがたい。五項目全部をそれに当てることができるからだ。たくさんの抗議文がくる。右からも左からも。持病の神経痛に悩まされ、足かけ十九年のうちのあとの四分の一は、自宅から電話で送稿した。受稿するのは論説委員室勤務の柴山恭子。

「おれは経済は素人だから、何項目は経済部で確認してほしい」。重大裁判では「（担当の）論説委員の家に電話で確かめてから出してくれな」と慎重。

「花も実もある。人情の甘さも塩辛さもある名コラムで、永く後世に残ると、ぼくは信じる。信也は素粒子のために生まれてきたといえるほどだ」とは、荒垣の評価である。が、自宅送稿の時期に入ってからは「横丁の隠居風のものがふえてきた」と、かならずしも傑作つづきとはいえなかったと苦言を呈している。

執筆の末期、体調をくずしていた斎藤は出不精になっていた。これには批判があったが、義弟の編集局長の田代がかばった。

体調のすぐれぬ身をおして久しぶりに論説委員の会議に出たときのこと。最古参の斎藤が口火をきった。「文化大革命を新聞は美化しすぎていませんか」。みんな黙りこんでいる。論説顧問が文革擁護論を展開。これに斎藤が反論。「深代君が天人で批林批孔をユーモアに包んでたっぷりやってましたね。中国は変々奇異が多すぎるですなあ」。座はしらけ、斎藤はバカ話に転じた。会議の様子を「ある日の論説委員室」と題してまとめている（『記者四十年』朝日新聞社刊）。この論説顧問の名はQとしているが、森恭三である。

森は『私の朝日新聞社史』（田畑書店刊）のなかで、文革を理解しようと努めたと記し、「私の態度は反対派の人たちをひどく焦らせたようです」と、ふりかえっている。

斎藤は深代と親しい。酔余の勢いでまくしたてる斎藤を深代は鷹揚にむかえ、かるくいなす。十五歳年下の深代を、斎藤は尊敬していた。二人に共通するのは、偏った報道をしりぞける勇気と良識である。議論のおもむくところ、斎藤は、

「ぼくも、きみもモスクワ・ダー・ダー（はい、はい）北京ハオハオ（好々）の諸先生には

ひどく批判的だ。浮かれ節は歌わないもんな。社内にも浮かれ童子がいるというではないか。おれもお前も、翼賛会みたいのは一行だって書かないものな。ご同慶の至りだ」と、熱をあげる。ソ連派は秦正流。モスクワ特派員、大阪編集局長、編集、労務各担当を務めている。中国派は森恭三・元論説主幹。深代も、わが意をえたとばかりに応じる。

「中ソにいって日本の悪口をいう人たちが哀しいですよ。ニューヨーク・タイムズのレストン記者だって、国内であれほどニクソン批判を展開しながら、国外に出ればいいませんもの。強い者にはお追従、弱い者には尊大。わが日本の風土病でしょうかね」

「うん、おれも北京の対日放送が、岸、佐藤を毎晩呼び捨てにして攻撃しているころ腹をたて、素粒子で一矢むくいたことがあるよ」。斎藤は戦時下、南方戦線にいたときから世界の動きをみつめてきた。流行現象にはたやすく乗らない。冷徹なリアリスト。それが一貫した取材姿勢であった。

三、タブー、盲点をえぐる〈疋田桂一郎〉

㈠　数々の企画記事でヒット

芥川龍之介を図太くした感じ。疋田桂一郎は大正十三年（一九二四）十月十九日、東京生まれ。サラリーマン家庭に育ち、府立一商から昭和十九年（一九四四）秋に旧制の成城高校卒、京都帝大法学部在学中に応召。戦後、無給のアルバイト時代をふくむ記者生活を時事新報社で経験したあと朝日に入社、静岡支局を経て昭和二十七年秋、社会部にあがってきた。経歴を加算されてサツまわりは免除、江東支局へ。支局のメンバーは三人。向こう意気の強い万代赫雄《まんだいかくお》に、談論風発タイプの田中恒夫。そのなかにいて、寡黙な疋田は寡黙ゆえにめだった。

ある日、整理部員がゲラを社会部デスクにもってきていった。「これ、だれが書いたの。うまいね」。流行の八頭身スタイルにかこつけて、日劇前に八頭身の看板がとりつけられた記事。顔の部分があいていて、そのなかに顔をいれて八頭身になった気持ちをもたせる仕掛けになっている。筆者は疋田。他の記者が見逃しそうなものごとに目をとめる。

疋田に目をかけ、大事にしたのはデスクの田代喜久雄で、田代に守られて疋田は筆力をつけ、文名をあげていく。

昭和二十九年(一九五四)九月末、台風で転覆した旅客船洞爺丸の取材で、遭難現場の函館七重浜に空路とんで雑観を書いたのをはじめ、伊勢湾台風、無謀な東大生の北穂高遭難ルポ、福岡県大牟田市の三井鉱山三池鉱業所の長期かつ凄烈な争議と、切り口のあざやかな手法で「こんな見方もあるのか」「実態はこうだったのか」と、読者をうならせた。

東大生の遭難のルポは昭和三十四年(一九五九)十月二十六日付けで、社会面の大半を占めている。六人死亡、重傷一人。準備不足と、遭難者を英雄扱いにする非を余すところなく追及している。その一週間まえにも別の登山客が十五人死んでいるのを深刻にみて、疋田はどう切り込んだらよいか、親しい学芸部員の森本哲郎に相談してみた。森本は、「ぼくは遭

昭和35年8月、ローマ五輪の取材に向かう疋田桂一郎（左）と写真部員の槇野尚一

難を美化するのはおかしいといったけど、ぼくがそういうまえに、彼はすでにそう考えていたようだ」と経緯を回顧する。森本に確認し、自信をつけて取材している。

　これら単発物の雑観のほかに、ひとりで担当したつづきもの「韓国　心と土と」（昭和四十一年一月開始、十一回）、「南ベトナム　心と土と」（同年六月開始、十五回）は、たくみなスケッチで好評を博した。深代は、「あの人は韓国、ベトナムにいくまえに、関係本をこんなに（と、両手をひろげて）読んで準備するんだよ」と話していた。だれにでも楽しめる読み物も手がける。昭和四十年（一九六五）元旦の紙面「百二十歳の男にこどもが生まれた」という特集記事がその一つ。ソ連邦のなかの小さな自治共和国アブハージアの長寿の生活ぶりを描いている。

　後年、少数派の意見を大事にしようと「わたしの言い分」欄をつくり、看過されがちな少数派の意見をインタビューしている。この企画記事で、疋田は一九八〇年度の日本記者クラブ賞を受賞した。

　昭和四十五年（一九七〇）五月九

日から昭和四十八年一月まで、天声人語を担当している。

グループの一員としては南極観測、ローマ五輪、アポロ月着陸、「世界名作の旅」と世界をまたにかけた取材。国内では「新人国記」「新風土記」などに参加している。

取材の手法だが、まず伊勢湾台風から。

「〝黒い津波〟の跡を歩いて」という主見出しで、五十行もの長い前書きは、死者五千人におよんだ大災害の特徴を「小型戦車みたいな流木が何千本と、住宅地にあばれこんだ」と書いて、読者の目をくぎづけにさせている。愛知、岐阜、三重三県を歩いて、名古屋市内だけが千六百人もかたまって死んだ原因をさぐる。

結果、第一に都市計画の甘さをあげる。高台にコンクリートのモデル住宅、低地に木造の公営住宅。公営住宅の住人は、自分が水面下に住んでいるのを知らなかった。

第二に低い埋立地。埋立地の大工場が工業用水をくみあげるので地盤が沈下しており、そこへ大量の浸水があって水がひかなくなってしまった。埋立地は防潮堤をかねているのだから、もっと高く盛り上げねばならないのだと指摘する。

住民を無視してでも高度成長に突っ走ろうとする政治、行政を痛撃している。「東京から遅く現場にやってきたのに、よくこれだけ書けたものだ」と、現地の記者たちはうなった。遅く来たからといってあきらめない。何とかして現場を見きわめ、原因、問題点をつかみ出そうとする執念が先立つ。

総資本と総労働の激突といわれた三井三池の争議では、鉄や石など目つぶしの投げ合い、なぐり合いが。病院にかつぎこまれる重傷者にむかって、「ざまあみろ、裏切りもん」と、ののしりの言葉があびせられる。激突の中心は三川鉱。疋田は「その一部始終をみた」。署名いりの記事ではあるが「私はみた」「私はおもう」と一人称を出した書き方は、戦前ならともかく、この当時はめずらしかった。

三井三池の闘争の取材では、現地の記者たちが数年まえから現場に張りついていた。あとからきて、現場の状況を全国の読者にわかりやすく説明するには、問題点の根っこから説き起こす必要がある。疋田はまず売店にいって週刊誌と名のつくものはすべて買いこんで、予備知識とする。取材はそこからスタートした。

疋田はタブーにもいどんだ。昭和四十二年二月からはじめた続き物の「自衛隊」である。前年の部会で疋田がこの企画をのべたとき、「なぜ、違憲論の強い自衛隊を」と猛反対がおこった。

疋田はおだやかに反論した。「ここまで大きくなった実力集団に目をつむっていたら、新聞の使命は果たせなくなるのではないか」。部長の伊藤牧夫が了承し、部長会でゴーサインが出て実行に移された。

取材グループのキャップ疋田が求めたのは徹底した取材だった。データ、データ、データである。取材の次は文章。原稿は何度もつきかえされ、書き直しを命じられた。疋田みずから模範原稿を書いた。グループの一人、柴田鉄治は回想する。

「『ああ、もうダメだ。窓から飛び降りたくなった』と嘆くと、疋田さんは平然と『では、これから私は窓を背にして座りましょう』といい、軽くいなされた」

装備、兵器体系、訓練、待機、米国規格、産業との関係と、こまかい数字をあげながら、よくもここまで描ききれたものだと思わせる、充実した中身である。連載終了後、自衛隊の賛成派からも反対派からも絶賛の声が寄せられた。反対派からは「戦前だったら記者さんたちは銃殺でしょうね」というのもあった。

柴田たちは、意見がきびしく対立している問題であっても、どちら側にも支持される報道の仕方があるのだと知った。疋田はいくつもの取材グループのキャップとなり、「疋田飯場」とよばれた。

疋田は京大在学中の昭和二十年春召集、米軍の本土上陸にそなえて千葉県九十九里浜に展開していた陸軍歩兵として出動した。上官に殴られたり、足の裏に腫れ物ができたりして痛むのに耐えながら、跛行して軍馬をひく姿を妻妙子のまえで実演してみせた。戦後復員して「シラミだらけの兵隊着を庭で焼いた」と天声人語に書いている（昭和四十五年七月七日付け）。戦時体験が根にあって、軍隊ぎらい、皇室批判派である。疋田の天声人語には戦争体験、平和憲法、ベトナム戦争、沖縄の基地を題材にしたものが多い。左翼、反体制派とみられているが、その鉛筆からほとばしりでるものは、あくまでも自由、公正をめざしていた。

事件取材で変死体をみるのを嫌い、すぐ逃げる。「遭遇戦よりも陣地戦に強い記者だ」とは、荒垣の疋田評である。

疋田の文章論をきいたことがある。「志賀直哉の信者はうちの社にもいますけどね、古いですよ。やっぱり三島由紀夫です」。そういって「三島由紀夫はいいなあ」と、感に堪えたように繰り返した。問わず語りに「ぼくは他社からきたので」ともいった。「定期入社ではないから頑張らなければ」という意味である。後輩に対しては少しも偉ぶらず、真剣に、丁寧に、諄々と語りかけた。

人類史上初の月ロケット打ち上げ。しかし落ち着いている。激していない。「ピンの先端にひとを三人のせたロケットは、ゆっくりと、実にゆっくりと、雲間に消えては現れ、キラリキラリ日を反射しながら、美しい軌道を描いて東の空に飛び去っていった」（昭和四十四年六月十六日付け夕刊）。疋田は後年、新人研修で「フシとかクセとか調子のない文章を。無味無臭、真水のような文章を」と、勧めている。右にあげたのは、その模範例といえる。殺目のつけどころのよさ。「世界名作の旅」で、ドストエフスキーの『罪と罰』を取材。モデル人学生ラスコールニコフが下宿から金貸しの老女の家まで七百三十歩かけて歩いた。殺人の家が研究者の手で確かめられている。疋田は犯人にならって歩いてみる。足をすべらせながら四回くりかえし、七百三十歩にちかづいた。身長百七十数センチの疋田が歩幅を広げて、やっとちかづいた。ラスコールニコフはすくなくとも百八十センチ以上の背丈があったと推測した（昭和四十年三月十四日付け朝刊日曜版）。『罪と罰』にまともに取り組んだら果てがない。題名どおりの難問に迷い込んで、収拾つかなくなってしまう。そこで「世界文学史上の傑作はこの七百三十歩からはじまる」と歩幅に焦点をしぼり、道すがら、目にはいる街のたたずまいを捨象していく。片鱗をつかんで作品全体に迫る手法は、かぎられた紙面では欠かせず、その意味でもこの記事は成功している。

社内の書き手を集めて、昭和三十七年十月から「新・人国記」の連載がはじまった。疋田は青森県を担当し、ここにも文章家疋田の切れ味の冴えがあらわれている。

ある支局のデスクが支局員に自慢してうちあけたことがある。

「おれは疋田さんにいってやったんだ。あんたの、このあいだの記事、あれは作家の○○の文そっくりだったねって。疋田さん、青くなってなにもいえなかったよ」

疋田は社内の八二年度の記者歴十年組の研修で、「好きな作家や評論家の文章に惚れて読む。真似るというか盗む対象になる場合もあるでしょう」と説明している。これに先立つ社内報でも、同じようなことをいったことがある。

しかし、だからといって、文体のトーンを真似ても、盗用したわけではあるまい。嫉妬心と闘争心の渦巻く編集局内にあって、スター疋田は標的にさらされていた。

五感にすぐれている。とくに聴覚。夜道を帰るとコオロギが「一匹一匹ほんの少しずつ音程、テンポが違っているのがわかる。きのうのコオロギがきのうの場所にいるのもわかる」（昭和四十五年十月二日付け天声人語）。北関東の森のなかで週末をすごしたときにきいたもの音、信州佐久の森できいたカッコウ、上州国境の山の村できいた、もみじが降り、ドングリが落ちる音。疋田の天声人語には音の描写が多い。東大生の山の遭難の取材では、もみじが音をしのばせて棺のうえに散る。ニューヨークの朝には、潮騒のような響きがつたわってくる。

それと嗅覚。伊勢湾台風の現場で強烈な死臭から、取材の使命感をかきたてられているようだ。味覚もなかなかのもので、出張先の食堂で食べた米があまりにうまいので、その街の米屋で米を土産に買って帰り、友人にわけている。

天性のすぐれた五感が、外界からの刺激を敏感にうけて問題意識を生み、突っ込んだ取材となり、文章手練につながっていくのだろう。

(二) 長大企画「世界名画の旅」

国民生活が、まずは安定するにつれ、美術愛好家にこたえる記事が各紙をにぎわせてきた。読売の文化部美術担当の芥川喜好《きよし》(のち編集委員)が、日曜版フロントページで連載中の絵画の記事「日本の四季」に、昭和五十六年(一九八一)一月から平成三年(一九九一)十二月までの十一年間に五百六十五回執筆した。

画家の魂を読者にわかりやすく解説。作品の背景に触れながら画家の人間性を透明度の高い文章で浮き彫りにした。円熟した筆さばきに、年齢の問い合わせがひきもきらず。まだ三十歳代ときいて読者は舌をまいた。「美術ジャーナリズムに新風を吹き込んだ」との評価をうけ、九二年度日本記者クラブ賞を受賞した。推薦者は朝日OBの評論家、扇谷正造である。

この連載記事の最終回が、読売の一千万部を超えた時期にかさなっている。芥川はこのほかにも日曜版、夕刊に絵画の連載記事を出稿し、合計千五回。空前の超大記録を打ち立てた。

朝日では長大企画「世界名画の旅」が、昭和五十九年(一九八四)十月七日から六十二年

（一九八七）三月二十九日までの二年六ヵ月間、百二十四回にわたって日曜版に連載された。記者十五人、写真部員九人の合わせて二十四人のスタッフが世界各地をまわり、一流画家と名画をうんだ背景、かくされた物語を二ページ、三百五十行の記事とカラー複製の名画で紹介した。取材班のキャップは定年にちかい編集委員の疋田。記者生活の最後をかざる大仕事である。

疋田には絵心があり、こどものときの自画像がある。社をやめたあと絵画教室にかよい、新宿御苑の枝ぶりを描いた油絵が妻妙子の手元に残っている。

企画は、画家の広大無辺の思想と感情を作品のなかに求め、それを文章化する。足をのばして書いたもので、専門家とちがった切り口が読者になじみ深いものに仕上がり、好評を博した。記事は全五巻にまとめられ、版をかさね、百万部に達した。純益一億円以上。昭和六十一年度下半期、社賞授与の労作である。

取材にさきだち、疋田は「探訪員に徹するように」と、明治期の情報収集の専門員を例にだして指示した。筆者の気の向くままに収録された記事から、苦心の跡をたどってみる。疋田の指導、薀蓄《うんちく》が下敷きになっている。

すでに世に知られている名画というわけでなく、それ自体がニュースとなっているのが仏南西部、ドルドーニュ地方にあるラスコー洞窟の壁画。地下のシスチナ礼拝堂とよばれ、野牛、馬、鹿などの躍動する姿態があざやかな色で描かれている。一万七千年まえの制作。人類初の芸術創造である。許可書をもらった、ごく一握りの人以外は入れない狭き門。記者は知人の考古学者の推薦で許可書を入手した。二ページ分全体が特ダネであった。その後、入場者の息で壁画が変色する現象が起きたため洞窟は閉鎖された。最初にして最後の取材である。ちかくにレプリカが設置された。

レオナルド・ダ・ビンチのモナ・リザ。一九一一年にいったん盗まれた事件から書きだし、緊迫感がある。

ダビッドの「ナポレオンの聖別式」。ルーブルの誇る顔だが、絵自体は簡単に書き、団体客の駆け足の鑑賞になってしまう現実からはじめて、建物の広さ、収蔵品の多彩さ、長い回廊を紹介している。ルーブル周辺のスリ集団にも目をつけ、その一人である少女からも話をきいている。最後に「万歩計がその日、三万三千五百五十歩をさしていた」と締めくくっている。この結語を最初から決めてかかると、このような文の流れに至るという感じ。巧みなペンである。

「モンパルナスのキキ」は、私生児として生まれたキキの流転の生涯を克明に追っている。レストランの給仕が午前二時、牡蠣《かき》の貝殻の山を残飯入れにあけるところを記者はみる。そして、行く先を決めかねている一人の娘に一九八〇年代のキキをみて、「私の目はその後ろ背を追った」と、余韻をもたせている。

ルノワールの「町の踊り・田舎の踊り」だが、モデルの女性とその息子ユトリロの出自が半分以上を占めている。べつの記者がユトリロの「コタン小路」を書いていて、テーマが二分されている。ここはユトリロの項に一本化してはどうだろう。また、ユトリロは私生児、孤独、アルコール依存症で、暗い青春に打ちひしがれた時代の作品に評価が高い。苦悩のなか、これを創作活動に反転させて「白の時代」の傑作を生み出すにいたった道筋を書けば、ルサンチマン（怨念）時代の現代の読者にもっと多くの共感、共鳴を呼んだのではないだろうか。

またピカソの「自画像」。ピカソの「青の時代」について、この記者は「ピカソの青は暗夜に見いだした希望の色だ」とするバルセロナの研究者の声をもちだしたうえ、「地中海の青を悲しみの青に変えてしまった」とまとめている。

しかし、ピカソは親友カサヘマスの自殺にショックをうけ、それが原因でモンパルナスの貧しい人たちを暗い色で描いた。青の時代である。これはピカソ自身の言葉であって、パリのピカソ美術館のサイトに明記されている。この記事を書いたのは疋田で、スタッフがこれをモデル原稿にしたという。感性の自由な発現を疋田は強調したのだろうか。

疋田は海外取材の基本を、スタッフに要旨つぎのように与えている。

「長い記事には骨格がなければならない。洋服簞笥に、色とりどりの服を吊るすには、ハンガーをかける鉄の横棒が必要だ。テーマや論理がしっかり通っていなくてはならない」「メモはルーズリーフの片面に取り、余白を多くのこす。片面にのみ書くのは、あとでメモを並べかえて、原稿の構成を考えるためだ。余白には取材後に調べたこと、思いついたことを書き込む」「取材メモとはべつに旅行中、日記をつける。当時の感動や印象を再現するための手がかりとなる」（以上、外岡秀俊に）

「通訳にはなるべく日本語の上手な現地の人を選ぶのがよい。地元の感性がわかる」（清水建宇《たてお》に）

心楽しい旅を期待していたが、スタッフ一同苦闘の連続であった。カメラを二回盗まれた記者もいる。帰国後は取材よりつらい執筆が待ち構えていた。

清水建宇の話。

「疋田さんは青鉛筆をにぎって原稿を一行ずつなぞって、おかしなところに傍線を引いていく。画家の略歴だけで傍線は六ヵ所。本文にいたっては百二十一ヵ所にもなった」

「若くして、というのは何歳のことですか」「独自の、ではさっぱりわかりません」「この固有名詞の説明が必要だと思いませんか」「このくだりがヤマなら、別行にすべきでしょう」

決して押しつけない。清水が恐縮してしまうほど丁寧なことばづかいである。くりかえし注意されたのは「やさしく、やさしく」「なだらかに、なだらかに」「わかりやすく、ていねいに」。

二ページもの長文記事を最後まで読ませるのはむずかしい。読者はちょっとつまずいただけで、やめてしまうだろう。だから、すんなり読める文章であることが第一条件なのだ、と。「常套句はやめてください」と、有無をいわさず赤線を引いた。「は」と「が」のつかいわけや、句読点の位置も検討された。書き直し計五回。

他のスタッフも同様、ズタズタに添削、補正された。事実関係の確認がきちんとしていれば表現は自由。むしろ新しい発想、文体を喜ぶふうが疋田の指導の特質であった。

(三)「ある事件記事」をただす

疋田は潔癖で、筋をとおす性格。ひとつのエピソードがある。昭和六十年代のはじめ、電波報道部勤務の荒井光夫の恩師で画家のOが銀座の画廊で個展をひらき、荒井、疋田が招かれた。疋田の母銑《せん》もOと同じ福島県三春町の出身で、その縁による。その後、しばらくしてOは疋田に一枚の自作の絵を贈った。疋田は荒井のところに相談にきていった。

「困った。こういうことをされては」。弱りきった様子。「何か、お礼をしたらいいでしょう」と、荒井は勧めた。疋田の清潔さを荒井は感じた。

人権にかかわる疋田のレポート。「ある事件記事の間違い」に対する考察は、疋田の潔癖、筋をとおす生き方をよく現わしている。

「(新聞記事が)犯した間違いについて私が調べたことを報告する」という書き出しのこの論考は、疋田が昭和五十一年九月、東京編集局報につづった二十ページにおよぶ巨細をきわめた事件報道の点検結果である。社内で大反響をまきおこした。

事件のあらすじは、東京で支店長への栄転が間近だった銀行員が、重い障害のある二歳の次女を餓死させたとして、殺人容疑で逮捕されたというもの。この父親は銀行をやめ、起訴後、保釈され、自宅から公判廷にかよっていた。懲役三年、執行猶予五年の判決をうけた日、電車に飛び込み、自殺した。疋田が不審に感じたのは判決、自殺の記事からである。昭和五十一年一月二十八日付け夕刊に、妻の談話が出ている。

「直子（娘）は昏睡状態でした。殺人なんてとんでもありません。私たち夫婦は、事実がわかれば、かならず無罪になると固く信じていました。テレビで有罪判決をきき、主人は帰ってこないような気がして不安でした」

「おまえのような奴は人非人だ。計画的な犯行だろう」と、夫は刑事にいじめられた、とも書いてある。

妻の話がちょっと変わっている。まるで夫の自殺を予期しているようだ。疋田がこの事件を調べてみたいと思ったのは、妻の談話を読み、判決の日に容疑者の自殺があったからである。最初の、支店長逮捕の記事は、前年の五月九日付け夕刊にのっている。疋田は逮捕の記事と公判記録にある供述調書を読みくらべ、その乖離《かいり》の実情を丹念に調べなおしていった。公判記録は担当の弁護士から入手。若い記者についてサツまわりも体験し、つぎのように矛盾した捜査の内容を知る。

逮捕時の記事＝「父親は妻の入院中、二歳の次女をベビーベッドに十日間も閉じ込めて餓死させた」「親に万一のことがあったら、この子の面倒をだれがみるか。心を鬼にして放っておいた」「娘は指をしゃぶりつづけ、親指の皮膚が腫れ、その悲惨さに捜査員も言葉をうしなった」

ところが、調書の供述には十日間閉じ込めたことは出ていない。その一方で、次女は食事をうけつけない拒食症だったと供述にあり、それは記事に書かれていなかった。

取材した記者から疋田がきいた結果、拒食症のことは発表になかったという。他紙では毎日、読売も触れていなかった。日経、産経、東京の三紙も、拒食症を暗示するような取りあげ方ではない。こうして記事は供述調書の内容が極端に誇張され、冷酷非情な父親像を読者に印象づける結果になった。

公判廷で弁護人の質問に対し、被告の銀行員は、「指をしゃぶるのは次女のくせで、化膿しないように赤チンをつけてやっていた」こと、殺意はまったくなかったことをのべた。「警察でも検察庁でも、本人が思っていることと、調書に書きとられていく供述内容との間には、すごく距離があった」と、疋田は記している。調書には、「空腹の訴えをきいたが、早く死なせるために、心を鬼にして食べ物をやらなかった」と、本人が思ってもいないことが、本人の言葉になっていた。警察に予断があり、誘導したのだろうと、疋田はみる。

疋田がそこで得た問題点は、第一に銀行員の頭が混乱し、動揺していて、真意をはっきり伝えられなかったのではないか、ということ。殺人容疑の逮捕状をみてびっくりし、「これが寿命だったのだ」などといって捜査員と押し問答となり、捜査員をいらだたせ、反感をかった。

第二は供述書のつくりかた。警察としては、容疑が白か黒か、早く決めなくてはならず、親身になって容疑者の気持ちを汲んでやるゆとりがない。調書の型にはめこもうとして、筋書きを単純化し、細部は無視してかかる。

第三に、警察での新聞発表のやりかたにある。取り調べと調書が上記のようなものであるうえに、発表のときに警察の予断、解釈が加えられていないか、と疋田はみる。これには記者側に、すっきりした、わかりやすい筋にして発表してほしい、という要求がある。事件発生直後に、すっきりした正確な情報が警察にはいるはずがない、にもかかわらずである。

こうして「すっきりした」発表がおこなわれ、記者がそれにしたがう。結果、警察の情報操作となる、と疋田はレポートのなかで強調する。

妻は入院中であった。判決では、「医師に娘を診せていれば健康を回復したはずであり、あえてそれをせずに放置した点に殺意が認められる」として、父親の苦悩に理解を示しながらも有罪をいいわたした。これに対し疋田は、父親の非情さよりも障害児問題が本筋だと、とらえている。が、放置したのは、「こうすれば死ぬとわかっている」とする未必の故意の可能性があるとみる向きもある。この点は議論のわかれるところではないだろうか。

以上の経過をふまえ、疋田は「実際におきたことと記事の距離をちぢめる方法」としてつぎの七つの提案を示した。
①警察の発表を一度は疑ってみる。
②現場にいったり、関係者にあたり、裏づけ取材をする。
③記事のなかで「警察情報」であることを明示する。
④足りない材料で無理に話の筋を通そうとしないこと。わからないところは「わからない」と、はっきり書く。
⑤もっと続報を書く。

⑥無理に話をおもしろくしない。
⑦新聞社間の取材競争での勝ち負けに力点を置いた評価基準を変える。
疋田のこれらの提案のうち、筆者は⑤と⑦をとくに重視したい。⑤は積極的に実行すべきだが、多忙な取材には時間に限度がある。どこで線を引くか、事件の中身を精査せねばなるまい。

新聞の信頼回復に寄せる疋田の、この情熱。疋田レポートは重要な精神規定であり、事件報道改革のたたき台でもある。

六〇年安保闘争前後から社内に派閥が生じ、これが人事を壟断した。疋田は仕事の面で田代に守られてきたが、田代の派閥には属さず、厳正公平の立場を堅持した。

不当人事による被害者について疋田は定年後、その会社人生を丹念に調べていた。被害者が加害者の名前を「P」「Q」「L」などのイニシャルにして返送する。これに対し疋田は、「Pはこの人でしょう」などと実名をあげて確認を求めた。が、病臥の身となり、調査は中途で挫折した。

文章家疋田は過《あやま》ちを糺《ただ》し、警告を発する記者でもあった。

四、人権擁護の記者一代〈田中哲也〉

(一) 駆け出し時代からの男の美学

人事異動で来た新入りを、デスク席からハッとしたように、大きな澄んだ目でみあげる。「きみ、とばされてきたのか。かわいそうに。悪い部長だね。よし、やっつけたる」。目が、そう語っている。不正を許さない。不遇の者、弱者には親身もおよばぬほどの愛情をそそぐ。記者として、労働組合の委員長として肝脳を人にささげつくし、五十八歳の若さで直腸がんのため世を辞した。

田中哲也。その人柄をしのび、立場を越えて、考え方を異にする九十三人から珠玉の追悼文が寄せられた。四百ページをこす遺稿・追悼集ができあがる。最後をしめくくったのは元労務担当役員の秦正流《はたまさる》。かつて田中が対決姿勢をゆるめず激しく闘った正面の敵手で、「田中君、優しき硬骨の新聞記者を偲ぶ」と題した一文を寄せ、讃辞を呈している。

熊本県境にちかい山奥、福岡県八女郡星野村字長尾が田中哲也の出身地である。星野川は水清く、夏は螢が舞う。全村の八割が山林で、一戸あたり平均五反未満の寒村。現金収入の多くは特産の八女茶に頼っている。田中の実家は水田四反、茶畑二反をもち、この近辺では裕福な農家。哲也は父義忠、母フミ子の長男で、昭和四年（一九二九）三月二十一日の生まれ。父義忠は村議会、県議会議員をつとめあげ、老人クラブの会長も引き受けるなど、地域に貢献してきた。仏教の信仰心もあつい。

人を愛し、土を愛し、
闘いに生きた田中哲也

田中は旧制の福岡中学（現福岡高校）、福岡外事専門

学校から九大経済学部に入学した。社会主義協会創設者で社会党左派に強い影響をあたえた向坂逸郎《さきさかいつろう》の門下生である。のちに北九州市の西部本社編集局長となる西村友裕とはフランス語を第二外国語に選んだ同じクラスで、食糧難に悩む西村は、田中からしばしば銀シャリといわれた弁当を半分もらって飢えをしのいだ。

二人とも好奇心旺盛で、西村が大学同好会の空手部に入ると、田中は「おれもやる」といって、いっしょに練習した。これは西村のほうが熱心で、腕もかなり差がついた。勉強は二人ともがんばり、田中は農業政策を専攻。のちに調査研究室で農業問題を研究する素地をつくる。

昭和二十八年に卒業後、田中はいったん時事通信社に入社したが、社風になじめず退社。試験を受けなおして翌二十九年一月五日付けで朝日に入社、長崎支局をふりだしに記者生活をはじめる。

一月八日、出先から支局に帰ってきた左方陽一郎に、額の広い、色白の青年が、直立不動の姿勢で「こんどきました夕、ナ、カです」と、声をかけてきた。左方は、「なんと瞳のきれいな青年だろう。しかも折り目の正しい人だなあ」と感心した。光るおでこ。瞳をキラキラさせながら、胸をはり、一語一語、穏やかに、しかも力を込めるポーズはすぐ評判となり、「てっちゃんのテンション、てっちゃんのポーズ」といわれ、好感をもって迎えられた。相手に信頼感をいだかせ、説得力もあって、田中は終生、このポーズをとりつづけた。

長崎支局では立ち退きがらみで封鎖された防空壕潜入をルポしている。問題の場所は同市住吉町の防空壕で、かなりの人たちがこのなかで生活していた。防空壕まえの土地を買った地主が一戸建ての建売住宅を八棟建てるため、穴居生活者に立ち退きを要求したことから騒動になった。地主は穴のまえに竹垣をめぐらし、居住者がやっと一人通れるぐらいの通路にした。先輩の左方は「竹のカーテンで冷たい対立」と報じた。どうしても、よくしゃべる地主の言い分のほうが多くなる。

そんなとき、田中が本領を発揮した。一升びんをかかえて防空壕にはいっていく。三日目、左方が心配になって訪ねた。居住者の奥さんは、「田中さんはいま、主人と買い物にいってます」「こどもたちとも仲良しで、一緒に遊んでいますよ」という返事。その後一週間たっても音沙汰なし。

左方は不安になり、ふたたび壕のなかに入っていくと、頬がこけて不精ひげののびた田中が強い視線で、「あと一週間やります」と。このとき手渡された防空壕生活の体験記には迫力があった。十二世帯、四十五人の居住者の実態が明らかにされた。大陸からの引揚者が多く、帰国してみると原爆で親類縁者はみな死亡していた。住む家がなく、やむを得ずここにきたという。特にこどもたちの日常が淡々と述べられ、それがかえって読者の胸に迫った。このルポで市当局は居住者の移転をあっせん、円満解決となった。田中の穴居生活は二週間におよんだ。

この体験が田中の記者人生の原点となり、その後の佐世保のエンタープライズ寄港、宮崎の土呂久鉱毒などの問題に、田中は体当たりで取材していく。

この年の末、西部社会部・関門支局に駐在。第七管区海上保安本部、門司税関、門司鉄道管理局を足場に取材。韓国が一方的に引いた李承晩ラインで日本漁船があいついで拿捕《だほ》、以西底引き網漁業が大打撃をうけて、日本経済全体が不安に揺れていた。取材競争は激烈をきわめる。田中は深夜の午前三時、四時に、小船で下関沖の六連検疫泊地に出かけ、税関職員の隙をぬって釈放漁船員の第一声を取材するなど、スクープをものにした。

酒の席では、「時間だけを争う特ダネ競争であっていいのか」と先輩記者と議論する。「新聞はこれでいいのか」と、つねに問いつづける後半生の萌芽がきざしていた。

田中は愛妻家である。というより、敬妻といったほうがよい奥さん孝行。先輩が「今晩、めしを食おう」とさそうと、目のまえの電話器をとりあげ、「電報お願いします」。妻芳子あてに「コンヤ　メシイラヌ　テツヤ」と。ヒラ社員はまだ電話をもたぬ時代。夕食の支度をして待っている妻に、まず知らせる心づかいである。

昭和三十六年十一月、新聞を編集する整理部へ。翌年四月、朝日新聞労働組合の第十四期本部書記長に就任。一年後、整理部に復帰。大阪社会部へ。めまぐるしい異動を経て四十一年十一月、大分・別府通信局長に。出稿がすむとオイルを肌にぬり、ベランダに出て日光をあびる。赤銅色に肌を染めあげ、男の美を確認する。こうして別府の夏を楽しんだ。

五年後の宮崎支局長時代には、男の美をさらにきわめる。二階の会議室が突然、ボディービル教室と化した。腹筋用の板や縄跳び、バーベルがもちこまれ、支局員のトレーニングがはじまる。田中は率先して指導した。

肉体とともに鍛えたのが自慢ののどである。とくに好んだのが「大利根月夜」「流転」「妻恋道中」の任侠三部作。「権力に背をむけ、義侠に生きた一匹狼。筆一本に命をかける反権力のジャーナリストの姿を、腰のドス一本に命をかけたアウトローのやくざと重ねていたのだと思う」とは、宮崎支局員当時の川原一之の述懐である。

(二) 幻のエンタープライズ

話をもどす。別府通信局長から昭和四十三年(一九六八)元旦付けで佐世保支局長に。米原子力空母エンタープライズの寄港をまえに、佐世保市内は騒然たる空気につつまれていた。エンタープライズ。世界最大、唯一の核燃料を推進力とする攻撃型空母であった。基準排水量七万五千七百トン、全長三百三十六メートル、艦載機七十ないし百機。対空ミサイルをもち、ベトナム作戦に参加している。

乗組員の休養と物資補給のため日本にはじめて寄港することを米政府は決め、日本政府はこれを了承した。革新陣営は猛反発、寄港阻止行動が活発化した。

田中は支局員たちと一緒に(田中は「支局員」といわず、「仲間」という)さっそく市内の動きを足で調べてみた。唖然とした。革新勢力の無気力さはどうしたことか。何人かの労組幹部から「挫折」という言葉をきいた。

四年まえ、第一回原子力潜水艦(シードラゴン)の寄港時、革新勢力は「原潜がきたら放射能汚染で魚が食えなくなる」と訴え、阻止行動を起こしていた。しかし、これまで十二回、佐世保に原潜が入港したが、魚が食えなくなるような事態は発生しなかった。「戦争か平和か」「アメリカの核戦略に巻き込まれるな」という旗印だけが残った。原潜が市民生活におよぼす影響といった資料が得られず、抽象的な旗印だけが残った。それが挫折の背景にあった。

元左派社会党市議がいる。寄港反対派だったが、「時勢には勝てなかった」といって、市企画部長になり、エンタープライズの受け入れに忙しい。この部長を一人の証人として、戦後二十年間の町の揺れを田中たちはくわしく書いた。

エンプラ誘致運動が異常なほど熱気をおびているのは意外だった。商店街の幹部は、「四千人以上も乗り組んでいるエンプラは願ってもない最上のお客さまだ」という。艦隊が寄港すると佐世保全体で三億円の水揚げはかたいと、この幹部は力を込める。

このような誘致派の動きにくらべ、寄港反対派の無気力を、田中はもどかしく感じた。田中たち佐世保支局の記者は、先入観や特定の意図をもたず、こうした市民の実態を克明に追い、紙面化していった。

エンプラの寄港は一月十七日か十八日ごろという見通し。取材本部は佐世保支局と決まる。事務所はせまい。本社から「家族を疎開させては」といってきた。事務所と棟つづきになっている家族の部屋を、取材用に開放してはというのである。田中は妻と男児三人をちかくの旅館に引っ越しさせ、取材本部が発足。取材記者は延べ百人を超えた。

エンタープライズをめぐる佐世保の闘争は一月十七日から二十三日まで一週間つづいた。

その熾烈《しれつ》なたたかいは、直接参加しなかった人々にも選択を迫り、決断をうながした。十七日午前、佐世保駅についた急行「西海」から中核派、社学同、社青同解放派の三派全学連の学生約八百人が降りた。午前十時すぎ、学生集団は米海軍基地への進行を阻止している鉄条網に突進。角材でたたき、ベンチを振るい、モリを打ち込んでいく。これに対し、警官隊は放水し、催涙ガス弾を発射。学生たちの三方から警棒をふりかざして突入してきた。学生たちはめった打ちにされて後退、引き揚げた。この日の事件で学生二十八人が公務執行妨害の現行犯などで逮捕、負傷者九十二人をかぞえた。うち朝日東京社会部記者一人をふくむ報道関係者四人が重軽傷を負った。

十九日、エンプラ入港。司令と艦長は記者会見で、「われわれは安全度の記録に誇りをもっている。原子力艦が百度入港しても、放射能汚染はあるまい」と答えた。十九日と二十一日も警官隊と学生が衝突。闘争の現場に集まる市民集団の動きが活発になる。二十三日午前、エンプラは出港、日本海へ。

血気にはやる学生たちが血を噴きながら、警官隊に肉弾攻撃をくわえた惨事をふまえて、地元の月刊郷土誌「虹」の編集者河口憲三が誌上で辻一三市長と田中との対談を企画した。冒頭、田中は紙をひろげて「佐世保平和都市宣言を読ませていただく」と、市長のまえで朗読した。「だれが起草したか知らないが、これはたいへんな名文だし立派な平和思想です」「それは以前、議長をしていた私がつくったものです」と、辻市長は恥ずかしそうにこたえた。田中は詰めよる。

「こんな素晴らしい宣言をしながら、きょうの流血の惨事とは何事ですか。ベトナム戦争の一端をになう佐世保、とは何事ですか」

「哲ちゃんの表情はけわしく、きつく、しかもさえざえとしていて、平和都市のあるべき姿を取り戻すよう語った顔が忘れられない」と河口は追想する。

五月二日、米原子力潜水艦ソードフィッシュが佐世保に入港した。六日、佐世保海上保安部の放射能調査艇がソードフィッシュの周辺で、平常の十倍ないし二十倍の異常放射能を測定した。西日本新聞の特ダネである。

その記者がのちに雑誌に発表したところによると、無線車を走らせ、原潜がよくみえる鯨瀬埠頭に向かった。そこで原潜の周囲を巡回している調査艇を目撃、いまごろ何のためにと、疑念をいだく。海上保安部に急行。帰ってきた調査艇が海水を採取しているのをつきとめ、追及してわかったのだという。

抜かれたのは屈辱ではあったが、田中は当の西日本新聞の記者に敬意を表した。記者は歴史の実践者であり、歴史から事実を欠落させてはならない。抜いた記者は事実を歴史の場に引き出したのであった。

結局、「原潜の寄港中は、原子炉の一次冷却水は放出しないこと」などとする原子力委員会の要望をまとめ、米側と折衝することで決着した。

佐世保における原子力艦艇をめぐる事件はまだつづく。十二月十八日、原潜プランジャーが入港した。前回ソードフィッシュのにがい経験があるので、観測陣のこまめな動きがめだった。科学技術庁は「異常はなかった」と発表した。

田中たちは市民の声をきいた。彼らは揺れ動いていた。十九日には社会党総評系、共産党系それぞれの大集会や市民の会のデモが活発に実施されたが、社共の共同闘争がくずれた。率先して取材にあたってきた田中の目は、これらの変化を冷静に追っていた。

久しぶりに、のんびりと新春を迎えたのも束の間、一月二十九日、プランジャーがまたやってくると外務省から佐世保市に連絡があった。入港目的は液体酸素を積み込むためだという。液体酸素は艦内の空気を浄化するために使われるが、結局、積まずに出港した。滞在わずか二日だったが、田中は核物理学者服部学の『原子力潜水艦』（三省堂新書）を読み、核持ち込みの疑念を深めた。その本によると、プランジャーは攻撃型原潜で、ロケット核爆雷サブロックを積み、その核弾頭の威力は一発で二十キロトン。広島に落とされたのと同じ程度の規模だという。

田中たちはプランジャーの寄港中に、その不可解な行動を解明しようと、乗組員に直接あたることをきめ、彼らの集まるキャバレーをつきとめた。が、店のまえに日本人の見張り番がいて制止された。情報が漏れるのをふせぐ気配。これまでの寄港ではみられなかった事態だった。

話をエンタープライズにもどす。エンタープライズは二度、佐世保にきていたと田中はみる。昭和四十四年四月二十五日午後十一時すぎ、佐世保市内のタクシー運転手が支局に駆け込んできた。「いま、エンプラが佐世保港外にいる」。湾の北方、弓張月から見えるという。やっぱりきたか。田中たちは噂をきき、関係方面にただしている最中だったからである。運転手の話によると、その夜十一時ごろ、アメリカの海軍将校と日本人女性の二人を乗せて、弓張月の頂上付近にあるホテルまで走った。その途中、将校が「いまエンタープライズが佐世保にきている。あれをごらん」と指差した。港口にあたる向後崎の西方にそれらしい灯りの集団がみえた。「今夜中に物資を積んで出ていくだろう」と将校はつけくわえた。この運転手は英会話が達者。これはえらいことだと、知らせにきたのである。

田中と居合わせた支局員が双眼鏡をかついでタクシーに乗り込む。ホテルの前で車をとめる。運転手の指差す方向に、ぼうっと横に長い灯りの集団がみえた。双眼鏡を引き寄せる。攻撃型空母だ。真ん中を走る飛行甲板と、その途中から斜めに分かれて突き出たもうひとつの甲板のある独特の形がみてとれた。二十キロさきである。ちかくに観光用の大型望遠鏡があった。田中たち三人はポケットにあるかぎりの十円玉を入れ、その灯りを凝視した。巨大な艦影がレンズの前に。甲板の上には搭載機らしい数十の光が揺れている。かつては北爆に参加し、いまは南ベトナム戦線出動で忙しいファントムなど戦闘攻撃機のきなくさい機体だろうか。エンプラにちがいない。

三人の印象は一致し、山をおりた。手分けして海上保安部、米軍基地、向後崎灯台付近へ向かう。

三人のうちの児玉俊則からは二十六日午前一時半ごろ、「エンプラらしいものは、すでに見えない」といってきた。夜明けまで見張りをつづけようと、児玉たちはふたたび山へ。午前四時ちかくになっていた。灯りの集団はすでになく、エンプラをとらえることはできなかった。

田中が艦影をエンプラと信じる根拠がいくつかある。二十六日午前零時ごろ、さきにみた運転手がまた支局にとんできたのである。その情報にしたがって支局員が米軍専用の立神岸壁に駆けつけると、通常潜水艦サバロがエンジンをかけっぱなしで、船体の上に空になったダンボールが積んであった。サバロから、ひそかに停泊していたエンプラに物資を補給したことが考えられる。

二十六日午後、エンプラを中心とする第七十一機動部隊が、日本海から対馬海峡を通って東シナ海へ移動した。このことは米国防総省が発表し、海上保安部の巡視船も目撃している。そうなると、エンプラの行動軌跡に佐世保港外停泊の一点が明白に付着する。物資補給に立ち寄った推論がいっそう真実性をおびてくるのである。

市民運動を理解し、警官隊の暴行に憤激する田中は、その一方で「安保の自動延長は決まりだ」と確信。原子力艦艇の寄港に革新勢力の対応が乱れ、市民のなかに懐疑論が生じていた。一九六〇年の日米安全保障条約反対闘争で爆発したマグマは衰えている。「七〇年（代に安保が延長するの）はやむをえないね」と、田中は支局員にもらした。歴史をみる記者の目が光っていた。

「幻のエンプラ」をいれて佐世保在勤中に原子力艦艇の寄港が五回。田中たちは熾烈な取材活動に休む暇もなかった。プランジャーが出ていった昭和四十四年二月一日、田中の手元には十冊を超える関係ノートが残った。そのなかから選りすぐって、田中は「灯りの線で描き出された巨大な輪郭が攻撃型空母のそれであった」ことなど理由を五点あげて、エンタープライズが佐世保に二回きたと信じていると公表している(『佐世保からの証言――「七〇年の選択」を前に』三省堂)。

同書のなかで田中はつづける。

「その日、夜があったことを私たちは憎む(中略)。エンタープライズは全天候に出動できる攻撃機を百機近く搭載しているという。私たちの手元には、全天候とはいわない、たった一機の夜間取材用飛行機もないではないか。そう考えたとき、真実にいどむ行為が一瞬こっけいなものに思えた」。取材装備の不備に対する吹っ切れぬ悔しさ、憤り、ため息が伝わってくる(注・平成二十年現在、朝日では胴体下部にサーチライトを取り付け、夜間取材可能なヘリコプターを保有している)。

やがて、歴史は安保反対闘争から反公害闘争に移る。田中はここでも渦中の人となる。

(三)「公害を傍観するのは加害者」

亜砒酸《あひさん》。耳なれない物質の名である。砒素の化合物のなかでもっとも毒性が強い。亜砒酸製造にともなう慢性砒素中毒症が五十年もの長期間、宮崎県内の山村に放置されていた。水俣病、イタイイタイ病に匹敵する公害事件である。この鉱毒で人生を破壊された村民の実態が明るみに出た。田中が宮崎支局長のとき、事件を弾劾するキャンペーン記事が特ダネとして紙面に横溢《おういつ》。裁判を誘導、住民の勝訴を実現させた。

田中は一年七ヵ月間の佐世保勤務のあと通信部次長、昭和四十六年（一九七一）三月宮崎支局長と、順調に昇進していく。原子力艦艇の寄港拒否闘争で大荒れに荒れた佐世保の町の記憶がさめやらぬ時期である。事件が少ないといわれていた宮崎だが誤算だった。土呂久鉱毒事件の患者発見のニュースである。

最初に報道したのは西日本新聞で、「小学校教師の調査で、たいへんな鉱毒被害がわかった」という特ダネ。田中は、その特報の内容を的確に評価することよりも、抜かれたことにこだわり、対応が遅れた。

宮崎版で追いかけているうちに、同じ朝日の社内でも抜かれる。名古屋の社会部記者が、甲府市で開かれた日教組の全国教育研究集会を取材して、一面に載る大きな記事にした。東京が動き、西部の社会部がヘリコプターで高千穂の山のなかへ飛んできて、土呂久キャンペーンがはじまった。

大分県境にちかい宮崎県西臼杵郡高千穂町土呂久地区の山中にあった旧亜砒鉱山の鉱毒。その事実を公表したのは高千穂町立岩戸小学校の斎藤正健教諭である。昭和四十六年十一月、県教組の教研集会で、二十七歳の若い教諭から耳を疑うような事実が次々に伝えられる。

「過去五十年の間に多くの人々が亜砒鉱山の鉱毒をあびながら死んでいきました。百人ちかい住民が、なんと平均三十九歳という若さで死亡していくことが、私たちの調査でわかったのです」「そして今もなお、七十人以上の人たちが様々な病気で苦しんでいるのです」

斎藤教諭が録音機のボタンを押す。住民の声が流れる。「それはもう、煙がもうもうと立ちこめてですね、みんな目と喉をやられ、最後には血を吐きながら死んでゆくとです。牛や馬も咳をしながら、もがいて苦しみ、ばたぐろう(暴れ狂う)て死んでゆきました」「福岡鉱山保安監督局の話では、宮崎県からは煙害は全然ないといってきているのに、地区ではどうして鉱山の継続に反対しているのか、ということでした。私たちは、そんな馬鹿なこつはない。県は土呂久に一回も調査にきたことはないし、地区民と話し合ったこともないのに、どうして煙害のこつがわかるのか、と調査を申し出たのですが」

地区民の言葉がせきを切ったように流れる。こうして人々は事件を知らされた。それからの田中支局長の気迫と行動はすさまじかった。田中の指揮のもと、宮崎版は土呂久であふれた。

鉱山は慶長年間に銀山として発見。大正九年(一九二〇)に亜砒焼き窯ができ、亜砒酸製造が本格化した。亜砒酸は青酸カリが普及するまでは代表的な毒物で、土呂久で産出された亜砒酸は大阪方面へ送られ、主に殺虫剤の原料となった。経営者がたびたび変わり、戦後、鉱業権は住友金属鉱山(本社・東京)に移ったが、同社は操業しないまま昭和四十八年(一九七三)に鉱業権を放棄した。

斎藤教諭の発表後、田中は支局員の川原一之の車に同乗し、ズリとよばれる亜砒鉱石の焼き殻が詰まっている赤茶けた山をみた。土呂久川はズリ山の裾を洗うようにして流れている。

いったん雨が降ると、濁流が毒を含んだズリ山を浸透して川に流れ込む。道路にも浸み込む。雨の日は異様な臭いがたちこめる。これが鉱害の元凶であった。田中たちはつぶさに悲惨な実態をみた。

川原が、ズリ山からにじみ出る水を採取してきた。その濁水五十ccをガラスの容器にとり、水道の水でうすめ、三百ccにして金魚を泳がせたところ、一時間二十分後、口を大きくあけて死んだ。

住民自身の手で書かれた被害の記録は一つもない。恨みの声を伝える術も知らないまま死んでいったのである。それにしても、何か一つぐらい形のあるものはないのか。川原が高千穂町役場の資料室から、大正十四年（一九二五）に池田牧然という地元の獣医によって書かれた報告書をみつけた。人々は皮膚が荒れ、声はしわがれ、目は充血し、顔色は死人のように青ざめている。牛馬も次つぎに倒れ、死んでいったと詳述している。調査結果は県に送ったが黙殺され、報告書は半世紀ものあいだ書庫のなかに眠っていたのである。

こうした行政の怠慢、無責任体制を宮崎支局は田中の指導のもと、総がかりで暴いた。川原の脳裏に焼きついている情景がある。田中が県庁に乗り込み、担当部長から直接取材したときのこと。声は荒らげないが舌鋒するどく核心を突き、ひるむところを問い詰めていく。部長はたじたじ、返答に窮した。

そのときの様子を川原は、「『大利根月夜』の剣豪平手造酒《ひらてみき》を思わせる剣さばきに、同伴した古藤宗治君と私は、ただただ見とれるばかりだった。取材は真剣勝負なのだと、支局長自ら範をとって教えてくれた」と述懐。

川原の当時の日記に、「土呂久であふれた朝日新聞の紙面は、支局長がつくったようなものだ。ぼくはその手足になることに納得、いわれるままに書いた」と記している。

川原は田中門下の優等生といわれた記者で、昭和五十年（一九七五）に朝日を退社、記録作家になって土呂久鉱害患者の支援、記録活動をつづけた。平成六年（一九九四）から宮崎市鶴島に本部を置く特定非営利活動法人（ＮＰＯ）アジア砒素ネットワーク（ＡＡＮ）で活躍。アジア諸国、とくにバングラデシュを主体に、土呂久と同様、砒素災害の苦しみを繰返している地域の水質浄化、患者救済の仕事にあたっている。ＡＡＮは朝日新聞の「明日への環境賞」を受賞している。

斎藤は語る。

「田中さんは、よく話を聞いてくれました。それも真剣に。被害住民の苦しみ、悲しみを自分のものと受けとめてくれました。あの大きな目をくりくりさせて。人間性の豊かな人でした」

陣頭指揮にたち、自らも現地に乗り込み、大企業の横暴を暴き、隠蔽工作に腐心する行政のたくらみを覆《くつがえ》す田中。このほかにも住民サイドにたった紙面を精力的につくっていく。川原と同じく支局員だった友松功一は顧みる。

「週一回の地方版のワイド版に、住民の不満を特集するのに、即座に同調してくれた。九州電力が一ツ瀬川上流に築いたダムで、西都《さいと》市郊外の観光地が壊滅的な打撃をうけた問題では、住民運動のリーダーを支援した特集記事を書いたり、田中さんの釆配の下で納得のいく取材ができた」と。

支局の飲み会では例によって「任侠三部作」。田中は筋金入りのバリトンで、説き伏せるような節回し。声楽に堪能な友松にはジョーン・バエズの反戦フォークソングとダブって聴こえた。飲み会では一度妻の芳子も参加し、澄んだソプラノの花をそえた。

激務のなかにも田中は、支局員の健康管理を忘れなかった。週休二日制の実施である。増員のないまま実施するのだから、出稿が遅れがちになる。本社側に負担がかかるが、編集者はだまって協力した。全四本社をつうじ、先駆的な試みだった。

公害病に認定された鉱山周辺の被害住民とその遺族ら二十三人が、元鉱業権者の住友金属鉱山を相手取り、損害賠償を求めた裁判で、宮崎地裁延岡支部の森脇勝裁判長は、昭和五十九年（一九八四）三月、「鉱山側は住民側に総額五億六百万円を支払うよう」いいわたした。住民側の勝訴である。判決で救済される原告は、百四十人の認定患者のごく一部だけだったが、操業しなくても連帯責任を負うと定めた条文が判決に適用され、全国六、七千ヵ所の休廃止鉱山の埋もれた被害者の救済に道を開くきっかけになった。

田中たちが強力に紙面で訴えた救済促進の報道が実をむすんだのである。提訴から八年三ヵ月、田中が宮崎を離れて十二年がたっていた。田中はこのとき東京本社の調査研究室勤務となっていた。

だが判決を不服として住友は控訴。新橋の住友金属鉱山本社に対して、被害者と支援者は玄関前に座り込みの抗議行動をはじめた。

「きょうから皆さんのお隣に引っ越してまいりました」。田中は登山用のテントをひっさげて現われた。テントをねぐらに、毎朝、遺影のまえで般若心経を唱えてから、築地の朝日本社に出勤した。

「公害に第三者的な立場はない。第三者を名乗ることは、加害者に加担することでしかない」。田中のこの言葉は、彼を知るすべての人々の胸に生き、脈々と受け継がれている。

(四) 委員長、労働災害を弾劾

「頼れるものは己自身と腰のドス」。昭和四十八年(一九七三)八月、箱根で朝日労組の本部定期大会が開かれた。二十五期本部執行委員長に就任した田中の冒頭の挨拶である。破天荒の挨拶に出席した代議員一同、度肝をぬかれた。新委員長は宣言する。

「われわれは、労働者であるまえに人間でありたい。地平に昇る太陽をともに迎え、苦楽を平等に分かちあう、そういう人間でありたい。その人間が人間らしく生きることを侵害するものを、われわれは断じて許すことができない」

また、こうもいった。

「おかしな異動をやったら、『刺し違えるぞ』という開き直りが必要です」

この委員長は、やるな。代議員のだれもがそう思った。

委員長就任にいたるまでの概略をふりかえってみる。田中は宮崎を去って昭和四十七年四月十五日付けで西部本社学芸部員、七月十日付けで同部次長に就任。デスク自ら覚めやらぬ記憶を追って土呂久をテーマに、つづきものを執筆した。デスクワークもたくみで、部員をどなったり、やたらと書き直しをさせるようなことはしない。それでいて問題点を落とさぬよう、的確に指示するので、部内の声望は高かった。

他部との折衝も円滑で、紙面をつくる整理部の新人村田弘が「こんな扱いでいいでしょうか」と担当の家庭面の割付をもっていくと、田中は「どうぞ、いいように」と、鷹揚《おうよう》である。「なんと物腰のやわらかい人か」と、村田は仕事がやりやすく、喜んでいた。その村田は、西部支部執行委員長に選ばれて田中を助け、最後まで行をともにする。

田中が本部委員長に引っ張り出されたのには、わけがある。かつて朝日労組は安保闘争前年の昭和三十四年（一九五九）十一月、ベア要求のため九十六時間ストに突入した。スト解決後、左遷人事が会社の手で露骨におこなわれ、そのうえ四年後にはお家騒動が発生し、社内の人間関係は暗くなり、組合はますます弱体化した。組合内部にも会社に通じる者が出てきた。このような弊害をなくし、労使関係を健全化する主戦投手は田中しかいないと、役員推薦委員に目をつけられ、たっての願いに田中は引き受けたのである。

田中が委員長に就いたころ、会社は総合労働計画を実施に移しつつあった。人員を大幅に減らして生産性を高めるという経営の論理を凝集した政策で、田中執行部は早々に対決の姿勢をかためた。十二月の期末要求（ボーナス）が妥結したあと、「来年の春闘（ベースアップ要求）ではかならずストをやるんだ」と、田中は執行部役員に宣言する。

あけて二月、七四年春闘のベア要求案がまとまった。「生活防衛」「だれでも三〇パーセント」を合言葉に、組合員平均三万九八四五円。二月上旬の卸売り物価指数は前年同期比三六・七パーセントとはねあがり、狂乱物価の時代といわれた。

これに対し会社側の秦正流労務担当役員は三月十六日、第二次団体交渉で回答した。二万一五四二円。ベア率わずか一七・八パーセント。

田中本部委員長が鋭く迫った。

「組合要求との開きがありすぎて、検討しようにも、できない額だ」

「このベアでも購読料の値上げをしなければ出せない。それも、いつできるか……」

組合側の追及に秦労担は、苦しい弁明をつづける。

秦労担は最終回答として四月八日、二万七六五二円を提示した。三次の、これが最終回答である。ベア率二二・九パーセント。この他に一時金二万九八一六円。

「これではベア回答でなく、賃金を抑制しようとする回答だ。納得できない。あす九日正午に回答を。満足できる回答がなければ罷業権行使に踏み切らざるをえない」

「罷業権行使は避けてほしい。責任をもちうるものとして、これ以上はどうにもならないことも考えて協力を」。田中と秦の四時間半にわたる六回目の団交が終わったのは午後十時だった。

九日正午、全組合員はスト態勢にはいった。有楽町の東京本社五階団交室。約二時間、ぎりぎりの団交がつづいた。もはや進展の余地はなかった。

十日払暁、スト突入指令が出された。田中はいったん池袋のマンションにもどり、仮眠をとってから風呂をつかい、身支度をととのえた。股旅演歌のテープを音量いっぱいにかけた。心の昂ぶりを覚えたところで「ええぞ」。自身に気合をかけて家を出た。

ストは午後二時から三時までの全面時限で実施。田中は本社まえのピケラインに出たが、演歌と違って労働歌は自信がない。隠し持ったメモに目をやりながら声を合わせる。あっという間にストは終わった。

職場別の参加率では地方支局の九〇パーセントが最も高く、低いところでは東京編集の八・七パーセントが特にめだった。

ストを打ったものの、ゼロ回答で終わった。もともと田中は、企業内組合が勝てるなどと思ってはいなかった。「いかにして納得できる敗北を喫したか、その過程が大事なのだ」と、これは平栗清司書記長の考え方で、田中も好んでこの言葉を使っていた。人事管理であれ、合理化政策であれ、組合がおとなしくしていると、会社は力づくで押してくる。これに対し組合は、人権、生活擁護のために最大限の力を発揮して、会社と対等の立場で交渉を進める必要がある。並みの執行部であれば一時金をふくむ三次回答で収束するところを、あえてストに踏み切った動機がここにあった。

田中の強力なリーダーシップのもと、十五年ぶりのストは辛くも成功したが、ストに反対した本闘委のメンバー五人は辞意を表明して、その後二度と組合に姿をみせなかった。田中はしかし、彼らに非難がましいことは何もいわなかった。東京を中心に脱落者は三四パーセントにのぼり、九六スト以来つきまとっていた職場間落差の問題が浮き彫りにされた。

春闘が収束して一息ついて間もない四月二十二日、秦労担ら会社側は機付《きつけ》人員の削減を通告してきた。機付人員とは輪転機一セットあたりの作業人員をいう。一台で八ページの新聞を印刷できる輪転機を二台つなげて十六ページの新聞を印刷する機械配置。これまで二台連結五人ですごしてきた体制を四人に減らし、さっそく五月十日に実施するという方針である。

田中委員長ら組合側は反論した。

「機付人員は重要な労働条件であり、その変更には組合の合意が必要である」「実施期日が急迫しており、これでは一方的な強行だ」

「二台連結で四人」は、十六ページの新聞を多く発行している本社ほど犠牲が大きい。大阪と西部。とくに西部は、朝刊が十六ページのため直接の影響は最も大きいと、組合が労働委員会に出した証拠資料に出ている。

削減の通告を翌日にひかえた五月九日、本部執行委員会と会社側は有楽町本社で団交。対立は沸点に達した。田中は交渉のなかで、「新聞労働者に腰痛が多発している」と、労働科学研究所の資料などをあげて、「会社の労務政策は魔道に陥っている」と断じた。劇画『子連れ狼』のテレビ番組のシーンが頭に浮かんでいた。

ついに交渉は決裂。会社の人員削減通告による新しい勤務体制は大阪が五月十日、西部は十五日から実施された。これに対し組合は、「合意なき労働条件の変更は違法であり、それにもとづく業務命令は無効である」としてこれを拒否、大阪と西部で従来どおりの五人機付の勤務についた。就労闘争二週間。会社は、「勤務のあり方や出勤手配について、できるかぎり希望を受け入れる」と一定の譲歩をしてきたので中断したが、そのあと大阪と西部の計百二十四人に対して停職、譴責《けんせき》、賃金カットなどの処分を通告してきた。

処分撤回闘争が地労委、中労委、地裁、高裁を舞台に順次まわって展開された。新たな、しかも長期にわたる紛争であった。昭和六十年七月に労使間の自主解決をみるまで、じつに十一年の長期におよんだ。

労使の合意文書には、処分撤回と要員配置の変更にともなう事前協議の重要性が盛り込まれた。組合は勝った。田中のリーダーシップのもと、新聞業界でも最長の労使紛争にピリオドが打たれた。

㈤　死と格闘しながら農業論文発表

組合執行部は任期一年で交代する。田中はいったん西部学芸部デスクに戻ったあと、昭和五十一年（一九七六）八月、東京本社調査研究室の主任研究員勤務となった。期待にたがわず田中はよく勉強し、取材し、高度成長がもたらした農業の問題点をえぐりだしていく。農業の現場をふまえた論考は十八編におよび、いずれも大部の力作である。題名をみただけでも引き込まれそうな感じの農業論を瞥見《べっけん》してみると——。

「現代の百姓一揆——福島潟に見る日本農業の断面」では、国の減反政策に反対して稲を植えている農民の姿を書いている。同年九月にルポしたもの。新潟市東方二十キロの福島潟は米の増産基地なのだが、米の生産調整をすすめる国と県は稲の強制撤去を強行しようとする。これを察知した農民は、自ら稲の刈り取りを開始した。「福島潟干拓地に稲作を推進する会」の人がつくった握り飯を頬ばって、田中は愛読書、白土三平の劇画「カムイ伝」に描かれている一揆が、この現場に重なってくるのを感じた。身分制度の底辺に位置づけられた人々に対する思いである。機付闘争も田中たちにとって一揆であった。

米だけが自給率百パーセントを突破し、余っている。しかし米の増産基地として国自体が造成した田に、米をつくるなという。矛盾した話である。田中は問う。「米は果たして余っているのか」と。「そうではなく、消費が減っているのだ」と明らかにしたうえで、米食を促進し、「弁当箱を学校に寄贈するので、その弁当箱にご飯をつめて登校してください」という、農民の切なる声を紹介している。

造反田植えに同調する農民が前年よりも増えている姿をみながら、田中は、「米が農業の基幹作物であり、米を食生活の中心に据えなければ農業の再生はありえない。日本人はもっと米を大事にしなければならない」と、計画性のない農政を厳しく批判している。

「定年後は家業の農業を継ぐ」といっていただけに、水田の復活と、それによる自然環境の回復を繰り返し力説している。その先見性が、彼を知る人の脳裏に蘇ってくる。

政府が「米の減反政策を根本的に見直すべきだ」と食料の安定確保の方針を公表したのは、平成二十年（二〇〇八）六月。田中の告発から三十二年たっていた。

高度成長に圧されて埋没しつつある農業の再生を求めて、田中のペンは研ぎ澄まされていく。そのなかで取りあげた「豊川用水は何をもたらしたか」も、注目すべき論考である。調研究室長の今津弘にすすめられて、愛知県東三河地区をうるおす豊川用水を取材する。水資源開発公団が管理しているこの用水は、天竜、豊川両水系の水を生かして、不毛の渥美半島を近代農業の舞台に一変させたことで知られている。

ところが田中は取材を準備中に体調をくずし、やがて癌にとりつかれていることを知らされる。癌研付属病院に入院。手術七回目の自営業者や、転職の苦闘の末に胃癌で全摘、三ヵ月たっても粥をすすっている元会社員ら、同室の患者にいたわりの声をかける。週三回、それぞれ五時間から十時間の大手術を担当する医師、こまねずみのように立ち働き、しかも優しい笑みを絶やさない看護婦たちの激しい勤務ぶりに感謝の意をあらわす。

「癌を切り　なお癌と居し　寒の朝」などと句作をこころみて痛みに耐える。「断腸記」にみる田中の病中所感には、いささかも「私」というものが感じられない。

退院して職場復帰したときは定年が目前に迫っていた。昭和六十一年（一九八六）三月定年、嘱託勤務となる。畢生の大仕事と決め、十一月、豊川用水に向かった。ひときわ力のこもった取材となる。そこでは温室ハウスによる施設農業の拡大に感嘆の声をあげながらも水田の減少、化学肥料の投入による土壌破壊に懸念を表明している。

これが朝日における絶筆となった。詳細な取材報告は、翌年六月の「調研室報68」に掲載されている。

通常の組合委員長であれば、任期がきて交代と同時に懸案の事項は後任者に引き継いで去っていくのだが、責任感の並はずれて強い田中にはそれができない。調研の仕事の合間、十年余にわたって労働委員会、裁判所、各地での集会にと、腰痛の深刻な労働災害を訴え、機付闘争を勝利に導くために神経と体をすりへらし、後続の執行部を助けた。人の痛みを見過ごせないのである。

その結果、田中の昇進、昇給は見送られ、同僚、後輩に先をこされる。が、田中は私怨に堕せず、人事の公正を要求して会社に抗議する筋論を手紙にしたため、自分の補佐役だった村田に送っている。

退院後の昭和六十一年七月、九州マスコミ研究集会が北九州市で開かれ、「日本の農業問題」で講演した。「調研での長年の研究成果を発表できて、こんなにうれしいことはない」と喜んだ。

この月、大阪で「74機付」解決の記念集会がひらかれ、出席した。田中は闘争中、大阪地労委の審問で三回証言に立っている。その功績をたたえる言葉と歌声の渦のなかで、田中は恐縮し、ただ頭をさげつづけるのだった。

組合の二十五期同志による大利根会が随時ひらかれ、珍妙なパフォーマンスを繰り広げた。田中を先頭に、全員が縦一列、両手をまえの人の肩にかけ、坂本九の「ジェンカ」に似て非なる曲と詞を叫びながら行進する。先頭の田中は、空いた両手で、やむなく阿波踊りふうの手まねで踊る。「大利根月夜を何百回聴かされたことか」と、村田。音吐朗々、しかしカラオケからは外れた、あの調子を、である。「圧倒的世論の要望にこたえて、もう一度。二番がいいんだ」と身をのりだすと、「ええぞ、てつやっ」。やんやの喝采である。興にのっては深編み笠に長脇差の股旅姿で登場したりも。「何が不足で調研ぐらし」と、哀感こもる即興の替え歌もでた。

退院後、体調はしだいに回復、さきにみたように豊川用水を取材するまでになっていたのだが、昭和六十二年（一九八七）三月、衰弱がめだってきた。六月、浅草の牛鍋屋で平栗や村田たちの呼びかけで励ます会が開かれた。社を辞めて顧問になっていた秦も出てきて、「体はどうだ」と、田中をいたわった。激しく渡り合った間柄ではあったが、親しく語りあい、二人は固く握手した。

再入院する。容態は一進一退を繰り返し、十二月三日正午すぎ急変、帰らぬ人となった。通夜の晩、棺のなかで眠っているような田中の顔をみて、弔問客はかわるがわる声をかけた。「てっちゃん、いつまで寝てるんだよ。早く起きて歌ってくれよ」。

「あの若さで死ぬには力を出しつくさねばならない。死後、壮絶な奴だったなという感想にとらわれた。彼は記者として、職を失って去ってゆく労働者の悲しみを見ていた。組織をもたない労働者の労働災害の現場に立ち会っていた。この悲惨について話すときの彼の顔は哀憐に満ちていた」と、先輩記者犬塚尭《ぎょう》の追悼文の一節にある。犬塚はH氏賞受賞の詩人にして事件記者でもある。

「田中さんはオーラを発出し、かれの周りにいると、皆が能力以上のものを発揮するようだった」とは、佐世保支局員時代に田中の下にいた矢野直明の感懐である。そのオーラが支局長としては明るい職場をつくり、若い記者たちを育てる田中学校のリーダーたらしめた。組合の委員長としては健康と生活を守るための強力な対決姿勢を示し、機付闘争では一人の脱落者も出さなかった。争議によって生じる自己の不利益を黙って受け止めた。形影相ともなって行動した村田弘が、このような田中の真髄をもっともよく知っている。田中、村田の発したもの、それは記者として新聞経営を正しい方向にもっていくにはどうすればよいか、という問いかけであった。

向坂門下生ではあるが、田中はイデオロギーにとらわれていない。情念の人であって、義によって動く。いまの世に求めて難き真心の士を敬慕する大利根会は、隔年に開かれ、平成二十年にも十数人が参加した。

第六章――事件記者の群像

一、人たらしの警視庁キャップ〈川手泰二〉

㈠「頼む、二、三時間待ってくれ」

異相である。カッと見開いた両眼、太い底ごもった声。がっしりした骨格。ハンチングにジャンパー姿は腕利きの部長刑事、袈裟を着せたら名刹の大僧正の趣がある。川手泰二《たいじ》。ちょっと見にはわからないが、片方の目がみえない。「あの人の話はどこまで信じていいのかわからない」とする妻ふさえによると、小学生のとき、友だちと喧嘩して餅をぶつけられたせいだという。隻眼のハンディを克服して、取材相手に食い込んだのはむろんのこと、型破りの記者として数々のエピソードを残した。

その敏腕ぶりを語る際、よく話題になるのが昭和三十年（一九五五）七月十五日午後、東京大田区で発生したボードビリアン、トニー谷の長男で小一のMちゃん（当時六歳）が学校からの帰途、誘拐された事件である。人気絶頂の司会者トニー谷の息子が誘拐され、身代金二百万円が要求されたこの事件は、まだ報道協定ができていない時代とあって、新聞は連日、書きまくった。鳩山一郎首相までが記者団に「犯人よ、Mちゃんを返してくれ」と涙声で訴えた。

警察が極秘に捜査中、誘拐されたのを最初につかんだのは読売で、十八日付け朝刊に大々的に報道した。朝日は特オチ。つまり特ダネの反対である。当時大森署をふくむ第二方面本部を担当していたサツまわりは森正則（のち山崎姓に）。森は事件解決後、「読売にシンパから垂れ込みがあったんだ」といっていた。

昭和三十年八月号の読売社報は、「販売店のヒントでスクープ」と題して「トニー谷氏宅付近の新聞販売店従業員が街の人から『トニー谷の息子が行方不明になったか、誘拐されたらしい』との話を聞きつけ、これを十七日午後（注・昼すぎ）、社会部に通報してきた」と経緯を伝えている。警視庁担当とサツまわりがただちに動き、早版から記事をのせたようだと同社広報部は説明している。三十九歳のこの従業員は配達の仕事もしていた。最終版に限ってみると、毎日が読売につぐ規模の大きさでやはり社会面トップにのせている。

二十六日午後十時二十分、金を受け取りにきた犯人が渋谷駅付近でつかまった。この男は雑誌編集者。資金繰りに困っての犯行だった。これは朝日の特ダネである。つかんだのは警視庁捜査一課担当の羽鳥和男で、羽鳥は「だれにもいうなよ」といって、森にこれを伝え、特オチした森の手柄にさせた。抜き返した森は、「こんなこと、ふつうの記者ではできるものじゃないよ」と、羽鳥の徳をたたえた。森もふだんサツまわりの仲間に信頼されていた。

犯人は長野県出身。Mちゃんは、犯人の長野県の自宅にかくまわれているらしい、という第一報が朝日長野支局に伝えられたのが夜十一時すぎ。知らせを受けたのは支局員で記者三年生の松山幸雄。長野県内、とだけではさっぱりわからない。あいにく松林冏《けい》支局長と次席の記者は松本市で開かれている高校野球地方大会のため出張している。責任は支局では最古参の松山にかかっていた。県警にあたってみると、警視庁からの連絡も入っていないらしい。まずは支局員全員に非常招集をかけた。特約通信員になりたての伊藤仁四郎が駆けつけたところで、「犯人の自宅は上山田町」という第二報がはいった。支局長夫人とくと原稿係にデスクワークをまかせ、松山は伊藤と二人、ハイヤーで飛び出す。深夜、田舎で家捜しするには地元の人の助けが必要だ。まず上山田町役場へ急行した。

型破りの記者、川手泰二

宿直の老人を起こして協力を頼んでいるとき、支局から電話があり、本社からの第三報を知った。犯人のフルネームとくわしい番地である。この第二、第三報を警視庁幹部から引き出したのが、警視庁キャップの川手泰二である。川手は県警本部長の原文兵衛に、「二、三時間、なんとか言い逃れて、目をつむってくれないか。つらいだろうが、頼む」と電話した。「あと二、三時間のうちに、こどもを連れてかならず警察に出頭させるから、ちょっと捜査を待ってくれ」と。これが利いた。

地理に明るい老人は、「長年愛読している朝日のために」といって、親切に案内してくれて、午前一時すぎ、リンゴ畑の奥に、めざす家をみつけた。窓からのぞくと、犯人の妻らしい人物と、こどもが二人。松山が恐る恐る戸をあけ、「M君」と呼ぶと、一声で蚊帳のなかから飛び起きてきた。伊藤がすかさずシャッターを切る。手前にMちゃん、奥に犯人の息子。「写真部員がいても、これ以上のものは撮れなかっただろう」と、写真部長に激賞される特ダネ写真となった。

Mちゃんを連れ出すとき、松山は犯人の妻に、「朝日新聞が責任をもって親御さんに送りとどけます」といって名刺を手渡し、松代町の小学校の宿直室にころげこんだ。宿直の先生も朝日の愛読者で、起きてきた用務員夫妻と一緒に協力してくれて、宿直室でMちゃんと東京のトニー谷の家との電話対談に成功。これを朝日記者が独占的に傍聴して記事にまとめた。このあと松山は社会部の指示でMちゃんを連れてちかくの篠ノ井署に出頭するとともに、ハイヤーの運転手にフィルムをもたせて支局に急行させた。

地団太ふんで悔しがる捜査陣や報道各社を出し抜き、朝日は最初の抜かれをみごとに抜き返すことができた。

各社の突き上げは激しかった。「朝日支局を強制捜査せよ」「松山君に逮捕状を出せ」「朝日の電話を盗聴せよ」と原を突き上げたが、原は「松山君は名刺を置き、こどもを親元にとどけると言い残していったのだから犯罪にはならない」と、かばってくれた。

川手の朝日入社と原の内務省入省は同じ昭和十一年で、同期のよしみ。原によれば、川手は「傍若無人に振る舞いながら、根は親切で人を大事にする」性格とあって、戦前から親しい間柄だった。

松山がこのとき得た教訓は、「兵は拙速を尊ぶ」ということだった。「犯人は長野県出身」という不完全ではあるが、この第一報で支局は警戒態勢に入ることができた。「上山田町」の第二報で行動開始。そして犯人のフルネームと番地がわかったときには現場ちかくまでいっていた。社会部がフルネームと番地が完全にわかるまで支局に連絡してこなかったら、ここまでスムーズに事が運んだかどうか。情報は貯めずに、早め、早めと流す必要をこの事件は教えた。

(二)　児玉誉士夫との出会い

川手泰二は、明治四十四年（一九一一）九月一日、山梨県北巨摩郡若神子村（現北杜市）出身。代々十ヵ村を束ねてきた名主の系列にあり、父甫雄《すけお》は政友会代議士で犬養木堂と親しかった。川手は欲がないのと喧嘩がめっぽう強いのが特徴。乱暴者だというので、両親、きょうだいの甲府住まいと別れて、祖母と二人、若神子村で暮らした。その寂しさから、どうしたら人に好かれるようになれるか、こども心にも真剣に考えた。が、荒っぽさは直らなかった。川手は腕っ節が強く、先制攻撃で相手を鎮圧する。後年柔道は三段の腕前に。粗暴なわりには勉強がよくでき、妻ふさえとは同じ小学校で川手が二年先輩。先生が休んだとき川手が代講し、ふさえは尊敬していた。成績はよいが喧嘩っぱやいので、先生たちの評価は分かれていた。県立甲府中学から日大法学部英法科をトップで卒業したと、ふさえは語る。

昭和十一年六月、東京本社に入社、秋田専属通信員に。十六年三月、東京社会部員、警察取材ひとすじに打ち込んできた。目が悪いため、軍隊経験はない。

警察官僚とは戦前から家族ぐるみの親密な交際をつづけてきた。これが戦後続発した事件の取材でものをいう。

私生活では幼馴染のふさえと結婚する。他の女性との婚約を破棄しての、駆け落ち結婚である。ふさえはおとなしく、夫に逆らわぬ性格。そのため、結婚まえ、川手のおば若尾輝子に、「私だったらあんな乱暴者とは一年も一緒にいられないわ」と、姉の長田清子には、「私は五分といられない」とまできかされる。案に相違して、ふさえは芯が強く、川手のほうが鉾をおさめるのが常だった。

秋田時代に酒を覚えた川手は、だれかれとなく気前よくおごる。出費もかさむが、気風のよいふさえが実家からカネを仕送りしてもらって家計を支えた。

戦後の一時期、一家は下目黒の大鳥神社付近に住み、三十代半ばの若さだが他社の記者も交え、多くの来客でにぎわう。外では荒っぽく振る舞う川手だが家ではやさしく、二男二女の宿題を手伝い、習字を教える。代わって手紙をうまく書き、こどもたちに感謝された。休日には家で寝ていることが多かったが、家族サービスもかなりのもの。家族を炬燵に入らせて、自分は隣室でトランプ占いをやりながらテレビをみていることも。「借りてきた猫のようだった」とは、次女の笹川梨花子の言。

社内では警察担当の第一人者。年齢と警察取材のキャリアからくる貫禄がある。ロンパリの目で辺りを睥睨《へいげい》し、上司にもいいたいことをいう。事件現場で大喝一声、「新聞社はどけえっ―」。立ち入り禁止のロープの内側に悠々と入っていくさまは、辣腕《らつわん》部長刑事の姿そのものである。大目にみられる時代だった。

当時の部長進藤次郎の記録によると、昭和二十四、五年ごろらしいのだが、進藤に警視庁の記者クラブから、キャップの川手が電話をかけてきた。

「しんちゃん、大特ダネだ。台湾から貨物船一隻分の砂糖を密輸した奴がいるんだ。MP（米軍憲兵）も抱き込んで、白昼堂々それを陸揚げし、百何十台のトラックで神田の倉庫に運び込んだ奴がいる。怪物児玉誉士夫の仕業で、MPも一枚かんでいるというので、警視庁でも手が出せず、歯ぎしりしながら見過ごしたというんだ。しんちゃん、どうだ、思い切ってすっぱ抜く勇気があるか」

川手は部長を「しんちゃん」と気安く呼ぶ唯一の部員である。進藤は一瞬、ゴクリと唾をのみこんだ。児玉とMP。

「絶対に間違いないと、保証できるか」

「絶対に間違いない。警視庁の○○がハラに据えかねて、涙を流しながらおれだけに教えてくれたんだから」

「わかった。いこう。すぐ社にあがって書いてくれ」

飛んで帰った川手が書き始める。進藤が直接手を入れ、整理部へ。デスクは仰天、整理部長も自ら原稿を読み返しながら、

「進藤君、大丈夫だろうな」

「絶対大丈夫。警視庁キャップの川手がここにきて書いたんだからね」

トップ五段で朝刊に。用紙事情の悪い当時としては、破格の扱いだった。この記事は物議をかもした。進藤は日比谷交差点の角にある三信ビル内の米憲兵司令部に出頭を命じられた。憲兵のマークをつけた大尉から二世の通訳官をつうじて取材源を聞かれ、いえませんと答えると、「巣鴨刑務所行きだ。それでもいいか」と、怒鳴られたのに対し、進藤は「オーケイアイ ウイル」とやりかえした。いったん放免となったあと、こんどは田中栄一警視総監に呼ばれ、「だれが川手君にネタをもらしたか教えてくれ」と迫られる。進藤は激怒してやりかえした。

「あんたは警視総監じゃないか。あんたの部下が漏らしたんだろうから、その部下を庇《かば》ってやるというんならわかるが、反対に、おれに証言させて部下をMPに売るとは何事か」。いましがた司令部に呼ばれて同じことを聞かれ、つっぱねて帰ってきたことを告げる。

帰社すると、社会部全員が拍手で迎えてくれた。編集局内のあちこちからも歓声があがる。それからまもなく、児玉の顧問弁護士が社会部長に面会を求めてやってきた。Kという元検事で、進藤とは古くからの顔なじみ。応接室に通され、「何だ、君が社会部長とは知らなかった。ちょっと電話を貸してくれ」と、その場で受話器をとりあげ、

「児玉君、朝日の社会部長は君もよく知っているはずの進藤次郎君だよ。それでも告訴するのかね」と聞いた。話はすぐ終わった。

「進藤君、さすがは児玉だね。朝日の社会部長は君も知っている進藤次郎君だぜ、それでも名誉毀損で訴えるのかねと聞いたら、彼、即座に『あ、やめたあ』って、いいよったよ」

後章でみるように、浜口雄幸内閣の蔵相井上準之助暗殺事件の背後関係の取材をめぐって、進藤は児玉と出会ったことがある。児玉はそれを覚えていた。

数日後、こんどは児玉が直接電話をかけてきた。「お詫びかたがた晩飯をさしあげたい。あの記事を書いた記者さんもご一緒に」と、いたって低姿勢である。児玉にご馳走になるのは面白くないので、進藤はあらかじめK弁護士と連絡をとり、児玉の得意の料亭を調べあげ、指定の日の席の支払いは朝日にするよう約束させた。

料亭で児玉は照れて、

「今晩はすっかりやられた。喜んでご馳走になります」

進藤は川手を紹介する。川手はすましたもの。本人を目のまえにおいて、

「なあんだ、児玉、児玉とみな大騒ぎしてるが、こんな男なのか」と言い放った。よい勝負だなと、進藤はあきれてみていた。当の二人は大いに盛り上がった。川手が得意の浪花節をうなりだすと、児玉が間髪を置かず合いの手を入れる。絶妙の調和。二人はすっかり意気投合した。進藤は毒気を抜かれてみている。散会後、感にたえたように進藤はいった。

「川手君、君はヒラ社員から、いきなり社長になれる人だなあ」

進藤の予感どおり、川手は昭和五十一年に名古屋放送の社長に就任した。そのころ児玉は、田中角栄元首相らをめぐるロッキード事件に絡み、大きくクローズアップされたが、川手とはふたたび相見《あいまみ》えることはなかった。

(三) 人心収攬の「手口カード」

「おれには警察の取り調べを応用した手口カードがあるんだよ」と、川手が語ったことがある。社内、社外を問わず「バカヤロウ」と怒鳴ったあと、深夜に「昼間はご無礼した。よく考えてみたら、おれが悪かった。このままだと眠れないので、遅くになって申しわけないがお電話した。あすから仲良くしよう」と、切々と訴える。相手はこれで、コロリと参ってしまう。

「ここで喧嘩するの、損とみた」と、妙な節回しでいうのが口癖で、相手の出方、特質をよくみて的確に対処していく。言葉をあべこべに使うのがうまく、「そいつは霹靂《へきれき》の青天だなあ」「つつがなく」をもじって「ツツジがなく起こるね」といって相手の注意を引いたりする。はがきの最後に「情長紙短」と書いて悦に入っている。まだまだ情を尽くし切れないが、紙がなくなった。やむを得ず筆を置く、という意味らしい。

警視庁では、各課を丹念にまわり、その課のかかえる問題点や要求を聴いて幹部に対処してもらう、パイプ役を果たした。

一記者の身でありながら、警察の人事にタッチすることもあった。ある日、社会部に電話がかかり、「川手だが、いま斎藤の家にいるんだ。時間外（手当て）をここに持ってきてくれ」「どこの斎藤さんですか」と受話器をとった小池助男記者。「バカヤロウ、国警（国家警察本部）の斎藤（昇長官）の家に決まってるじゃねえか。いまここで斎藤と人事をやってるんだ。社にあがる暇がないんだよ」。

警察の裏情報にくわしく、「川手さんに睨まれたら飛ばされる」と、警察官僚のなかで囁《ささや》かれたこともある。警視庁にとどまらず、有名人との交際も頻繁で、妻ふさえは語る。「興銀頭取の中山素平さん（財界の巨頭）が、碁を打ちによくいらっしゃいました。斎藤さんや大橋（武夫法務総裁、内務省出身）さん宅とは行き来していました」。斎藤宅には夫妻で招待され、川手宅も斎藤を招いて食事をご馳走したこともあるという。

川手は絵が得意で画家を志したこともある。それにしても猪熊弦一郎、小磯良平、橋本明治ら大家と交流があり、東山魁夷とはそれぞれ夫妻同伴で一緒に旅行している。「欲がないから多くの人にかわいがられたのでしょう」とは、ふさえの川手評である。中学時代の友人の画家の絵を買ってやったことがあり、こうした親切が、人の輪を大きく広げてきた。

下山事件のあと、川手は警視庁キャップとなる。そのころのキャップの身分はヒラの部員で、次長職はまだ適用されていなかった。川手は書かざる大記者。しかしネタをつかんでくる腕の冴えはすごかった。明日はガサ入れ（家宅捜索）の情報をいち早くつかみ、取材グループを自宅に招いて、徹夜で「前祝い」をやる。試験を控え、こどもたちはうるさくて眠れない。が、我慢してもらう。翌朝、予約してあった社の車が自宅まえに到着。一同、車中の人となり、意気軒昂、現場に向かった。サービス精神旺盛で、社有車だけでは足りなくて山梨トヨタの社長をしている兄淳一に頼み、その車を借りて取材に回したこともあった。人の心を読み取るのが巧みだが、相手が誰であろうと、自分なりの筋をとおして譲らぬ頑固一徹さもある。編集局長の広岡知男が昭和三十二年（一九五七）六月のソ連訪問から帰国してしばらくたってのこと。川手は警視庁から離れて、デスクになっていた。社会部関係のゴルフ愛好者四人が、埼玉県川口市を会場とする第一回広岡杯争奪戦に出場した。メンバーは社内で一番ゴルフ歴の古い徳永哲哉をはじめ川手、吉岡正典、矢田喜美雄の四人。徳永と吉岡は警視庁クラブで川手とともに汗を流した仲間。矢田は同じ山梨県出身で川手と親しい。

吉岡がこのころには珍しい大型のマイカーを持っていて、三人の自宅を巡回して乗せ、会場へ向かう途中、中野区鷺宮にさしかかった。広岡宅がある。ひょっとしたらと、予感があたった。ハイヤー待ちの顔で、広岡が自宅まえに立っている。「仕方ない。無視するわけにはいかんな」。だれいうとなくいい、広岡を同乗させた。

広岡が優勝してカップを手にした。帰途、車内で広岡はご機嫌だった。川手はかみつく。「自分の名前を冠したカップを自分がもらうなんて、おかしいよ。次点の人にあげたらどうですか」。広岡は反論する。「正しいルールにのっとって試合をして、その結果、ぼくが勝った。だから、ぼくがもらう。どこが悪いのだ」。論争しているうちに広岡の家にちかづく。広岡がさそった。「ぼくは、きょう、とてもうれしいんだ。君たち、ちょっと寄らないか」――。広岡にしては珍しい。だいたい広岡は無愛想で、経済部長のとき、年始に訪れた部員二人が

「明けましておめでとうございます」と挨拶したところ、「おめでとう。何の用だい」。二人は這《ほ》う這《ほ》うの体で引き揚げたという。正月ぐらい家で休めばいいと思ったのか、虚礼を嫌ってなのかどうか。

それはさておき、当時としては珍しいステレオ付きの電気蓄音機のある部屋に四人を招じいれて、「ぼくだって悩みがあるんだよ。そんなとき、クラシック音楽を聴いて心を慰めているんだ」と、広岡。そして、訪ソしてフルシチョフ共産党第一書記から記念にもらったナイフをみせ、北欧の銘酒を出した。広岡はビールをコップ半分飲んだだけで眠くなる下戸である。その代わりにと、四人はいっせいにグラスを傾けた。

広岡は「フィンランディア」をかける。その間にも川手と広岡はカップを返せ、返すもんかと論争を再燃させる。矢田が眠りこけ、いびきをかきだした。徳永が矢田を突っつく。目をさました矢田は、突然たちあがり、「偉大なるベートーヴェン、ばんざーい」と、両手を大きく広げた。深酒がきいて、矢田はベートーヴェンとシベリウスの区別もできない。川手は嫌がることもかまわずに、カップのことでしつこく追い回してくる。広岡のがまんは極点に達した。

「きみら、帰れ」。四人は川手を先頭に、悠然と立ち去った。

二年後の二月、川手は特信部（のちの電波報道部）の部長に。ここは新聞原稿をラジオ用に書き直して民放に送稿する新設の職場で、既存の部の理解が得られにくいハンディがあった。

川手は就任挨拶で部員を励ました。

「特信部は名前のとおり、特に信用されている部なんですよ」。仕事の終わった部員を飲みにさそって悩みをきく。休刊日に家族参加で日帰りの半舷旅行を二交代でやった。家族参加が泣かせる。三浦半島の下浦海岸で地引網をやって、七歳のこどもも参加した。「よいしょ、よいしょ。網が見えたぞ、がんばれ」と、川手が地声を響かせる。当時部員だった田島恭二は、「川手さんは率先して名所、旧蹟を案内していくんです。気を使っていました。連れていった長男も、楽しかったと、とても喜んでいました」と懐かしんでいる。

別の休刊日の半舷では「御用だ、御用だ」。宴席せましと英姿サッソウの大立ち回り、川手十八番の芸に、一同大はしゃぎだった。

昭和三十六年（一九六一）十二月、請われて名古屋放送へ出向。

それまでには曲折があった。新設の名古屋放送の社長はトヨタ自動車販売会社社長の神谷正太郎と決まっていた。そこで川手は山梨トヨタ社長の兄をつうじてひそかに神谷と会見、慎重のうえにも慎重を期し、そのうえでやっと承諾した。豪放、あるいは一見粗野のようにみえて、じつは非常に用心深い性格が現われている。開局の翌三十七年は常務東京支社長に。

新設のテレビ局は新聞社間の争奪戦が激しく、出資率は地元事業主を主体に許可していた。新設の名古屋放送の場合、朝、毎、読の各一二パーセント出資に規制されていた。そこで朝日からは人材の出資を図り、出向を活発化した。名古屋放送はネットワーク上、欠かせぬ重要な中継局。大阪への通り道である。既成局は四チャン日本テレビと一〇チャン日本教育テレビ（のちのテレビ朝日）の二局ネット。日テレの近藤社長の死去後、名古屋放送は日テレから離れ、テレビ朝日誕生につながる。ネットのねじれを解消したわけで、川手の演出。剛腕をふるい、名古屋放送を大きく育てた。

東京支社長時代に、朝日出稿部のデスクから名古屋本社に転勤となった人が別れの挨拶にきた。落胆していて、経緯を語る。話を聞いて「おおい。封筒をもってこい」と部下を呼ぶ。内懐から財布を取り出し、「何だ、これしかないや」。「あり金」は三万円。フウッと封筒をふくらませ、三万円を入れると、「少ないけど、持っていってくれ。達者でなあ」。訪問者は涙顔。押し戴いて辞去した。昭和三十七、八年の三万円は、新入社員の時間外手当をふくめた全収入に相当する月額である。やがて、「おおい、また三万円入れとけ」。空になった財布に社費三万円が入れられた。これも、一流の芸のうちである。

川手が名古屋の社長のころ、さきにみた徳永哲哉が朝日北海道支社の新社屋建築事務局長として、つぶさに辛酸をなめた。ホテルと新聞社を併設した総合ビルを建てるという空前の事業である。リサーチからはじめ、設計、経営、工事完成まで五年がかり。徳永は家庭をかえりみず、単身赴任でやりとおした。その苦労を川手は知っていた。川手は徳永の家に電話をかけ、妻春子に「奥さん、たいへんでしたね」と、丁寧に、ながながといたわりの言葉をかけた。そのあと、徳永に会って、奥さんにと、カルティエの高価な腕時計を贈った。警視庁時代から二十年以上もたっているのに、この思いやり。川手の長女上田聖子は、父親を「人たらしなんですよ」という。

警視庁キャップ時代、直接関係のない遊軍記者が病気あがりで出勤してきたさい、熟睡できなかったのかとか、しきりに気をつかっていた。サツまわりから警視庁担当と決まった伊藤牧夫記者は、「おまえはどこを持ちたいんだ」ときかれ、「交通や防犯です」と答えたらロンパリの目がギョロリ。「バカヤロウ、おまえはコロシだ」。えらいことになったと思った。ところが、怒鳴られたのとは違って、川手は伊藤の希望どおりにしてくれた。伊藤は造船汚職事件で東京地検詰めとなるまでの七ヵ月間、川手に事件や捜査の判断の仕方から人生訓にいたるまで、みっちり仕込まれた。事件の解明にてこずっているとき、「おい、ホシが割れたぞ」と、どこからともなく情報を持ってくる。カンどころ、ポイントをピシリとおさえる大キャップに、若い記者たちは脱帽した。

慎重さ、多情さ、義理堅さ、人情深さ、とあげていくと、近代的な侠客像が川手の姿にだぶってみえる。代議士であり地方の素封家でもあった父親の性格を、色濃く受け継いだのではないか。

二、激動期の警備、公安担当〈横木謙雄〉

霞が関人事院ビル四階の警察庁次長室に隣接している次長付（秘書役）の部屋に警備、公安担当の横木謙雄《かねお》記者が、すさまじい勢いで駆け込んできた。昭和三十二年（一九五七）のある日の夕刻である。福沢盛吉次長付に向かって、横木は「ふくさん、五分でいい、次長に合わせてくれ」。柏村信雄次長（のちに長官）は、よんどころない事情で帰宅を急いでいた。福沢がそういうと、「それじゃ三分、いや、二分でもいいんだ」。やりとりをしている間にも、柏村は部屋を出てしまっているかも知れない。窮余の策で、福沢は次長の公用車のナンバーと帰宅の進路をメモ書きして手渡した。警備畑出身の柏村は慎重で、帰宅進路が毎日異なっている。横木はそれをひったくるようにして、階段を駆け降りた。

駐車場に待たせてあった社の車に乗る。日ごろ、車は自分の命だといい、片時も離さない。夜明けまで付き合わされる運転手もいた。一路、甲州街道から中野坂上方面へ。柏村の車を追い抜き、前面に出て窓から手を出し、止まるように合図する。車が少ない時代なので、追い抜きが簡単にできた。車外に出てきた柏村に横木は、それまでに取材したデータの確認を求めた。

柏村はあとで、なぜ自分の帰途の道順がわかったのか首をひねっていた。が、福沢が教えたと気づいたことだろう。そして横木が庁内の職員に信頼されていることも感じていたにちがいない。柏村にとっても、さっぱりした性格の横木は親しい存在であった。大きな事件を取材するたび、横木はこのようにしてトップにあたり、確証をつかんだ。

横木謙雄。公安関係の取材先の信用は絶大だった

この調子で打った超特ダネに、三無事件がある。「さんゆう」と読む。六〇年安保の熱気さめやらぬころに発

生した。昭和三十六年（一九六一）十二月十二日付け夕刊一面と社会面に、「陸士出身者ら十三人逮捕、首相ら暗殺を計画」「警視庁公安当局九月から内偵」「動機は共産革命阻止」と、大きな見出しがおどっている。号外も出た。各社は横木の潜行取材と完璧な紙面に声も出なかった。

事件の首謀者は元陸軍少将・桜井徳太郎、元海軍中尉で五・一五事件の決行者三上卓、元川南工業社長・川南豊作らで、三無とは「無戦争」「無失業」「無税」をいい、これを共産主義から国を守る最大のスローガンに掲げていた。三無政策実現のために自動小銃、ピストル、手榴弾で武装して国会に乱入し、池田勇人首相ら内閣の政府要人を殺害しようという無謀な計画である。警視庁の特別捜査本部により、年明けまでに検挙者は二十二人に達し、うち十人が起訴された。

首謀者は自衛隊幹部に働きかけたが、自衛隊は動かなかった。自衛隊首脳部には警察庁から出向した幹部がかなりいて、横木は警視庁公安部と自衛隊首脳部の動きから捜査を察知。数ヵ月にわたって追跡した。警視庁では、まず一線の刑事からあたってデータを集めて積み上げ、公安関係のトップにダメ押しをしたようだ。

昭和三十八年（一九六三）五月一日、埼玉県狭山市で帰宅途中の女子高生が殺害される狭山事件が発生した。二十三日に地域の一青年が別件容疑で逮捕された。朝日が抜いた。横木がスクープの中心らしいと当時の他社の、あるキャップはいった。そのキャップの推理によると、事件の所管は埼玉県警にあるが、横木は警察庁の刑事局から「例のコロシで動きがあるよ」と示唆をうけ、県警幹部に問いただしたのではないか。追及の仕方も厳しく、「はっきりいわないと、きみの立場が悪くなるよ」ぐらいのことはいったかも知れない、というのである。

横木は日本海を間近にした新潟県北蒲原郡紫雲寺町（現新発田市）出身。地主の長男だが家庭の事情で苦学しながら日大専門部（法学部）を卒業。途中で軍隊経験も経て昭和十八年（一九四三）、朝日に入社、千葉、秋田支局、通信部、調査部に勤務。二十四年七月、三鷹事件発生のころ社会部に転じ、八王子支局からスタートした。色白で、赤い厚い唇、ふっくらした頰。肩幅の広い、柔道三段の堂々とした押し出しに加えて、無類の勘のよさをもつ。どこへでも足を運び、警察庁、警視庁の隅々にまで目をそそいだ。

背広の上衣の両襟の端を二本の指で軽くつまみ、「おっ、長官はいるか」と声をかける尊大な様子に、他社の記者たちは「川手の真似をしてるな」と感じていたが、前記の福沢は、「マナーのよい人」とみていた。福沢は語る。

「記者のなかには私たち秘書を無視して、勝手に次長室や長官室に入っていく人がいました。横木さんは違う。かならず私たちに了解を求めてくれました。次長に会いたい日時を事前に連絡してくれる。態度が大きいので最初はカチンときたが、何回かお会いしているうち、相手の立場がよくわかる苦労人だなと、わかってきました」

差し向かいで質問するときは直視せず、目をそらす。正対を避けるのは、相手を警戒させないための工夫である。疋田桂一郎に、「きみみたいに相手を正面から見つめるようじゃ、事件記者にはなれないよ」と忠告めいたことをいっている。

歩きながら質問するときは左手をポケットに、右手を相手の背中にまわし、いたわるようにして話しかける。国警都本部警備担当時代の土田国保（のちに警視総監、防衛大学校長）もこのようにして四階の部屋から廊下、階段、玄関までと吸い付かれた。大柄で威圧感があり、「釈放」してくれたときは、ホッとしたという。「一見、心臓の強い人だと思ったが、付き合ってみると、意外に繊細な神経の持ち主で、思いやりのある人柄」とは、土田の横木評である。

昭和二十七年（一九五二）のメーデー騒擾事件、小河内村山村工作隊事件をはじめ物情騒然たる時代。警視庁公安課長時代の富田朝彦（のちに宮内庁長官）が夜遅く、新婚早々の目黒の碑文谷官舎に帰ってみると、横木が応接間にいて「上がりましたよ」と、けろっとして鎮座し、主の帰宅を待ちわびていた。富田の妻知子は普段、夫から横木の評判をきいていて信用しているので、「奥さん、上がるよ」といわれて、すんなりと入れたのである。富田は安ウイスキーでもてなし、ずいぶんと取材された。

「豪傑さんですね」と、すまして知子は酒を運ぶ。正月には官舎に布施健（のちに検事総長）や岡崎格（のちに大阪検事長）、それに横木も訪れて検、警、マスコミの三者会談がにぎやかに繰り広げられた。

富田によれば、横木は「予断をもたない。一言の裏を読みとって記事にする。事実を事実として追及する。大げさに引き伸ばしたり、わがための記事を書くことはまったくなかった」記者で、富田の信用は厚かった。

社会部で横木は警察庁と警視庁を交互に担当した。人事院ビルにある警察庁記者クラブでは、記者の真価を示そうとするのか、横木は会見のたび、かならず五分か十分遅れてくる。秦野章捜査課長（のちに警視総監、法相）の記者会見のとき。遅れてきた横木は着席するなり、「課長、刷り物はないのか」。大きな口をききやがる。怒って顔を真っ赤にした秦野は、じっと我慢して、補佐に要点を印刷して持って来るようにいいつけ、「十分ほど待ってくれ」と、コーヒーを出させる。

このあたり秦野は人も知る苦学力行の士であるだけに、よくのみこんでいる。秦野も日大出身で、横木の先輩という気安さも横木にはある。「ヨコさんはすごいな」と、他社の記者たちはパフォーマンスにしても感心する。

人事院ビルの地下に古びたレストランがあり、横木は深酒をした翌日、昼食にはかならずそこからビフテキをとり、記者クラブのソファーにあぐらをかき、厚い唇を動かしてパクついていた。食事がすむと巨体には似合わぬ機敏さで出かけ、公安関係の特ダネを抜いて、各社のマージャン狂を総立ちにさせた。横木がビフテキを注文すると、各社の記者はそわそわしはじめる。警察庁内で、いわゆる「廊下トンビ」という、各課をこまめに回る取材がはじまるのだ。

そうかと思うと、妙に世話好きなところがあって、年末にクラブでご用納めの会合を開くときなど、率先して肉類の買い出しに出かけ、七輪に火をおこして酒宴の準備をする。クラブで若手の産経新聞の記者末永重喜に娘が生まれたとき、デパートから乳母車を贈って末永を感激させた。若い記者の懐《ふところ》具合も察知していた。

自分もよく飲むし、人にも飲ませる。本富士署管内の飲み屋で他社の記者と一杯やりながら署長を呼び出して盛りあげ、「それじゃ署長、あと（の支払い）を頼む」といってお開きになることもあった。ふだん、借りをつくらぬ付き合いをしているから、こんなことも可能となる。警察庁から警視庁キャップに替わるとき、「引っ越しそばを出せよ」とのクラブ員の要望をうけ、気前よく十人分を振る舞っている。

こんな調子で、横木はカネ離れがいい。昭和二十八年の晩秋、深夜。「新井いるか、一高東大が何だ」と、大声をあげて横木が三階の社会部に入ってきた。当直の記者は四階の食堂にあがっていて、部内はデスクの小島安信と部付きのコドモさんだけ。新井幸彦《ゆきひこ》記者は裁判所担当で、横木とは論争相手である。新井がいないので拍子抜けしたのか、やおら「じつは、取材費を何とか」と、小島に小声で頼んだ。小島はだまって出金伝票に「二千円」と書き、編集庶務部から支出された現金を横木に手渡した。千円あれば、たっぷり飲み食いしてもお釣りがくる時代だった。新井をだしにした手のこんだ取材費要求である。

後年のこと、千葉支局長の横木は、「特捜の新井」と検事からも一目置かれていた記事審査部次長の新井と、新聞記者に対する当局側の取材妨害をめぐり、反論、再反論と社内報『えんぴつ』のなかで大論争を展開している。横木は現場記者を守る立場であった。

また、横木は若い人と語るのが好きで、宿直の夜、デスクが帰ったあと、庶務のコドモさんを相手に人生論、取材論に花を咲かせた。八角机をたたき、「おい、この机、鉛筆、電話機、この広い編集局、これらはすべて、われわれ人民大衆のものなんだぞ。資本家階級の独占物ではないんだ。どうだ、おれだって、その気になりゃ、このくらいの演説はできるんだ」といったかと思うと、「共産党員だからといって立派な人ばかりではないんだ。観念的に考えると間違えるんだ」と戒める。

「共産党は暴力革命なんかやるより、議会で多数を取ったらいいじゃないか」と、昭和二十年代に社内の一部にわだかまっていた、暴力を是とする「ブルジョア民主主義革命否定論」を打ちくだいてみせる。その後の時代の流れは、横木の正しさを証明した。

このころ、社会部の宿直は三人。年齢的にも横木は大記者に属していたが、事件と聞くや真っ先に飛び出した。

警視庁キャップ時代の横木は、新入りがくると庁舎屋上に連れ出し、「先輩を尊敬し、仲間同士は仲良く」と説示。「山上の垂訓」といわれた。

横木はやがて千葉支局長になる。支局長時代も「警察から目を離すな」と口を酸っぱくして厳命した。通信部長の岡田録右衛門に、「定年までこの仕事をやらせてください」と頼み、そのとおりになる。型破りの支局長である。午後六時締め切りの市長選の投票時刻を午後七時と、一時間おそく間違えて、紙面にのせたことがある。そこで横木は一計を案じ、県内の消防署の広報車を集めて、「締め切りは六時までです」と、宣伝してもらった。結果的には棄権防止に役立ったかも知れないが、横木ならではの離れ業であった。

住宅公団の汚職があった。「なにぶん古い事件なので」と県警本部が難色を示していると知り、横木は幹部に「第一線の捜査員に申し訳がたつのか」と抗議、捜査に着手させる。担当記者には「あすの夕刊に書け」と命じた。

通信局長の娘が奇病にかかったときには、親身になって入院の面倒をみた。言動、態度に問題あるとみた支局員には、そっと呼んで注意する。他の支局員のいる前では叱らない。

外に対しては毅然として報道の姿勢を貫くとともに取材妨害、捜査の怠慢などの不当な行為を糾弾し、反省を求める。内に対してはきめ細かい配慮。状況に応じて適切、果断な行動をとる。横柄な支局長だと思っていた支局員も心服していった。

やがて定年。神田三崎町にある母校の日大新聞の社長に就任する。社内の会議室でマスコミ論を随時講義した。朝日の後輩がたずねていくと、「おれは、先生と呼ばれているんだよ」と、うれしそう。編集作業中の学生に後輩を紹介し、「本物がきたぞ、何でも質問してみろ」と、ハッパをかけた。

日大新聞は平成二十年に発行部数十四万部。全国学生新聞のトップ級にある。横木の情熱は学生たちを即戦力の記者に育てあげていった。

夏休みの二週間、福島県郡山市などで開かれる合宿では模擬取材をやらせる。一年生の部員が取材記者となり、先輩が長官、総監役。そのやりとりを横木がそばで見ていて、所見をのべる。顔の広い横木は各社の現役記者にきてもらい、記事を取材した動機、経過などを公表してもらう。就職の世話も喜んで手がけた。

日大理事長の柴田勝治と親しく、学内紛争の解決に協力し、活動している。昭和五十四年（一九七九）七月二十日付け日大新聞には、入試問題不詳事件にからみ、「日本大学回生への道を求めて」と題した十一段抜きの横木の手になる論文が掲載されている。大学当局の反省、関係者の処分、一部新聞の誤報訂正要求、再建の方途を論じたもので、雄勁《ゆうけい》で周到。母校愛がほとばしり出た大文字である。

特ダネ記者はロクに書けないという固定観念がある。これはまったく偏見であることを横木の一文は雄弁に物語っている。

没後毎年、日大の後輩たちが追悼のつどいを開いている。押しは強いが、えらぶらないので学生にもてた。横木にとって千葉支局長、日大新聞社長時代が記者活動の集大成であり、もっとも充実した時代だったといえるだろう。

三、記者人生自体が事件史〈長谷川一富〉

地を這うような取材。謙虚。自分を無にしてかかる。サツ記者の花形といわれ、その葬儀には感きわまって涙する人の姿も数多くみられた。長谷川一富。その名を慕う記者はいまだに多い。

終戦前後に起きた小平事件にはじまり、幼児約百七十人を餓死させた寿産院事件、帝銀、下山、三鷹、八宝亭と、混乱・窮乏期の世間を驚倒させるような事件が都内であい次いだ。少なくとも戦後五年間、記者たちは妻子さえ忘れるほど超多忙の時をすごした。少し世の中が落ち着いてきた昭和二十年代の後半にはメーデー騒擾事件、暴力革命路線にからむ火炎瓶事件、三十年以降には幼児誘拐が三件（うち二件は殺害）、安保闘争、三河島電車事故とつづく。それらどの事件にも長谷川は必死に、泥まみれになってタッチし、走りまわった。

長谷川は推理や独断では決してペンをとらない。足をフルに動かして確かめた。小平義雄による女性連続殺人事件。若い女性で行方不明になって未解決のこの事件を長谷川は調べ、小平が関係していないかと、捜査員を問い詰める。「落としの八兵衛」といわれた警視庁捜査一課の名刑事、平塚八兵衛が生前に語ったことがある。

「記者がデータをもってくると、こっちもつい乗り出してしまう。長谷川さんは細かく調べてきて、これは小平が関係していないかと問い詰めるんだ。われわれも小平に目星をつけている段階なので、ちょっと困るんだ。寝かせてくれよといって二階にあがったが、朝になって下に降りてみると、玄関の狭いところにまだいて、『おはようございます』と大きな声でいわれた。これには参ったな」

別の事件で平塚が朝、現場に出かけようとしたとき、家族が「長谷川さんが玄関の前に立っている」と知らせた。平塚は二階から裏の墓地に飛びおりて、まいたことがある。

かつての同僚小池助男の話から、長谷川の取材ぶりをたどってみる。

警視庁の地下に留置場、一階に取調べ室があって、階段でつながっていた。取調べ室の外側に炭俵があって、長谷川はそのなかに体をしずめ、帝銀事件の容疑者平沢貞通の取り調べの様子を壁越しにしっかり聞いていた。

帝銀事件とは昭和二十三年（一九四八）一月二十六日午後、東京豊島区椎名町の帝国銀行椎名町支店に、都のマークの上に「消毒班長」と墨書した腕章をつけた中年の紳士風の男がやってきて起こした、残忍きわまる大量殺人事件である。男は「このちかくで集団赤痢が発生したので、（米）進駐軍の命令で消毒にきた。これを飲んでおけば赤痢にかからない」といって、支店長代理ら十六人に茶碗をもってこさせ、自分も実演して「薬」を入れて飲んでみせた。進駐軍の命令とあれば絶対の時代で、十六人がこれに従ったところ、もがき苦しみ、地獄図絵の状態と化した。十二人が床をかきむしりながら死亡、支店長代理ら四人はかろうじて助かったが、口もきけぬ状態だった。

犯人はその間に現金、小切手を奪って姿を消し、差し出した名刺もなくなっていた。捜査陣の懸命の追及の結果、平沢が逮捕された。

花形事件記者・長谷川一富

平沢の取り調べに耳を傾ける長谷川の執念はすさまじく、平沢の手記を抜いた。この記事は犯行自供後の十月七日付けに「凶行の悪夢に悩む」という見出しで大きく掲載されている。

「いま、仏心にかえって一切を懺悔《ざんげ》する」という書き出しで乱れた女性関係、家庭不和、戦災で家が喪失したあとの生活苦、テンペラ画会のために資金を集めたい気持ち、そういったものが自分に犯行を迫ったと吐露している。

平沢は毒物の飲ませ方を実演してみせ、その写真が残っている。

平沢は十月六日、自ら「神人ともに許さざる大逆無残の大悪人」として、罪を悔いる千三百字にあまる手記をまとめているが、二十二日、主任弁護人に面会すると、「検事の誘導尋問にはめ込まれた」と一転して犯行を否認。昭和三十年（一九五五）四月、最高裁大法廷で死刑が確定するが、執行されずに一生を終えた。

後輩で警視庁キャップの経験者、秋庭武美による長谷川のエピソードを挙げる。

「平沢一部を自供か」といった取り調べ内容が、しばしば朝日に出る。警視庁の幹部は、朝日に情報を流している「犯人」を突き止めようと懸命になったが、わからない。そのうち、ふとしたことから取調べ室の天井に気づいた。変な物音がかすかにする。どうやって取調べ室の天井に入れるのか。調べたところ、通風口だとわかった。刑事たちは一計を案じ、せまい通風口のなかにコールタールを流し込んだ。しばらくして予想どおり長さん《ちょう》こと長谷川が這い出てきた。コールタールで見るも無残な姿になっていた。

取調べ室の話をもう一つ。ある日、二階で容疑者を取り調べていた刑事が、ふと外に目をやると、窓の外にかすかに靴がみえる。長さんが幅十センチぐらいしかない窓のへりに足をのせ、窓の上の手すりにしがみついている。大声を出せば驚いて落ちてしまうかも知れない。「武士のなさけ」と刑事は黙認した。

捜査二課担当のころ、茨城県下で家宅捜索があった。長さんが交じっていた。「ここまでついて来たら仕方がない」と係長はあきらめ、捜索に出かけた。が、捜索後、長さんは係長にささやいた。「すみません。帰りの汽車賃を貸してください」

警視庁に暖房がなかった時代、刑事たちは、朝八時半には七輪で火をおこした。その時刻に長さんがかならず現われ、「おはようございます」と、大声であいさつして回る。

長谷川の早出はキャップになってからも変わらなかった。朝十時には記者クラブに大声とともに到着する。それも、あまり早くいって泊まりの記者の目を醒まさせては悪いので、警視庁までの堀端をぶらぶら歩いて時間を調整していた。他社の記者がそれをみている。連日のように、このぶらぶらをやり、それでいて夜はおそい。午前零時ごろまではいつもいる。酒を飲んでも朝は早かった。

当時、産経新聞の警視庁詰めだった久米茂（のち石井姓に）は、「長谷川さんは丁寧な人で、朝日にこんな人が、と感服したものです」と、つぎのように回想する。

昭和三十一年（一九五六）秋のある夜、国電王子駅ちかくの交番が爆破され、警察官が負傷した。久米が現場にとびこむと、長谷川がいた。知り合ってまだ三ヵ月ほど。太い眉、眼鏡越しに光る力のこもった目。背が高く、ごつい体つきに似合わぬソフトな物腰。言葉づかいが穏やかなのに久米は脱帽した。

交番爆破事件だが、警視庁は捜査一課の足立梅市課長以下総がかりで当たるも、手がかりがつかめない。各社ともに苦闘している。久米は共同戦線を組んでサツの鼻をあかそうと、長谷川に「よろしく」と頼んだ。久米はそのとき、朝日の整理部員に親戚がいるのを利用した。「へえ、そうですか。よく知っている先輩です」と長谷川は答え、深々と頭をさげた。「おれには、こんな真似はできないな」と、久米は、また感じ入った。

連れだって聞き込みをはじめた。長谷川はどの家にも丁寧である。ブン屋はえてして肩肘を張るものだが、朝日はこういうふうに教育しているのかと、久米はひそかに舌をまいた。

事件はついに迷宮入りとなる。ご苦労さんと、二人で一杯やった。二人ともいけないクチで、すぐ赤くなる。席をたち、帰ろうとすると、「久米君、爆破でけがをしたおまわりさんの見舞いにいきませんか」という。警察病院をたずねた。「いま、眠っています」との看護婦の言葉に身をひくことにした。長谷川は花束と封筒を託した。封筒には二人の見舞金が入れてあった。提案したのはむろん長谷川である。「幾人かの記者に出会ったが、その第一等に輝いているのは長谷川さんです」と、石井は晩年にいたるも敬服しつづけている。

古い記者の話によると、ある晩、品川駅の表口で長谷川が花束を持って立っていた。聞くと、刑事の夫人が亡くなったので、刑事が葬式から帰るのを待っているのだという。警視庁は刑事の住所を隠しているので、品川駅で降りるという情報だけで、長谷川はじっと待っていたのである。

長谷川は昭和九年（一九三四）、十三歳で朝日横浜支局の給仕になった（のちに「原稿係」と呼ばれる。通称「コドモ」）。働きながら夜は横浜専門学校（現神奈川大学）にかよい、昭和十七年には入社試験に合格、正社員になった。兵隊から帰り、昭和二十年十月から警視庁担当に。

長谷川が家に帰ったのは、一ヵ月のうち三日だけという激務の連続もあった。妻のエイ子が取材本部に下着の着替えを届けにくる。長谷川は同僚の目を避けながら、あわただしくそれを受け取っていた。

捜査員宅に夜回りにいく。他紙の記者が先にきて家にあがっているとき、平気で割り込むのがいる。長谷川はそういうとき、玄関ちかくに車を置き、車内で待機している。他紙の記者が取材を終えて外に出てきたとき、「やあ、ご苦労さんです」と声をかけ、入れ替わりに家に入る。相手は恐縮する。

円満で礼儀正しい長谷川だが、荒れる時もあった。朝日、毎日、読売など、戦前からの新聞七社が加盟している「七社会」と呼ばれる記者クラブが、警視庁の二階にある。戦後まもなくできた「警視庁記者クラブ」が三階にあり、NHKなどが加盟していた。NHKの警視庁詰めの記者岡田登喜男が正月三が日のある日、朝日のボックスに降りてきて、羽鳥和男記者と雑談を交わしていたときのこと。突然、ビールの空き瓶が飛んできて、各社を囲う板に当たってくだけた。

「バカヤロウ」「バカヤロウとは何だ」「ふざけるな、てめえ」。どなりあいの喧嘩がはじまった。長谷川と某紙キャップの取っ組み合いの大喧嘩となる。椅子や一升瓶も飛び交う。誰も仲に入ろうとしない。羽鳥は冷や酒の入った茶碗を口にしながら、「このクラブじゃ、こんなこと、よくあるよ」と、にやにや笑っている。「酒を飲むと長谷川さんもガラリと変わるんだな」と、岡田は感慨深い面持ちで筆者に語った。

抜いた抜かれたの激烈な競争の日々である。ちょっとしたことでも、酒が火種となって喧騒の渦が巻き起こる。ストレスのため、病気で倒れたり、自殺するキャップもいた。おとなしい長谷川だが、やはり荒れることもあった。少し酔って帰宅し、脱いだ靴をいきなり窓ガラスにぶつけ、大きなガラスを四枚割ったこともあったという。

家庭では養母が「かずさん、かずさん」と呼んでかわいがった。養母と妻エイ子は、二人ともカラッとした性格で、よく口論をまきおこした。長谷川が入浴中、二人がやりあう。おさまるまで長谷川は浴槽から出たり、入ったり。「『おまえたち、いい加減にしろよ。おれは風邪ひいちゃうじゃないか』と、よく主人はぼやいていました」と、エイ子は懐かしんで往事を語った。

「ぼくは働きながら通学したハンディがあるから、人並み以上に勉強しなければ」とエイ子に誓って、休日は読書三昧。羽鳥がよく遊びにきて、二人でギョウザをつくって楽しんでいた。

羽鳥も横浜支局で原稿係をつとめたことがあり、長谷川の後輩である。長谷川に似た突進型。底辺で暮らす人たちに接触する場面を、総合雑誌に写真入りで紹介されている。「貧者への共感と為政者に対する憤りが若い顔にあふれている」と書かれた。ある事件の取材で羽鳥が地方に出張した際、県警幹部の発表に誠意がないとして「おまえなんか吹っ飛ばしてやるぞ」と、怒鳴りつけたという話が警視庁記者ＯＢの間で語り草になっている。編集局長の広岡を夜間、電話に呼び出しし、「おれたちが体を張って働いているのに、局長室はたるんでるんじゃないのか」と「意見具申」し、翌日、宮本英夫社会部長から、「局長にいうまえに、ぼくにいってくれよ」とクギを刺された。朝日テレビニュース社のデスクに出向後、脳出血で急死。三十八歳の若さだった。

羽鳥の妻君子はその後、経理事務の仕事をして二人の女児を育てていく。その遺児に、長谷川は盆と暮れにチョコレートなどの詰め合わせを贈り、進学時には学用品を送った。

「主人の命日に、横浜の墓地にいくと、新しい花が供えてあるのです。長谷川さんが、ひと足さきにきて、供えてくださっていたんです」と、君子の思い出のなかにも長谷川は生きている。

警視庁捜査一課担当だった羽鳥和男

長谷川の親切には度外れのものがあった。クラブで懇親会があった日、机の下に手をいれて、向かい側にいる他紙の記者に何かを渡した。財布だった。若いのだから遊んでこい、という意思表示で、財布をまるごと、とあって相手はお礼の言葉もでなかった。

昭和三十六年に入社した後輩に、

警視庁キャップの長谷川は二百字詰め原稿用紙十二枚におよぶ手紙を書き送り、サツ記者の心構えを吐露している。警視庁クラブ十三年余の体験で、要旨は次のようなもの。

クラブに着任早々、連日のように抜かれて、新聞をみるのが怖くてならなかった。（注・自宅のある）横浜からの電車内で人が新聞を読んでいるのをのぞいてみると、特ダネをやられている。社会面の大半を占めているほどの殺人事件を抜かれていたこともあったし、汚職事件をやられて青ざめたこともある。自宅に引き返そうと思ったことも何回か。痛めつけられて、ここまで耐え忍んできた、というのが、いつわらざる心境だ（中略）。つねに戦いだ。勝つときもあれば負けるときもある。記者生活は戦いの連続だ。戦い抜く闘志だけは失いたくない。こんなことを書いたのは、焦らず、自分のペースで進んでほしいといいたいためだ。

警察担当記者の心がまえだが、誠実をもって当たれば、相手は必ず反応する。思わぬところに味方はいる。刑事は一言居士だ。じっくり相手の気持ちに溶け込んでいくのが一番よい。深夜まで頑張っていれば、よいネタもひっかかる。警察ばかりにへばりつかず、街へ出てネタをひろうことも大切。

事件、事故はつとめて現場を踏むこと。話だけきいても記事は書けぬ。現場でつかんだネタには生彩がある。ネタがよければ小細工しなくても立派な記事になるものだ。

新聞をよく読むこと。社会面でなく、他の面からヒントを得て書くことが多い。新聞記事の切り抜きをし、知能犯の傾向をメモする。これを当局にぶつけてみれば、こんな例もある、といわれ、ちょっといける記事になる。

他紙の記事も熟読し、学ぶこと。自分の小さな記事でも切り抜き、取材の反省などを書いておくと日記がわりにもなり、後日、よい思い出となるものだ。何か参考になるものがあったら送る。別便で警務要鑑を送ったので利用してほしい。

裁判所の判事は口がかたいが、親交をつづければ逮捕令状をとりにきた場合、ヒントぐらい与えてくれる。新判例の説明もしてくれるだろうが、判決のことはあまり聞くな。判事の生命でもあるからね。簡易裁判所には面白い判決があるものだ。これから選挙シーズンなのだから、大きな事件とともに、警察を指揮する地検検事をマークしておくことだ。弁護士会は会長と親しくしておけば、警察の裏の取材ができるだろう。刑務所は獄舎内の話題など、書けることも出るのではないか。顔写真集めはあまり無理するな。後味が悪い。

警察幹部に会う場合、日ごろ取材に回っている各署、各課の気風や良い面、悪い面を説明すると話題がほぐれ、発展する。幹部には大事件のとき、ダメ押しすることが必要になってくるので、暇があれば会うに越したことはない。

いやな仕事や小さな仕事でも喜んでやるようにすれば、先輩の期待に応えるものが出てくるでしょう。

いつの時代にも通用する警察、事件取材の要諦である。補足すれば、長谷川が指摘するように、弁護士をつかむことが事件取材に欠かせない。弁護士をつかんでおけば、進行中の事件概要や裁判記録を知ることができるし、本紙（全国版）向けの記事も出てくる。さきにみた疋田の提起した「支店長の自殺」も、弁護士からの材料を引用している。弁護士が議員になっている場合は議事録をみて、当の弁護士の質問テーマを読み、それを取っ掛かりにして接触すると話が早い。警務要鑑は警視庁教養課が編集し、財団法人自警会が発行したもので、関係法令、逮捕手続き、検証調書法などの書類作成要領が記載されていて、容疑者取り調べの方法がわかり、取材にも役にたつ。

ざっと二十年を事件記者で一貫した長谷川は、航空部デスクへ。ここでもサツ記者の本領を発揮した。大事件、事故、天災が発生すると、警察庁、警視庁、消防庁、県警本部から直接情報をとり、社機に流す。お手のものだった。航空部長だった渡辺真四郎の話によると、長谷川には事件記者の大きな蓄積のほか、日ごろからこつこつと膨大なメモ、資料、切り抜きをつくり、用途別に整理していた。ひとたび本社機が韓国や返還まえの沖縄、硫黄島などに海外飛行するとき、長谷川の活躍はめざましかった。運輸、外務両省、米、韓大使館、防衛庁、米第五空軍司令部などへ、さっと出かけて交渉する。控えめで真剣な態度が相手を動かした。

日本航空の「よど」号ハイジャック事件のとき、朝日機だけが韓国・金浦空港に飛べたのも、長谷川の素早い対韓交渉の成果だった。

事件記者のタイプとしてみると、川手が幹部クラスを、長谷川は一線の捜査員を、それぞれ重点に取材する傾向が顕著である。

重篤《じゅうとく》の床にあって、懸命に生きようとしたが、ついに不帰の人となった。五十三歳。他を思いやる長谷川は、毎年知人、友人から届く年賀状を一通も欠かすことなく大事に保管していた。

葬儀の日、編集局長の一柳東一郎は、

「君の死を聞いたとき、編集局内は大きくどよめき、哀惜、痛嘆の声があがった。君の記者生活そのものが戦後の事件史だった」

と、弔辞を読んだ。

横木謙雄が棺の前部を、吉岡秀夫が後部をそれぞれ肩に担い、霊柩車に運んだ。共に戦った事件取材の戦友にかつがれて、長谷川の霊は安らいだことだろう。

四、殊勲の八宝亭事件取材〈伊藤牧夫〉

「築地でコロシだ。四人がやられた」。遊軍席で受話器をとった栗田純彦が、けたたましく声をあげた。ただちに写真部に連絡。車の伝票に行き先を書き込むや、栗田と高木四郎の二人が三階の編集局から一階の配車デスクに駆けおり、玄関前で待っていた車のなかへ。

昭和二十六年（一九五一）二月二十二日早朝、東京都中央区築地の中華料理店「八宝亭」の階下六畳の間で発生した、一家四人惨殺事件である。現場は築地署のすぐ斜め前。大胆きわまる犯行である。被害者は料理店主人の岩本一郎（四八）、妻きみ（四三）、長男元（一二）＝築地小五年、長女紀子（一〇）＝同四年の四人。三人は布団に入ったまま刃のついた鈍器のようなもので頭部を割られて無惨に殺害され、紀子は犯人に追い詰められたのか、前のめりになって片手を襖に突っ込み、後頭部と額の二ヵ所を割られていた。部屋中が血の海。これを二階から起きてきた住み込み店員の山口常雄（二五）が見つけたといい、山口は九時二十分ごろ築地署に届けてきた。

結果を先にいえば、唯一の「生き残り」で犯人さがしの最も熱心な協力者、山口の犯行だった。

築地をふくめ麴町、丸の内、京橋、月島の五署を担当していたのは、青森支局から本社にあがってサツまわり三ヵ月目の、伊藤牧夫だった。この朝も京橋署までやってきて、築地署に電話をかけたところ、「コロシですよ」と聞いて、車をひろって駆けつけた。やがて警視庁からも川手キャップたちが総出で応援にやってくる。

山口は築地署の二階、警備係特捜班の部屋の机にもたれて、窓の外をじっと眺めていた。「山口さんですか」。伊藤が声をかけると、すぐふりむいた。色は浅黒く、目鼻立ちの大きい、穏やかな顔立ち。人なつこい目元。一瞬、笑いを浮かべそうになったが、また、窓のほうを向いた。何を聞いても黙りこくったまま。

夕方、伊藤が署の電話交換室をのぞくと、たまたま交換手の青年がトイレに立ったあとで、電話がかかってきた。伊藤が出ると、現場から約三百メートル離れた東劇ちかくの永楽信用組合からである。戻ってきた青年に知らせるや、伊藤は夢中で組合に走った。これが事件解明への有力な手がかりとなる。

この朝、岩本宅で盗まれた十四万二千円記入の永楽信用組合の通帳をもった女が同組合に現われた。女は十四万円を払いさげようとしたが、印鑑が違うので断わられたという重大な事実がわかった。

署の調べ室で山口は夜遅くまで事情を聴かれた。捜査主任が席をはずしたすきに、伊藤は部屋に入った。山口はヨダレをたらしながら、うつらうつらしていた。昨夜は眠っていないのではないか。疲れているようだ。伊藤は山口をつついて、次のような談話をとった。

八宝亭事件で活躍した伊藤牧夫

「きのう午後四時半ごろ、埼玉県大宮市付近で女中をしていたという女が、青色の風呂敷とボストンバッグを持ち、女中入用の張り紙を見たので雇ってくれといってきて、主人の岩本と話が決まった。女はS・Oといい、二十五、六歳。パーマをかけ、小太りの洋装だった。女は階下の三畳の部屋に泊まり込んだが、午前一時ごろ、その女の親類と称する二十五、六歳、五尺四寸ぐらい、ネズミ色のオーバー、紺のズボンをはいた男が現われ、女と話をしていた。私はまもなく二階で寝た。朝、六時ごろ、常ちゃんと呼んだ声が聞こえたような気がしたが、そのまま眠ってしまった。女と相手の男は姿をくらましていた」

犯行に使われた凶器は裏木戸にあった大型の薪割りで、冷蔵庫のわきに立てかけてあった。被害者岩本の日誌には、二月二十一日の欄に「S・O本日より勤務す」と記入されてあった。捜査はまず、この女を発見することに集中された。

朝日は取材の前線本部に、署の真ん前、鉱工品貿易公団清算事務所をつかった。公団職員の早船恵吉らが公金三億四千三百余万円におよぶ巨額のカネを横領して、前年四月、築地署に逮捕された「つまみ食い」で有名な早船事件の舞台になった場所である。

ここで取材グループは事件を分析した。

「午前一時ごろ、ちかくの芸者置屋が出前の注文のため、八宝亭にかけた電話が通じていない。受話器が取り外され、山口の指紋が出た」「女（S・O）を見たという目撃者はいるが、相手の男を見たという者は山口だけだ」「薪割りで四人の体に全部で五十二ヵ所も傷を負わせる惨劇が、二階にいた山口の耳に入らぬはずはない」「そんな凶悪犯が、山口だけを見逃すだろうか」「山口はゆっくり歩いて警察に届けにきた。これもおかしい」

不審な点はたくさんあった。川手キャップも「山口が犯人だぞ」と断定した。ところが、翌日の捜査本部の発表で、本庁の浦島捜査一課長は「山口君は一応シロと認める」といった。八宝亭を訪れた女を見たという目撃者がいたことが、シロ説を強めた。そして犯人は「S・O」とその相手の男ということになり、「お目見え強盗殺人」という、珍しい犯行との説が有力になった。「お目見え」とは、奉公人が二、三日ためしに使われることをいう。

山口のカネほしさの犯行も考えられたが、茨城県水戸市にちかい山口の実家は裕福な農家である。山口はあまり遊ばず、カネに不自由していない。八宝亭に住み込みで働きだしたのは将来の商売実習が目的で、月給二千円をもらっていた。女将のきみは山口に親切で、お天気屋ぎみではあったが、恨みを買うようなことはなく、紀子は山口に「ツネちゃん」といってなついていた。山口も紀子と元の二人をおんぶしてかわいがっていた。こうした状況証拠が、クロ説を消していった。

事件の二日後の二十四日、山口は豊島区高田南町の知人宅に下宿する。各社の前線本部にもよく顔をだし、一緒にお茶を飲んだりした。

山口は会って話をすると、残虐、非道なことをする人間とは、とても思えない好人物。陽気で、いつも「サンフランシスコのチャイナタウン」を口ずさみ、「きょうはご用はないでしょうか」と電話をかけてきて、記者たちを苦笑させた。酒が好きなので、各社のお座敷がかかった。たった一人の生き残りの証人とあって警察も新聞社も、彼を疑いつつも珍重した。

山口は各社の前線本部をまわっては「朝日だけ」「毎日だけ」「読売だけ」と、みえすいた「共通の特ダネ」を持ち込む。バカバカしいと思っても、まったく無視はできない。朝日には、「私の推理」と題した「手記」を寄せ、「私は現場の様子を世間の人にお知らせして、犯人が一日も早く検挙されることを祈っています」と書き出し、「犯人のアジトは上野か浅草あたり」と「推理」を働かせている。

「S・Oを探せば事件は解決する」と、捜査本部は懸命になったが、彼女の行方はさっぱりわからず、一時は迷宮入りかと思われた。

築地署と捜査一課は見解が対立していた。戦後の新刑事訴訟法では、自供と物的証拠がなければ逮捕しにくい。最初から山口クロ説をとっていた安達原玄署長は捜査が進まないのに不満をもち、署の首脳部を集め、一課の意向に反してでも山口を早急に逮捕すべきだと主張した。そして三月九日、署長の強硬な意見によって、鑑識課が現場の再検証を実施した。二階四畳半の山口の部屋で本格的な検証がおこなわれた。その結果、畳、襖、窓の物干し台、階段脇の白壁などに多数の血痕を発見した。捜査一課は、それでもなお慎重だった。

一方、S・Oのモンタージュ写真が三日間かけてできあがった。これをもとに一課と築地署の刑事二人が追い、S・Oは新宿の夜の女と断定、本名T・Nと割り出した。T・Nは三月十日朝、赤坂署で逮捕された。

T・Nは事件の二日まえの二月二十日夜、新宿のガード下ではじめて山口を知り、「いつまでもこんな仕事をしていては仕方があるまい。おれが働いている食堂で女中をやれば、いいカネになるぞ」と山口にさそわれ、二十一日、八宝亭に住み込んだことがわかった。

T・Nは調べに対し、つぎのように自供した。

「私は階下三畳間に寝た。二十二日朝五時ごろ、主人たちの部屋でドタン、バタンと異様な物音がするので目をさました。もう主人が起きて仕事をしているものと思い、あわてて服を着て、布団をたたんでいると、山口が薄笑いを浮かべて部屋に入ってきた。恐ろしい形相で

『カネをさげてこい』と、通帳を手渡された。信用組合でカネがおろせなかったので、これを山口に伝えようとしたが、怖くなり、通帳は破り、ハンコとべつべつに組合のちかくに捨てた」

T・Nはそれからいったん、宿泊して職を探していた新宿の旅館にいき、二十五日に静岡の実家に帰った。新聞で事件を知り、自分が追われていることを知った。犯行とは全然関係ないので自首しようかと考えたが、母親が心配すると思い、黙っていた。夜の女であることを恥じてもいた。

六日、兄と一緒に上京、兄の自宅にちかい赤坂署の交番で取り調べをうけた。二十一日夜半にT・Nをたずねてきた男がいた、というのは山口のウソであることがわかった。T・Nは元来純情で、山口はその性格を見抜いて、カネを持たせても逃げないと信じ、信用組合に走らせた。それにしても、届け出てもいない三文判を持たせるとはドジだった。

T・N逮捕につづき、山口は十日夕刻、知人宅で逮捕。事件は十六日ぶり急転直下、解決した。ここからまた伊藤の活躍がはじまる。

築地署二階の山口の調べ室で黙秘しつづけた山口は、午後十時すぎ「話すから寝かせてくれ」というので、捜査本部はその夜の取り調べをうちきり、留置場に山口を移した。T・Nは赤坂署の婦人房に留置した。

この夜、捜査本部は祝杯をあげた。各社の前線本部でも慰労の酒に疲れきった体をほぐしたが、山口は精神異常者であり、自殺の不安は大きかった。まだ警戒が必要だ。各社も何人かが署に残った。連日連夜の取り組みで疲れがどっと出て、午前二時、三時となると、記者連中は事務室の机や椅子に横になって眠りはじめた。伊藤のほかに一人がんばっていた毎日の記者も、「もう、眠ろうじゃないか」と、署長室まえの椅子のほうへ歩いていった。

「起きているのは、おれ一人だけになったか」。伊藤がそう思って大きく息を吸ったとたん、署長室と反対側の通路から急ぎ足で出てきた巡査が、事務室の真ん中にいた宿直主任の警部補に何か耳打ちした。巡査は自分ののどに手をあて、小声で何かいって首を絞める格好をした。伊藤はドキッとし、息を詰める。事務室の大時計は四時十五分をさしていた。

留置場に何とかして入ろうとしているうちに、署側は通路を次々に閉じてしまった。まもなく口をキッとむすんだ安達原署長が現われ、留置場のほうへいった。扉のすき間から、白い布をかけたようなものが運ばれてくるのがチラチラ見えた。「前田先生です」という声とともに、検死の医師らしい人物が廊下を通っていった。山口は自殺したのだ。伊藤はそう確信した。

刑事部屋は署員が見張っているので入れない。刑事部屋の宿直室が事務室の窓とつながっていたので、伊藤は窓をあけ、長椅子に深刻な顔で腰かけていた安達原玄署長の肩をポンとたたいていった。「署長、山口は逝ったでしょう」。ギョッとした目をむけ、署長は深いため息をついた。伊藤は署を飛び出す。山口は絶命したのだ。前線本部から電話で、取材グループが泊まっている旅館と警視庁クラブ、社の宿直室に急報した。

手分けして、号外原稿用の取材を開始する。やがて朝日新聞の号外を知らせる鈴の音が都内各所に鳴り響いた。築地署内にも、ドサッと号外が舞い込んだ。

早朝の社会部の八角机のまわりに人だかりができていた。デスクのわきに腰をおろしていた川手に、整理部長の茂木政がきて、「川手君、やったね」と祝勝のエールをおくった。川手は「おれは、何もしてないよ」と、会心の笑みで応じた。伊藤の殊勲が光った。

山口は青酸カリを飲んで自殺した。どこで入手し、体のどこに隠し持っていたのかわからずに終わった。犯行の動機について一言もしゃべっていない。

山口をなぜ早く逮捕できなかったか。衆院法務委で問題になったとき、田中警視総監は「監視付きで泳がせていた」と答えた。伊藤はこれを批判する。「凶行後二日目の二十四日夜半、変装した山口が新宿でT・Nと打ち合わせしたのを、捜査本部は知らなかったのだ」と。

山口が新宿の旅館にきてT・Nを「話があるから」と誘い出そうとしたが、T・Nはことわり、怖くなって翌日実家に帰っていたのである。「S・O」は山口が勝手につけた仮名だった。

山口という男をどう解析したらよいのか。事件後の三月二十五日号の週刊朝日は、十七ページにおよぶ特集記事のなかで、「彼は二重人格ではない。精神病者でもない。異常性格者なのだ」とみる国立第一病院神経科の井村恒郎博士と、同じ意見の東京医科歯科大の島崎俊樹教授の談話をのせている。

それによると、山口の「自分の力以上に背伸びしようとする自己顕示欲の強い性格」「欲望を失うまいとする不安と自信のなさ」をあげている。

T・Nは洋裁で身を立てようと両親の反対を押し切り、伊豆の田舎から上京したのだが、都会の生活はあまくなかった。夜の街頭に立ち、わずか十日間で運命の激変に巻き込まれてしまった。贓物《ぞうぶつ》（盗品）運搬罪で起訴され、懲役一年、罰金二千円、執行猶予三年の刑がいいわたされた。

八宝亭事件は、戦後の凶悪犯罪のはしりであった。それも捜査当局、マスコミを翻弄した、知能的な、まれにみる悪質な手口であった。

余談だが戦後、既成の秩序が崩壊して言論は自由となり、新聞は自由、人権、民主主義を謳歌する時代に入った。プレスコードがあって占領政策批判こそ許されなかったが、門田の項でみたような戦前の官憲による暴虐非道は姿を消した。伊藤がサツまわりに着手したのは、このような民主主義の台頭期であって、個々の記者たちも勇健に立ち働いた。

署長室の前に将棋盤を置き、「高く立て、赤旗を、そのかげに死を誓う」などと労働歌を高唱しながら駒をうつ。署長がたまりかねて専用の場所を用意した。

交番の巡査が与太者ふうの男をなぐった。たいした事件ではないが、「官舎にいったら署長が、なんと、ソファーの上に横になって、手足をバタバタさせながら、『書かんでくれ』と、懇願するんだよ。それでも他社には書いた記者がいたな。ぼくは書かなかったけどね」と、伊藤はふりかえる。

昭和二十年代は戦後の混乱に乗じて、ありとあらゆる事件が多発した。昭和二十八年から起こった海運・造船会社と政府・与党との間に贈収賄をめぐる事件が発生し、多数の自由党政治家が取り調べをうけた。第五次吉田茂内閣を崩壊にみちびいた大事件である。そのなかで自由党代議士で党副幹事長の有田二郎が収賄容疑で逮捕された。伊藤がこれを抜いた。東京地検特捜部は昭和二十九年二月十六日、有田について緊急取り調べの必要があるとして東京地裁に逮捕許諾請求の手続きをとった。伊藤は地裁に向かう検察事務官を待ち構えて追及、事務官が許諾請求にいく事実を確認して特ダネにした。有田は二十四日に逮捕された。

翌三十年、伊藤は同僚で公安担当の鈴木卓郎と組み、ピストルの不法所持で警視庁が手配中の右翼団体の隊長と会見、談話をとっている。二人とも目隠しのうえ、車に乗せられて地下組織と思われる場所に連行された。質問に対して隊長は、「しばらくして自首する」と答えている。二人が隊長とインタビューしている写真が掲載された（八月七日付け）。警視庁の小杉刑事部長は、「われわれが八ヵ月間捜査しても手がかりがつかめないのによく会えたね」と驚いた。隊長はその後警視庁に自首。

当時をふりかえって鈴木の妻美江《みえ》は、「デスクの岡田（録右衛門）さんから『ご主人は取材で一泊しますが心配しないように』と電話でいわれ、不気味でした」と語る。相手の出方次第ではどうなるかわからない、果敢な、しかも危険をともなう取材であった。

伊藤はまた、繁栄に見放されて底辺に生きる人々の姿をサンヤのドヤ街に求め、昭和三十四年十二月十九日から「吹きだまり・山谷」と題して潜入ルポを十回連載している。すさまじい取っ組み合いの喧嘩、警官がきても一人では手が出せない。街中が唸りをあげているような感じ。血液を売る若者、売春婦をあやつるヒモ。伊藤は土方になりすまし、鶴《つる》嘴《はし》とスコップを手に建設作業現場で働く。宿を転々とすること二十日間。暗い過去を背負った人たちのために愛のある政治をと、紙面で訴えている。犯罪と隣接した地域環境の取材は、事件記者の枠をひろげた画期的なものであった。

五、最長のサツまわり記者〈房園茂〉

警視庁七年三ヵ月、警察庁二十年、合わせて二十七年三ヵ月を警察記者一筋でとおしてきた。警視庁では二課（知能犯）と四課（暴力犯）が主体。房園《ぼうぞの》茂は昭和三十八年二月、千葉支局通信員を振り出しに、三年後、松戸駐在。横木支局長に見込まれて事件の多い東葛飾郡地区の警察担当となり、千葉大学チフス菌事件、混血少年の女性連続殺人事件の取材で腕をあげる。松戸駐在からの警察取材歴を通算すると優に三十年を超える。先輩の鈴木卓郎は公安担当を重点に三十年のキャリアだから、二人は前人未踏、最長の記録保持者である。

房園は当然ながら無数の事件にタッチしてきた。なかでも三億円強奪、連続誘拐殺人、汚職、詐欺、選挙違反、ロッキード、リクルート事件と、全国規模の大型の犯罪がめだつ。膨大な経験を生かして、平成十一年（一九九九）七月の定年後も、各支局をまわって若い記者たちの研修指導につとめてきた。

特ダネには偶然と幸運の要素もある。それよりも失敗談のほうが参考になる。房園は研修会で、まず自分の失敗談からはじめる。そのひとつ。

都内の暴力団のヤミ金融業者が、殺し屋を使って返金を迫り、幼稚園経営者ら四人を相次いで殺害し、神奈川と茨城両県内の山中に埋めた事件が昭和四十八年（一九七三）九月末に発覚した。このヤミ金融業者は倒産した中日スタヂアムの手形をつかい、街の経営者らに融資話をもちかけ、数億円を脅し取って恐喝容疑で逮捕される。警視庁捜査四課と蒲田署の取り調べを受けていたところ、「二年まえ、金融のいざこざから百万円で殺し屋四人を雇って殺した」と自供した。

中日スタヂアムに関係のある某紙が、こげついた手形を回収しに動いたが、手形を持っているはずの人がみつからない。ひょっとして殺されたのではないかと思い、捜査四課にもちこんだ。結果、某紙が抜いた。

警察記者一筋だった房園茂

警視庁の記者クラブは、各社ごとに六つの衝立で仕切られている。衝立の上にスクラップ帳などを重ねて置き、互いに声が聞こえないようにくふうをしてある。二課、四課関係の記事を電話で送る場合、所管事件の性格上とくに小声となる。殺人、強盗など強力《ごうりき》班とも呼ばれる一課の捜査と違い、二課、四課の捜査は表面化したときは解決している。発生から解決まで、プロセスを静かに潜航して取り調べる特殊性がある。したがって記者の行動も表面は静謐《せいひつ》をたもつ形になる。

四課から某紙の記者が「あす遺体を発掘する」と聞き出し、ボソボソと小声で送稿した。そのボックスはクラブの真ん中にある。ちかくにいる他社の記者には聞こえて、彼らは追いかけた。あいにく朝日のボックスはいちばん端にあって聞こえず、特落ちとなった。特落ちとは一社だけが書けなかったこと。某紙の紙面は一番、充実していた。

抜かれたときは全身の血が逆流する思いである。この手当てをしなければ。抜き返すのだ。房園はある係長から聞いた話を書いた。さきにみた金融殺人グループが、町田市内や都内のアジトで爆弾や覚せい剤をつくっていた事実を突き止めたというもの。爆弾は新左翼の学生たちに売ってかせいでいた。房園は第一報で抜かれた二日後の夕刊に、この記事を出稿した。出稿後、まもなく出勤してきたキャップに注意された。「ネタ元を、つぶすことにならないか」と。房園はいわれてみてハッとした。しかし、もうゲラが刷り上がっている。いまさら、どうにもならない。じつは「時期がきたら教えるから、それまで待ってなさい」と係長にいわれ、約束して、貰っていたニュースだった。つい、カーッとなって書いてしまった。捜査員は自分が担当している事案の追及に骨身を削っている。それが途中で約束を破って書かれてしまったら、捜査は壊れてしまう。記者の信用は当然なくなる。

さっそく係長に謝りにいったところ、この事案は一週間まえ、調書になって課長の手元にあがっていた。その間、幾人もの担当者の目をとおっている。辛うじて係長に迷惑をかけずにすんだ。この一件で、何事も焦ってはいけないと房園は胆に銘じる。「窮地に立ったとき、人間の器量がわかる」というキャップの言葉をかみしめた。

焦らぬこと、約束を守ること。この二点を房園は支局の研修会で強調してきた。「ここだけの話」といわれたことは、同じテーマで取材している仲間以外には、誰にもいわない。また、電話をかけて、めざす相手がいなくて別の人が出たとき、「田中」とか「鈴木」とか変名をつかい、「電話があったとお伝えください」と頼む。実名を名乗ると、当の相手が迷惑するかも知れないからである。当の相手も心得たもので、折り返し、かけてくる。口がかたくて慎重。こうして取材先の信用をつないできた。

その端的な例を、銃撃された警察庁の国松孝次長官との単独会見にみることができる。

この事件は平成七年（一九九五）三月三十日、東京都荒川区南千住で国松長官が自宅マンションを出たところを何者かに拳銃で撃たれ、一年六ヵ月の重傷を負ったもの。国松は翌年十月、房園との会見に応じ、このなかで、自ら被害者でありながら警察のトップに立って捜査を指揮する苦悩を率直に語った。

房園は二十数年まえ、第五方面のサツまわり当時、管内の本富士署で署長の国松と友人のようにして交際しており、多年培《つちか》ってきった強固な信頼関係のなかで会見が実現した。「思いのたけを尽くしてはどうですか」。そう切り出して、受け入れてくれた。

昭和四十九年（一九七四）の参院選は、違反捜査の中心が糸山英太郎議員派にしぼられていた。朝日の取材陣は、ハワイに逃亡中の裏選対参謀が羽田で逮捕されるのを待ちうけ、四人が羽田に出向いた。一方、警視庁内には残っていた房園と同僚の二課担当の記者二人が、林武英事務長に関するニュースに全力をあげて、林が警視庁に逮捕されたのを発表まえに記事にすることができた。

林は自民党内で選挙の神様といわれ、歴戦の戦果を『選挙の実際』という七百ページもの著書にしていた。林の逮捕の翌日の夕刊で、糸山派の選挙資金が九億円余りで、このうち六億円を動かした林に総括主宰者の疑いが強まったことを記事にし、一面トップの特ダネにした。逮捕の翌日なので、大した動きはないと思っていたのだが、念のためと二人で手分けした苦労が報われた。

昭和六十三年(一九八八)四月、川崎市助役の収賄容疑に端を発するリクルート疑惑は政、官、財各界の各層に発展し、国民の目をくらませた錬金術の狡猾さが暴かれた。紙面でその実態を完膚なきまでに告発したのは、社歴二年から六年の朝日横浜、川崎両支局の若い記者たちであった。彼らの取材活動とは別に、この恥ずべき実態が新聞界にまで汚染の輪をひろげていたことをつかんだのは房園である。

この事件をかいつまんでいうと、リクルート社は江副浩正が昭和三十五年(一九六〇)、東大卒業と同時につくった大学新聞広報社が出発点。三年後に前身のリクルートセンターを設立。求人、不動産情報など新しい事業を成功させ、急成長させた。このグループの収益の柱がリクルートコスモス社で、不動産部門の中核となっていた。

そして、JR川崎駅前の市の駅前再開発地区にリクルートが進出するさい、市の助役がリクルートコスモスの未公開株を譲り受け、一億円の売却益を得た。リクルートの進出に対して何らかの便宜を図った見返りと、県警はみていた。が、贈収賄容疑は時効（三年）となっていて、捜査はつぶれた。これを見直し、「われわれの手で独自に調べようではないか」と横浜支局デスクの音頭で取り掛かったのが、朝日のリクルート疑惑追及報道である。追及四ヵ月、盛夏のなか、汗みどろの取材だった。

この年の中ごろ、中年の男からのタレ込みで、JR横浜駅西口の喫茶店で横浜支局員がその男と会った。男は茶封筒から一通の書類を取り出した。それにはリクルートコスモスの未公開株を貰った人の名前が記載されていた。百人に譲渡の話をもちかけ、そのうち七十六人が購入した。うち四十六人がリクルートの子会社である金融業ファーストファイナンスから融資を受けていた。「株を買うカネがない」といえば、ファーストファイナンスの融資によって、その人は買おうとしている株を担保に融資を受け、株を持つことができる仕組み。居ながらにして儲ける。濡れ手にアワで巨額の利益を得ていた。

男のみせたリストには小さな字で譲渡先の名前が出ていて、近眼の記者には、ほとんど解読できなかった。一人だけ、はっきりわかる人物がいた。森喜朗代議士。元文相である。驚いた。もう一度読ませてもらう。歌川令三。ひょっとしたら、元毎日新聞編集局長ではないか。コピーをとらせてくれと頼んだが「朝日がいちばん熱心に取材していると聞いたので、お見せしただけです」といって断わられた。

リストは見るだけで終わったが、ここで得た情報は大きく、このデータをリクルート側にぶつけた。取材の的は川崎市から政界へと大きく突き進んでいく。中曽根前首相、安倍自民党幹事長、宮沢蔵相が秘書の名義で五千万円から一億円以上の売却益を得ていることがわかった。竹下首相の元秘書も株数こそ不明だが売買していた。彼ら七十六人のグループとは別に自民党の渡辺美智雄政調会長、加藤六月前農水相、加藤紘一元防衛庁長官、塚本三郎民社党委員長の四人が本人や家族、秘書名義で登場していた。

横浜支局がこのように政界の疑惑追及に全力をそそぐ一方で、まったく違ったサイドの情報がもたらされた。房園が日本経済新聞社長の森田康がリクルートコスモス株を売却したという情報をつかみ、これを社会部と横浜支局デスクに知らせてきたのである。

七月一日。「森田と歌川も株を貰ったという話がある」と房園。支局デスクは答えた。

「歌川は取材ずみですが、森田は知りませんでした」

リクルートの江副会長の触手は日経、毎日へ。さらには他の大新聞へも伸びようとしていることがわかった。房園の情報連絡にはメガトン級の威力があった。まさか、新聞にまでも。それも財界を監視する使命を担った日経が。森田は社内で「アル・カポネ」といわれたやり手である。ITの前身であるデータバンクと新聞を組み合わせた、システムに強い総合情報化を推進し、部数を伸ばしていた。マスコミの新興勢力となり、それが江副の情報化社会をめざす方向と一致していた。

江副にとっても唯一頼みにしている経済紙であり、財界の中枢部を代表する日経は、事業の工作対象として欠かせぬ相手である。江副は森田に接近し、森田は結局八千万円の売却益

を得た。房園が森田情報を知らせてきたのは、リクルート疑惑が中央政界に波及してきたこ
ろである。

房園情報は社会部をつうじて朝日ジャーナルに伝えられ、こちらの誌面でも大きく取り上げられた。タレ込みのリストに森田の名前があったとしても、記者が政界方面の名前に気をとられていて、耳慣れぬ名前なので見落としていたのかも知れない。

日経の社内からも若い社員を中心に、公然と森田非難の声があがった。法に触れていないとはいえ、新聞人の道義、倫理に反し、社会の信頼を裏切ったと。森田は六日、社長をやめた。この重大情報も、房園が横浜支局のデスクに知らせた。

森田の一件をもたらした房園情報は、マスコミの世界にとっても頂門の一針となる。この日、江副もリクルート会長を辞任した。

六、「生命」「人権」訴え現場に密着〈藤田真一〉

「相手の身になって」「現場に立ち事実を」とは記者の心構えであり、鉄則である。が、実態はどうか。いつの間にか予断、偏見をもって臨んでいないか——優れたルポ記事のなかに強烈な警鐘を打ちつづけてきた記者がいた。元編集委員藤田真一氏が、その人。生命の尊重、人権擁護に肝脳をささげ尽くした生涯だった。（筆者との個人的な関係上、とくに敬称を付す）

㈠　下山事件の取材で機転

昭和二十四年（一九四九）深秋、筆者は朝日新聞東京社会部のデスクわきで、一人の青年が身支度を整えているのを見た。やや小柄で色白。キリっと引き締まった顔。宿直あけで、これから大学にいくところ。編集局庶務部の原稿係（給仕）、藤田真一さんである。明治大学の学帽をかぶっていた。仏文科専攻とあとで聞いた。すこし離れて新聞各紙の仕分け作業をしていた筆者には新鮮な印象であった。

給仕は差別用語なので、原稿係という名が戦後あたりから定着し、通称「コドモさん」と呼ばれていた。この年の十一月、筆者は原稿係として採用され、高校は定時制にかえた。

程なく、筆者は藤田さんの活躍を知った。この年の七月に発生した下山事件である。国鉄総裁・下山定則氏が常磐線綾瀬駅付近で死体となって発見された大事件で、報道各社は大規模の取材陣を動員した。大事件の取材には前線本部の設置がぜひとも必要である。が、戦災にやられて住宅難の時節。そのなかで、みごとに適当な家を見つけて頼み込み、前線本部の借り上げに成功したのが藤田さんである。その機転は部内の話題となった。おまけがある。渡辺さんというその家の令嬢悦子さんと親しくなり、三年後に結婚の運びとなる。悦子さんは夫と同様、よく人を受け入れ、活発で、しかもしとやかな人だった。

㈡　同僚の冤罪を晴らす

藤田さんの原稿係時代の親しい後輩にIさんという人がいた。昭和二十八年（一九五三）の春ごろ、編集庶務部の金庫から現金が二千円ほどだったか消え失せ、無記名の借用書が入っていた。原稿係が筆跡鑑定をされ、Iさんの字が借用書の字に似ているとして、編庶の管理者はIさんを丸の内警察署に突き出した。「筆跡だけで犯人扱いとは乱暴だ」。藤田さんは怒った。原稿係にだけ筆跡鑑定するとはけしからん。「ドレフュス大尉の事件を弾劾して冤罪に導いたエミール・ゾラをみろ」と仲間に呼びかけた。管理者にたてつく行為だから冒険なのだが、藤田さんはひるまない。ここでも機転の妙が発揮される。国家警察本部担当の記者、佐々木六郎さんに相談。佐々木さんは丸警に行って署長に慎重な取り調べを求め、Iさんは無罪で不起訴、釈放された。余談だが、筆者はこのとき、わずかながらも藤田さんと行を共にした。

㈢　連載記事が語る「生老病死」

藤田さんはこの年の秋、記者補充試験に合格して山形支局を振り出しに記者生活に入る。以後、社会部員、デスク、支局長などを経て編集委員となり、人間の生命をテーマに書きまくっていく。これらを書き改めて単行本となった主著を挙げてみる。

①ルポ　現代の被差別部落②植物人間の記録③お産革命④これからの生と死⑤盲《もう》と目あき社会⑥患者本位の病院改革⑦証言・日本人の過《あやま》ち

このうち⑦は人間と歴史社、それ以外は全部朝日新聞社発行。①から⑦までの発行順は昭和四十九年（一九七四）から平成八年（一九九六）まで。単行本はこのほかにもある。
①は藤田さんの長野支局長時代、支局員の若宮啓文記者が支局長のアドバイスのもと全文執筆した。雪の舞う酷寒のなか、何日も部落に住み着いて土方作業の現場で働く。よく、ここまでと、唸らせる長編ルポであり、「差別社会」糾弾の書である。取材の方向性は藤田支局長が指示した。藤田さんはあとがきのなかで、「部落解放運動とは『おれたちを踏んづけているその足をどけろ』という、きわめて人間的で当然な告発、要求にほかならない」と、力強く宣言している。
②＝二十一歳の女性がトラックにはねられて重体の記事が福島版に十三行でのっていた。六年後、この被害者について、三十年か四十年生きつづけるだろうという担当医の談話が、続報とともに出ているのに藤田さんは驚く。現地にとぶ。眠りつづける若い女性のベッドに何日も寄り添う。取材記者の致命的な弱点は締め切りに追われ、つねに時間がないことにある。その弱点をなくそうと時間をかけ、信頼関係を築きあげる藤田式の取材方法である。この女性の死をきっかけに全国各地をまわり、まとめたのが本書である。
安楽死の是非は家族の事情、死生観がからんでいて即断はできないとしつつ、藤田さんは、意識を失って寝たきりの妻を看護している夫の手記を引き「大切なのは人間の生、死に関して、いかに人を愛し、その命をどのように尊んだかである」と結んでいる。
③＝筆者は先年、パリを訪ね、レストランで食事中、在仏の若い日本人夫婦に出会い、話が弾んだ。奥さんが、抱いている赤ちゃんを見せ、「こちらの病院で産みました。安産でし

たよ。全然痛くなくて」と話したとたん、藤田さんの「お産革命」を思いだした。フランスの産科医ラマーズ博士による無痛分娩法で、本書に詳述されている。この本の紹介により、日本国内でラマーズ法の実施が広まった。

④＝献体、献血、臓器移植、アイバンク。このなかで主力を注いでいるのが献体である。ひとり娘の真美ちゃんが高一のとき、難病の骨髄性白血病にさいなまれ、昭和四十五年（一九七〇）二月、十六歳で他界した。その最期が夫婦の胸にこたえた。そこへ医師からの病理解剖の依頼があった。どうしようか迷った。

医師、看護婦にひとかたならぬお世話になった。大勢の知人、友人、親族、自衛隊員からたくさんの輸血をしてもらった。これらの恩に報いるため、依頼を受け入れた。そして二人は「勘弁してちょうだいね」と、あの世にいったら夫婦して娘に謝ることにした。そして十回忌に夫婦とも献体の登録をきめた。

息子の連載記事を読んでいた父君槙之助《まきのすけ》さんが「わしも献体することにした」と伝えてきた。その後、平成十三年（二〇〇一）一月、こんどは悦子さんが多発性骨髄腫で帰らぬ人となった。八年間の長患いだった。

一連の生命シリーズを手がけた端緒は、真美ちゃんの死に負うところが大きい。

⑤では「目が見えない現代社会を生きていくとは、また、どういうことなんでしょうか」——インタビューする盲人のすべてに同じ質問をした。「盲人側が聞いてほしいことを聞くこと。質問の出し方が大事なのだ」と過去の取材体験を説く。こうして多くの盲人と親しく

なり、その延長線上に、後述するハンセン病の失明者の苦闘に踏み込んでいく。
⑥は長野市にある篠ノ井総合病院長の新村《にいむら》明氏との共著。「お産革命」を昭和五十二年（一九七七）に連載してから「患者を動物並みに扱わないでほしい」といった大病院批判の投書が相次ぎ、藤田さんは民間の中小病院でつくる全日本病院協会を重点に調べ、篠ノ井病院を昭和六十年（一九八五）七月二十日の紙面で紹介したところ、「こんな良心的な病院があったのか」と評判になり、続報を書く一方、朝日ブックレットにも紹介した。これも大反響で七万部以上売れた。
新村氏は藤田さんに勧められて報告のペンを執った。創立当時、全国的に患者の不満が高まっていた。「診察まで三時間待たされる」「夕食時刻が早すぎる」「看護婦が忙しすぎて、ろくに面倒をみてくれない」等々。

これに対し新村院長は周囲の反対を諄々と説得し、成功にこぎつけた。まず、夕食の五時配膳を六時に改善。これだけでも八年かかった。看護婦の仕事を軽くして注射、採血など本来の仕事に重点を置くようにした。

新村氏の報告を受けて、藤田さんは、悪質な病院の例として「建物だけが立派」「有名人を顧問として印刷した入院のしおりをPRしている」「雑誌の特集記事で絶賛している」などのケースを挙げ、注意を呼びかけている。

その一方、患者を「お客様」として病院側が受け入れるのは当然としても、患者側も「礼儀を正しく」「約束は守るように」「高度のサービスを頼むのならそれに見合う正当な対価を支払うよう」求めている。

㈣　ハンセン病を徹底追及

最後の⑦＝東村山市のハンセン病の国立療養所多磨全生園《ぜんしょうえん》でのこと。入所者は人に知られたくないため氏名、経歴を偽っているので原稿を書いても迫力に欠ける。そこで藤田さんは私費で外国にも取材に出かけたが、胸を打つようなデータは得られなかった。

それが平成七年（一九九五）にらい予防法廃止の動きが強まったころ、全生園入所者の森元美代治・美恵子さん夫妻に出会ったのが、四百ページ余りのこの大作を生み出すきっかけとなった。夫妻は実名で社会に出て語り、闘病記録を残そうと決意したのである。

藤田さんは朝日在社中から親しくしていたカメラマンの八重樫信之さんと絢子《あやこ》夫人の協力で延べ二十四時間にわたり、二人から歴史的な証言を引き出した。その中身は国家による差別、偏見、強制隔離、断種、妊娠中絶と、これが人権尊重を表看板とする日本での出来事かと激昂させる、ひどい話の連続だった。事実の重みが反響を呼び、増刷された。

帝京大学国際文化学科
教授時代の藤田真一氏

この病気の歴史、実態を究明する突破口を開いたのは藤田さんで、三十年以上におよぶ努力の成果である。森元美代治さんは「藤田先生ご夫妻はわが夫婦にとって

『命』を授けてくださった大恩人」と、追悼集「悦ちゃんを知りたい」＝非売品＝に、熱のこもった深い感謝の一文を寄せている。

国立ハンセン病資料館によると、平成二十九年（二〇一七）五月現在、国立施設十三ヵ所を合わせ、入所者数は千四百六十八人で、ほとんどがプロミンなどの特効薬で完治しており、家庭の事情、高齢化などで施設に残ったままの人がめだつ。

(五) パーキンソン病との戦い

藤田さんは昭和四年（一九二九）五月、東京杉並出身。食肉店を営む父君は聖書や仏典に親しむ人で、藤田さんもその感化を受けたあとが著書の随所にみられる。店にくる客の紹介で朝日の「コドモさん」となる。昭和十六年（一九四一）の開戦前。小六で椅子に腰かけると足が床に着かなかったという。新聞社も男性は応召で男手が不足していた。

働きながら都立の商業学校から明大仏文科へ。フランス語とフランス文学ならオレに任せろ、の気概があった。あおられて私もフランス語をまなび、朝日の入社試験をフランス語で受けた。話題も豊富。深夜、編集局の一隅でコドモさんたちは文学、哲学、音楽論議をたたかわせる。座の中心は藤田さん。いつ、どこで仕込んだのか落語を演じ、笑わせる。円転滑脱の一面があった。

冒頭にみた不正を許せぬ性格、博学多才、的確な指導力は「藤田学校」を生み、そこから人材が輩出した。

意気軒昂たる体を病魔が襲った。定年後、帝京大学国際文化学科教授に移って六十二歳のとき、パーキンソン病を発病した。ドーパミンという脳内の神経伝達物質の欠乏により体が不自由になる病気である。それでも屈せず、ハンセン病の追及に倦むことを知らなかった。闘病生活は二十四年におよぶ。この間、横浜市の養護施設に入居、風邪で平成十九年（二〇〇七）以来寝たきりの状態に。

筆者がお見舞いに伺うこと八回。新聞記事やご本人の愛読書、哲学者アランの一節を読んで差し上げたり、CDの曲を聴かせてあげたりした。反応があったと思いたい。令弟守克さんの手厚い看護は感動的だった。

平成二十六年（二〇一四）九月二十四日朝、死去。享年八十五。本人の希望で延命治療が施された。遺骨は悦子さん、真美ちゃんとともに、ゆかりの長野市箱清水の大本山活禅寺の納骨堂に安置されている。

優れた医学記事に贈られるアップジョン賞を二回受賞。

第七章――取材部門の内と外

一、風雲急の時代のなかで〈進藤次郎〉

㈠ 血塗られた世相を取材

短軀、福々しい顔に燦々《さんさん》たる光頭。進藤次郎は名ラガーで鳴らした。昭和初期、進藤の所属する京都帝大ラグビー部は連戦連勝、全国制覇に輝き、そのなかでも進藤がトライにつないだ数はもっとも多かった。

進藤は明治三十八年（一九〇五）四月二十六日、大阪市北区東梅田町（現梅田二丁目）、進藤嘉三郎、ラクの次男として生まれた。父は貿易商で、世界一流のコーヒーや、イギリスのエンパイヤ・ランドリー会社から日本ではじめて電気で動かす洗濯機など、各種商品を手広く輸入。梅田の駅前に大きな店をかまえていた。

大阪生まれの東京育ち。私立成蹊中学を卒業後、成蹊にまだ高校部門がない時期だったので神戸の甲南高校（現甲南大）から京大経済学部へ。河上肇に学ぶかたわら、陸上競技部できたえ、選手に。ここで先輩の門田勲と親しくなる。後年二人は朝日で、また一緒になった。進藤は俊足を買われてラグビー部に移り、左のウイングを守って大量のトライにつないだ。勉強では河上肇、田島錦治両教授の講義に熱心に出席。とくに、マルクス主義の河上と他の経済学者との論争は欠かさず傍聴した。当時をかえりみて、「弁証法でテーゼ（正）、アンチテーゼ（反）、ジンテーゼ（合）というだろう。河上先生と反河上派の先生との論争をきいて、ぼくはそれを止揚（高める）して、より高い判断をもつようにしたよ」といい、終生中庸、反共の立場でとおした。

母方の叔父に森本省念という禅僧がいて、進藤はこの人の影響で宗教にも強い関心をもっている。大阪編集局長時代の昭和三十五年（一九六〇）十一月六日付け日曜版から「こころのページ」を、進藤の提唱ではじめた。最初は大阪管内ではじめ、ついで名古屋、西部（九州）、東京の順で全本社で実施した。

昭和四年に京大を卒業したが、卒業まえの記念試合で背骨にひびが入る大けがをして、しかも未曾有の不況下、就職のあてもない療養生活をおくる羽目に。が、やがて知人のつてで日立製作所に入社。百円の月給に、三十円の手当がつく高給だった。当時、朝日は七十円だったから、かなり差があった。独身の気楽さで、銀座のバーによく出かけた。しかし仕事になじめず、面白くない。二言目には、「帝大出のくせに、こんなこともわからんのか」と、嫌味をいわれる。たまりかね、上司と大喧嘩をしてやめた。

朝日の記者募集の広告をみて受験する。

「『なぜ朝日新聞を受けたか』という作文の題でね、あんな難しい出題、簡単に書けないよ。考える余裕はない。そこで、まず、この不況下、生活できるだけのカネがほしいと書きはじめ、どんな仕事でもよいから、人の嫌がる仕事をやりたい、と訴えてみたんだ」

勢いあまって、日立の悪口までも書く。

「『原稿用紙が足りません』と手をあげて、何枚もね。よくも、おかわりを許してくれたものだ」

この迫力が効いたのか、二次の面接試験を迎える。

「緒方編集局長ら幹部はラグビーファンでね、ぼくが社を受験したのを知っていたらしいんだな」「きみが進藤君か」と、幹部はまじまじと顔をみたという。

進藤次郎。各方面、あらゆる階層に顔が広かった

昭和六年（一九三一）四月に採用され、他の同期生が地方支局に配属されたのに対し、進藤は補欠入社だからというので、すぐ社会部に配属され、猫の手も借りたいほど忙しい裁判所にまわされた。他の同期生たちは、一週間ほどの社内研修で各職場を回されて講義を受けているため、引き抜けないのである。部長は北野吉内。名文記者で知られていた。

司法記者クラブには中央に大きな鉄火鉢が二個。それをかこんで、元老風の和服姿の記者が四、五人、股火鉢をしている。「オイッ、新入り、お茶」と怒鳴られた。「ハイッ」と答えて、茶を入れに立ちあがる。「オウッ、なかなか返事がいいぞ」と、褒められた。京大でスポーツをやっていて、先輩後輩の秩序を守ることには慣れていたので、べつに腹は立たない。このへんが、喧嘩腰の強い門田勲とは正反対である。

予審判事は口がかたい。なかでも極めつきがいて、他社の記者はみな寄りつかなかった。進藤は決心して毎日その予審判事の部屋に顔を出し、時候や、さりげない世間話をして、さっと引き揚げるのを日課とした。ある日、判事は改まった口調でいった。

「きみはネタが欲しそうな素振りを見せたことがないが、どういうわけだ」

進藤は、これまた改まった調子で、シンミリ話した。

「私は、判事さんが書くなとおっしゃれば絶対に書かないとお約束できる人間だと信用していただくために、こうやって毎日おじゃましているのです」

判事はしばらく進藤の顔を見つめてから、書記に「手洗いにいってくるから、進藤君を待たしてあげなさい」と、言い残して席を立った。ふとみると、判事の机の上には調書が広げっぱなしになっている。進藤がひそかに狙っていた事件の、しかも一番大事な個所がひと目でわかった。書記は知らんふりをしてくれている。メモしてはいけない。進藤は調書をしっかり頭にたたきこんだ。特ダネで社会面のトップをかざり、二円五十銭の部長賞をもらった。突っ走る司法記者の誕生である。

緊張をいやすのは、夜の酒である。銀座裏での一杯が楽しみ。進藤は人と輪になって飲むのが好きだった。ある日、二軒の飲み屋から相談をうけた。現在銀座四丁目と呼ばれている尾張町交差点を少し新橋寄りにいったところに社交クラブ交詢社があって、二軒とも交詢社から土地の明け渡しを要求されているという。司法記者のホヤホヤだが、有力な弁護士正木旲《ひろし》と親しくなっていたので相談してみた。正木は説明した。「民法には公知公用の原則があって、契約していなくても長いあいだ、文句もいわれずに商売してきたのなら権利が生ずる。がんばるようにいってやったらいい」。

さっそく二人に公知公用を話したところ、飛びあがらんばかりに喜んだ。数日後、夜勤をしていた進藤に大きな盤台《ばんだい》が二つ届いた。寿司と焼き鳥の山。薬缶に熱燗がいっぱい。いぶかる同僚に「タネはあとで明かす。これは、おれの奢《おご》りだよ」と見得をきった。二人のオヤジには、拝まんばかりに感謝された。本当の恩人は正木弁護士だったのだが。司法記者、銀座裏の屋台を救う、の一幕。

失敗もあった。忘年会。デスクの尾坂与市と話が弾んだ。尾坂はデップリ太って、口ひげを生やし、精力的な風貌。サツまわりが長く、たたき上げの事件記者。尾坂はいう。「きみ、少々の酒だったら飲まないほうがいいよ」。「ハア、そうですか」と答えながら、コップ酒で尾坂と進藤は十回往復。「やるなあ」と感心する尾坂に気をよくして、進藤は社にあがって三階の編集局に入るやパンツ一枚になり、大声でわめいた。泥酔しているから、自分でも何をいってるのかわからない。

「やかましい」――。局長室から声がかかって、局長の緒方が出てきた。酔眼には誰が誰だか判別できない。余計なことをいうな、とばかりに緒方を突き飛ばし、宿直室にフラつきながら上がっていった。

翌朝、編集庶務部のコドモさんが服を宿直室にもってきてくれて、前夜の「事件」を伝えた。局長がお呼びだという。てっきりクビだと覚悟した。憔悴しきって局長室に入る。緒方は軽くたしなめた。

「きみ、昨日は元気よかったね。しかし、酔って無我夢中では困るよ。酒は静かに飲むもんだ」

「クビではないのですか」

「こんなことぐらいで、大事な記者をクビにするような会社ではないよ」

春の日を仰ぐような思いがした。「この会社で、徹底的に働くのだ」。進藤は心に誓った。続発する疑獄事件、二次にわたる検挙の共産党・治安維持法違反事件の裁判、血盟団事件につづいた五・一五事件、神兵隊事件と、目のまわる忙しさに記者たちは翻弄された。週に五回も号外を出す騒ぎを、進藤も経験した。昭和動乱史の前触れであり、進藤もいつの間にか時代の目撃者となっていた。

児玉誉士夫に出会ったのも、その一齣《ひとこま》である。昭和七年二月、浜口内閣の蔵相だった井上準之助が暗殺された。デスクの尾坂から、「進藤君、号外をみたか。犯人は小沼正という青年だが、どうも背後関係があるらしい。それについて、この男に当たってみてもらいたいんだ」と、メモ書きした紙切れを手渡された。メモには「高田馬場駅ちかくの交番できくこと、大日本生産党本部青年部長児玉誉士夫（二十歳）」とある。カメラマンを連れて飛び出す。生産党本部は貧相なしもた屋だった。

「児玉さん、いますか」

「ああ、おれだ」

いがぐり頭の、がっしりした中背の青年が一人いるだけ。青年は進藤の名刺をしげしげと見つめながら、

「おれなんかにきくよりも、よい人を紹介してあげるから」と、自分の名刺に所番地と地図を書いてくれた。

それによると、本郷西片町、一高（第一高等学校）の真向かいの通りの突き当たりにある大木が目印。その左の路地を曲がった二軒目の家に印がついていて、井上と書いてある。家はすぐにわかったが、入り口の戸をたたいても返事がない。腹たちまぎれに靴で戸をけとばしたら、二階から二人の男が降りてきて戸をあけてくれた。

「井上さんですか」

「いや、おれたちは下宿人だ。井上さんは肺病で湘南地方に養生にいって留守だ」

湘南地方のどこか、わからないので、念のため写真だけを撮って社に帰った。とりあえず写真と記事を出すようにいわれ、「不思議な家」と仮り見出しをつけ、短行で出した。ところが、検閲のため警視庁に届けられた早版をみて、当局は仰天した。捜査陣は、犯人小沼の

背後に、児玉が書いてくれた井上日召（本名・昭）という怪人物がいることまでは突き止めたが、その井上の隠れ家がわからず、進藤の記事をみて、あわてて家宅捜索したのである。が、二人の「間借り人」はすでに姿を消していた。井上は疲弊した農村を救い、国家革新を策すべく一人一殺主義を標榜する右翼のテロ組織「血盟団」の首謀者であった。

あとでわかったのだが、このなかの一人は三井合名理事長の團琢磨《だんたくま》を暗殺した菱沼五郎。もう一人は、血盟団の本部ともいうべき愛郷塾の塾頭・橘孝三郎の下にあって、塾監のような役割をしていた古内栄司だった。

児玉がこんな極秘の情報を教えてくれたのにはワケがあった。児玉は、政界に睨みをきかす浪人界の巨頭で大アジア主義者、民族主義者の頭山満を尊敬していた。その頭山の盟友に進藤喜平太という福岡市の名士がいて、次男が進藤と同名の次郎なのである。しかもその次郎も、以前、新聞社に勤務していた。児玉が進藤の名刺をしげしげと眺めていたのは進藤を喜平太の息子と早合点し、この男なら右翼だから井上日召の隠れ家を教えてやってもかまわないと判断したのに違いなかった。これもあとでわかったのだが、湘南に養生にいったのは日召の妻で、日召本人は西片町の家で古内、菱沼と連絡して團琢磨暗殺の計画を立てていたようだ。

こうした出会いから児玉は、進藤を喜平太の息子と勘違いしたまま、司法記者クラブにいる進藤をさそい出し、警察の右翼対策をさぐろうと話し込んだ。進藤もそれを機会に右翼の情報を仕入れた。進藤はのちに「ぼくは頭山満にもかわいがられたんだよ」と筆者に語ったことがある。児玉の紹介によって、ではないだろうか。さきにみた川手の砂糖密輸の特ダネで、進藤は児玉と再会する。

進藤は昭和前期の国家革新をめざす右翼、軍人らによる血なまぐさい事件に遭遇している。血盟団事件につづく翌八年、またまた右翼団体などによる、とてつもないテロ事件の陰謀が発覚した。進藤は成蹊中学の親友の線から山口三郎という人物が、テロ計画の立役者であることを割り出した。予備役にまわった海軍の飛行中佐で、海軍きっての空爆の名手。テロ組織の名を神兵隊という。

神兵隊は、政府の定例閣議が開かれる金曜日、七月十一日に政府転覆をねらった。これを警察が察知。その前夜、明治神宮講会館に集まった組織に所属する大日本生産党などの右翼団体員四十九人が、原宿署など各署に連行された。

こうして決起寸前に発覚して検挙されたこのグループは、警視庁の調べで、数百人が参加する大規模な組織であることがわかる。山口が重要な一員で地検に拘引され、中野署に留置されたのを知った進藤は、夜半、東京地検検事局にこの事件を調べている長尾猛夫主任検事をたずねた。長尾は飲み友だちである。さいわい守衛がいない。灯りがついている二階の部屋にかけあがり、ノックした。

「だれだ」「進藤だ」

長尾が顔を出し、「入っちゃいかん」と、進藤を押し出す。進藤はいった。「おい、長尾、山口三郎は(取り調べを)やったか」

長尾は驚いて、こんどは進藤のネクタイをつかんで室内に引きずりこんだ。

「だれに聞いた」

「そんなこと、いえるもんか」

「ぜったいに書くなよ」

「書かないといったら書かないよ」

「わかった。お前の口の堅いのは信用できる」と長尾は、次のように説明した。

山口が軽爆撃機を操縦して陸軍参謀本部、陸軍省、警視庁を爆撃する。それを合図に、地上行動隊が三手に分かれて一斉蜂起する。すなわち警視庁を襲って警視総監ら幹部を斬殺し、庁舎内に神兵隊本部を置く。首相官邸を襲い、閣議中の首相ら全閣僚を暗殺する。重臣の私邸を襲う。そして混乱に乗じ、主隊が坂下門から突入し、天皇をいただいて新しい政権をつくるのだという。三年後の二・二六事件などは、遠くかすんでしまいそうな恐るべき大陰謀なのである。

進藤はその足で警察にいった。署内がさわいでいる。署長にきいたところ、山口は毒物を飲んで自殺を図ったが、毒物を吐き出させ、回復したという。東京地検は十一月七日、山口を検挙、中野署に留置した。九日付けに、四段抜きで報道されているが、詳細はのっていない。「追っかけ記事差し止めの命令が、当局から出たのだ」と、進藤はいう。

その後、事件の内容は部分的に発表されるにとどまった。全体の概要が司法省から発表されたのは三年後の昭和十一年十二月十七日で、中身は進藤が長尾から聞いたのと変わっていない。幻の革命であり、書かれざる大特ダネであった。山口はその間の九年二月、脳溢血のため死亡した。

この事件は弁護士、陸海軍予備中佐らが首謀者となっており、四十四人が殺人、放火予備、爆発物取締罰則違反容疑で起訴されたが、昭和十六年三月、大審院で「内乱罪を構成せず、皇国を危局より救わんとするより他意なし」として、全員に刑免除の異例の判決が出された。全貌の発表とはいえ、「皇居に入って天皇をいただく」謀略は記されていない。時代は右傾化、軍国主義へ大きく転換していた。

(二)　社屋襲撃察知と通州事件

昭和十一年二月二十五日の夜、進藤は陸軍中佐満井佐吉《みつい》を小田急沿線の世田谷の自宅にたずねた。その経緯だが、前年八月、陸軍部内の皇道派と統制派の対立抗争の末、皇道派の相沢三郎中佐が陸軍省軍務局長室に飛び込み、抜刀して永田鉄山少将を斬殺した。この事件で翌十一年一月末に初公判が開かれ、ついで二月二十五日の公判で教育総監の真崎甚三郎大将が証言台に立った。満井は相沢中佐の特別弁護人である。部外者は軍法会議の傍聴は許されないので、進藤は真崎の証言をつかもうと満井宅を訪問したのであった。

応接間に電気がついていて、来客中とわかる。この年は正月から五、六回雪が積もって寒く、進藤はオーバーの襟をたて、外で立っていた。やがて客を送りに満井が門に出てきた。午後十一時ごろである。進藤が来意を告げると、「仕様がないな。まあ、あがれ」。酔っている。進藤も持参の一升びんを渡し、話がはずんだ。

満井は突然いいだした。

「たいへんなことが起こるぞ。それも、すぐくる。いまにな、朝日なんか威張っているけど、きみなんかが、おれんとこにきて、満井さん、どうか私を助けてください、といってくる時代になるんだ。いや、冗談だよ」と笑って、「たとえばだ、そんなことが起こらんとも限らんのだ」。

進藤は話題をそらしながら退散し、車をひろって社に直行した。何日かまえに銀座裏の飲み屋で、軍の反乱の情報を相客から聞いていた。満井の話と合わせ、社が危ないと、ひらめいたからである。

「えらいことが起こりそうです。局長と一緒に聞いてください」。尾坂社会部長にそういって、進藤と尾坂は局長室にいった。主筆の緒方がいた。

「うちにも関係があります。ぼくの調べた情報と合わせますと、朝日は襲われます。神兵隊事件みたいなのと同じようです」

緒方はいった。

「ありがとう、たいへんな情報だ。だれにもいうな」

「もちろんです」

翌朝早く、進藤はもう一度、満井宅に向かった。家のちかくの四つ角に刑事らしい男が二人立っている。不穏なものを感じて引き返し、渋谷からタクシーを拾って赤坂まできたら、軽機関銃をかまえている兵隊に出会った。社の玄関に到着し、急ぎ社内に突進した。が、だれもいない。社員全員が社外に出て、難を逃れていたのである。

「社内には女もコドモ（編集局の原稿係やアルバイト）もいる。彼らを全員社外に出すから、それまで待ってくれ」と緒方が反乱軍将校に頼み、犠牲者を出さずにすんだ。緒方たち幹部も社外に出され、数寄屋橋のたもとにたむろしていた。反乱軍は、自由主義の傾向をもつ朝日を敵視していた。

緒方が反乱軍将校に応対した冷静、的確な行動は語り草になっているが、そのかげには進藤の情報も大いに役立っていた。

「ぼくが事前に情報を説明したために、緒方さんも美土路さんも社屋襲撃を予想して、心の準備ができていたのだと思うよ」と追想している。この言葉を裏づけるかのように、美土路昌一（当時編集局長）は、兵士たちが社内になだれ込んできたときいた二十六日朝、「ああ、やっぱりきたかと思った」といっている（『朝日新聞社史』）。

昭和十二年七月七日夜、盧溝橋の闇をつらぬいた一発の銃声が、日中全面戦争の引き金となった。日本政府はこの事件を「事変」として処理しようとし、不拡大の方針でのぞんだが、戦線はたちまち華中、上海へと飛び火し、泥沼と化してしまう。最初はよその国の出来事ぐらいにしか思っていなかった大多数の国民は、通州の日本人居留民二百余人が中国の保安隊に虐殺された事件（七月二十九日）と、上海陸戦隊西部派遣隊長の大山勇夫海軍中尉ら二人が保安隊に射殺された事件（八月九日）で、はじめて事の重大性に気がついた。

通州は北京のすぐ東にある河北省の町。

「通州に最初に足を踏み入れた新聞記者はぼくなんだよ」。八月五日付け紙面に「死の都・通州に一番乗り」「進藤特派員発」の記事がトップに出ている。進藤は、このなかで「平和郷通州は悪鬼の都と化した」「母親の目前で幼児が虐殺された」と伝えている。

他紙では中外商業が八月五日付け夕刊で、次のように詳述している。

「女子の大部分はこれを拉致し、一昼夜にわたり暴行を加えたるのち惨殺し、あるいは鼻に針金をとおし、あるいは手足を縛って東門外にひきずりゆく等、人をして想像もなしえざる残虐をおこないたる後、これを殺害して池に投げ捨て（中略）加うるに死者および日本人家屋より略奪をおこない、見る影もなく荒らされている」

殺害死体を破壊し、辱《はずかし》める。露骨すぎるほどの強烈な嗜虐性である。国民は激昂した。

進藤は通州事件については顔をくもらせ、多くを語らない。

盧溝橋事件も、進藤は「ぼくも取材には、ねちっこいほうなんで調べたんだが、原因はわからなかった」とだけ答えた。

そもそもの戦争の発端である盧溝橋事件について、事件後一年たった昭和十三年（一九三八）七月二日付け大阪毎日新聞に東亜部の関公平記者が、「中国側の不法射撃」を詳述している。また当時、情報担当だった和智恒蔵海軍少佐は二十二年（一九四七）四月二十三日、東京裁判に証人として出廷。二十四日付け朝日は「和智証人〝拡大〟の真相暴露」の見出しで、盧溝橋事件後、日中の停戦協定が成立したのだが、「……陸軍は信用せず、そのうちに夕方から中国軍の攻勢がはじまって事件は拡大したという興味ある事実をのべたのち、反対尋問なく退廷」と報道している。停戦協定を破って攻撃してきたのは中国側であるというもの。証拠をじゅうぶんそろえて出したので、検察側は反論できなかった。和智には『盧溝橋事件は日本のシロ』という回想記がある。

㈢ 広い顔、戦後混乱期をリード

進藤は昭和十四年三月、社会部次長に。二年後、陸軍に主計士官で応召され、南方各地に転戦した。ベトナムのハノイで終戦を迎える。第三十八軍司令部報道部付きの主計中尉だった。抑留生活がはじまった。

三年は抑留されると覚悟していたが、意外に早く、八ヵ月間の抑留ですみ、昭和二十一年三月に帰国できた。編集局に戻った姿をみて、門田は「くさい、きたない軍装だった」と回想している。デスク業務に復職して翌年六月、門田の局次長昇任のあとを引き継ぎ、社会部長に就任する。

価値観がガラッと変わった。戦前は右翼に与えられていた「革新」の文字が、戦後は左翼に移された。空腹をかかえ、ろくな食糧もないまま取材に挺身する記者たち。進藤は未曾有の混乱期に、社会面をつくる記者たちを指導した。

八宝亭事件が解決してしばらくたったころ、ある部員が右翼に原稿を騙《だま》しとられ、それをネタに本社に脅《おど》しをかけられる事件があった。幾日かたって、「解決したよ。これ、彼に渡しといてよ」と、進藤は取り返した原稿を無造作にデスクに渡した。戦前、右翼の大物にまで人脈をひろげていた実績である。

すこぶる顔の広い社会部長である。毎日のように、一階の受付係の女性から「進藤さんにご面会です」と電話がくる。各方面、あらゆる階層からの来訪だが、進藤は誰をもかまわず三階の応接室にとおさせた。

「相撲協会の藤島さんがご面会です」と受付からいってきたことがある。部付きのコドモさんが取り次ぐと、ラク番（補助番）の小島安信デスクが「藤島（取締り）は（元横綱の）常ノ花？」と進藤にきく。

「そう、こんど出羽海（理事長）になったんだ。いま、藤島は誰かな」。「安芸ノ海（です）」。本番（当番）の秋岡鎮夫デスクが、毛筆で朱を入れる手を休めずに答える。新理事長は就任の挨拶にきたのだ。本来なら運動部長にいくのが筋だが、新理事長はまっさきに進藤をたずねた。

映画監督の小津安二郎も。進藤は、小津を「おっちゃん」と呼ぶ。「おっちゃんが好きなのは原節子だろうといったら、顔を真っ赤にしてたよ」と明かした。

経済界にも知己が多い。「広岡（知男）がきくんだよ。きみは社会部のくせに、どうして財界人のことまで知っているのかって。ムカーッときて、いったよ。なに、これのおかげだよって」と、猪口《ちょこ》をあげる仕草をしてみせる。

「進藤さんの酒はいいなあ」と、秋岡がつくづくという。進藤は話の腰を折らない、聴き上手、からまない、微笑を絶やさない。徹底して明るい酒なのである。

新聞社では本社と地方支局との意思疎通をはかるため、通信会議が随時ひらかれる。昭和三十六年四月、進藤が大阪編集局長のとき、高知支局でこの会議があった。夜の懇親会に移り、進藤は、「昨日は徳島だったよ。ダブルヘッダーだ」と、少し疲れた様子。しかし酒宴の盛り上げようはマグマが噴き出す感があった。イタリア歌曲の「登山電車」を独唱。「ゆこう、ゆこう、火の山へ」と、歌うというよりも一大咆哮である。一同、「フニクリ、フニクラ」と、唱和せざるをえない牽引力。しまいには、ヘソ出しで歌いだす。

さんざめくなかにあっても、全員の名前を覚えていて、「取材したんだよ。W君、きみの渾名《あだな》はベートーヴェンだろう」と、笑顔で話しかける。人名をすばやく覚えるのは特技のようだが、「いや、それでもね、初対面の人から名刺をもらって、しゃべっているうち、忘れてしまう。で、そうっと胸のポケットから取り出してみるんだが、かっこう悪いね」と本音をもらしたりもした。

栄養学にもくわしく、単身赴任者向きの料理を披露。いわく、焼いた食パンにバターと一緒に浅草ノリか、とろろ昆布をのせて食べるとうまい。味噌汁に、粉チーズと揚げ玉を入れるとよい味になる。熱い米飯にバターを一かけらのせ、醤油をたらすと素敵な味になる、など。大衆食堂でも飲み屋でも、店の主人と額をつき合わせるようにして調理法を語り、世間話に興じる。ここでまた人の輪が広がる。

「笠さんや広岡さんが『めしは、ナイフとフォークでなければ食べられない』といった風情なのに比べ、進藤さんは、胡坐《あぐら》をかいて、どんぶり飯をかっこむタイプ」と評した記者がいる。

自己流とことわって、過激な記者活動を乗り切るための健康法を紹介している。

「ぼくは人も知る大酒のみだし、煙草もよく吸うが、週に一日は禁酒、禁煙を実行している。毎朝起きて布団は自分でたたむ。掃除が好きで、家のなかをどんどん片付ける。それから競歩のような速さで、家の周囲を歩くんだ」。「独自の健康法を持つように」とすすめるが、この健康法を薦《すす》めたいらしかった。昭和史の生き証人らしく、晩年はノンフィクション作家の取材をうけて、「百歳まで生きる」と意気軒昂だった。しかし、妻醇《すみ》に先立たれ、気落ちしたせいか、目標を六年縮めて世を辞した。

二、歴史を動かす黒衣たち

新聞記者は歴史を動かす黒衣《くろご》であり、地下水脈の役割を持つ。以下、その実例をあげる。

(一) 日本女性の安全を訴える〈宮本敏行〉

昭和二十年(一九四五)八月十七日午後の部会で、第二報道部(社会部)部長の荒垣秀雄はいった。敗戦の二日後である。

「米軍上陸は日本の女性の危機である。何とか新聞の力で、われわれの智恵で、大和撫子《やまとなでしこ》を救う手段はないものだろうか」

一同を見回して、真剣に意見をきく。みな頭を垂れるばかり。虚脱感だけが部屋を支配した。会議室を出て、部員の宮本の頭に、ひらめくものがあった。大和撫子を救えと語れる人、日本人を励まして同時にアメリカ軍を説得できるような人物。その人に、恐怖と混乱の現状を語ってもらい、それを大きく新聞であつかう。その記事を、いま太平洋上の艦船で待機する上陸寸前の米軍将兵に短波放送で伝える。彼らに抵抗なく受け入れられるには国境を越えた宗教関係の人、カトリックの神父はどうか。宮本は、荒垣部長のもとへ走った。

「そんな人が日本にいるだろうか」と、荒垣。

「いますよ、きっと」と答えはしたが、宮本に心当たりがあるわけではなかった。そういう神父さんがいるにちがいないと、祈る思いで考えていた。

「それでいこう。しかし、どうやってそういう人を探すんだ」と荒垣。

宮本は答えず、車を小石川の関口台町のカトリック大司教館へ走らせた。支局員時代にカトリックの知識を多少得ていたのだ。

「京都にパトリック・バーン神父がいますよ。まさにピッタリのかたです。帰国をこばんだ、たった一人のアメリカ人司祭で、健在です。その願いは、きっと引き受けてくれますよ」と、土井大司教はいった。

ありがたい。宮本は涙をこらえた。頭はフル回転。車は霞が関の内閣情報局へ。この仕事には国の協力が必要なのだ。福田篤泰秘書課長（のちの防衛庁長官）がいて、宮本提案に膝をうって賛成。福田は最大限の協力を約して、宮本を上回るプランを持ち出した。

「京都府庁その他への連絡手配、すべて引き受けました。インタビューがすんで記事を書いたあと、バーン神父を東京に連れてきてくれませんか。NHKからじかに、上陸直前の米軍将兵に向けて、この日本の現状を訴えてもらいたい」

「そうです」。今度は、宮本が膝をたたいた。

こうして部会のあった、その日の夜に東京駅へ。通信、交通手段のままならぬ状況下にしては、超スピードの行動だった。京都経由の列車に何とか乗り込めた。終戦直後の汽車には、この数日後からみられる凄まじい混乱はまだなかった。

京都駅に着くや、府庁差し回しの車で庁舎にいき、知事たちと打ち合わせた。福田秘書課長から、万事手配ずみだったのだ。バーン神父が十一年間住んでいた下加茂の寓居《ぐうきょ》へ。長身、黒衣のバーンは、優しい、穏やかな空気につつまれている。五十九歳。かつてはメリノール会の副総長として、全米カトリック会の信望を担った人である。しかし、日本語があまりよくわからない。宮本は覚えている限り、ありったけの英語を総動員させて来意を告げた。

「焼けただれた町をみてください。悲惨な状態で、やっと生きのびた人々や婦女子のパニックは、いま現実なのです」

「それで神父様から、日本の女性たちに、心配するなと、そしてその心配が無用なわけを語っていただきたい。それから米軍へも、神父様からの適切なアドバイスをぜひ」

「わかりました。では、これから、ゆっくり英語でいいますから」

昭和39年９月、雪子夫人とくつろぐ宮本敏行

何という、ものわかりの速さ。一瞬のためらいもない承諾に宮本は驚き、礼もそこそこにメモをとる。神父の顔写真を借り、大阪本社の編集局にあがって東京へ電話を入れ、荒垣に報告する。一時間ほどで原稿を書き上げ、顔写真とともに送稿した。

「上陸する米兵たちよ　守れ厳重な規律」

翌日の朝刊、社会面トップの大見出しだ。まさしく宮本が書いたもの、当然とはいえ特ダネである。わくわくする高揚感が宮本を包んだ。

十九日朝、神父と一緒に東京へ。車中でくつろいだせいか、バーン神父は日本語が達者になってきた。途中のホームで、窓ガラスがたたき破られ、強引に乗客が窓から乗り込んできた。暴徒の形相である。神父はいやがらずにそれを助け、車内に引っ張り込んでやっていた。俄然、立錐の余地もない混みようとなる。

京浜沿線の焼け野原に、「野蛮です。悪魔です」と、神父は呻《うめ》いた。

夕刻東京駅に到着。情報局の福田秘書課長が出迎え、バーン神父と流暢な英会話がはじまって、宮本は安堵《あんど》の溜息をつく。

同夜九時、神父の放送は内幸町のＮＨＫのスタジオから十五分間、おこなわれた。「愛する息子たちよ」と、やさしい、静かな呼びかけ。この演説は何十回も繰り返し、相模湾に集結しつつあった米太平洋艦隊の大艦船群に放送された。

「……彼らの家はこわされ、焼かれ、息子や父親は殺され、不具になり、または傷ついているのです。あなたたちの到着を彼らが憤怒、恐怖、不信、失意の気持ちでみるのは当然のことです。もしこの国の女性や若い人々を乱暴に襲うことによって、彼らの現在の感情をいっそう掻《か》き立てるなら、私は結果がどうなるであろうかと恐れます（中略）。あなたたちは全世界の注目のなかで試されているのです。あなたたちのどんな暴力や不道徳、どんな不正や犯罪行為も、あなたたち自身の人格を汚すばかりでなく、あなたたちの国家をも汚すことになるのです（中略）。日本の人々の苦悩を理解するよう努めてください。大国の代表として、穏やかな、温かい振る舞いをしてください」

神父のこの声は、上陸直前の全艦隊の将兵の耳にとどき、その心を打った。それがわかったのは、ニューヨーク・タイムズのクラックホーン、クリスチャン・サイエンス・モニターのゴードン両記者が、東京に着くなり真っ先に帝国ホテルにバーン神父をたずねてきたからである。

虚脱し、希望をなくして彷徨する都民のなかにあって、敗亡の深手をこれ以上広げまいと、同胞を守るべく目的達成に賭けた宮本の功績は、バーン神父や福田秘書課長をはじめとする関係者とともに終戦秘史に特筆する価値があるだろう。宮本は社会部デスクを連続八年の長きにわたってつとめ、企画ものの立案、指導にも快腕をふるった。その間、米軍占領下の沖縄を「東洋のジブラルタル」と位置づけ、自ら取材した。

妹さえ子はカトリックの修道女である。その感化もあって宮本は、晩年カトリックの信仰に帰依した。

(二)　老春のハイデルベルク〈高木四郎〉

昭和二十六年（一九五一）に入った寒いある日、引き継ぎの大福帳をひろげて夕刊デスクの宮本敏行は、「ああ、これでいこう」と、遊軍席をむいて「高木君」と声をかける。ついで「また、いやな顔する。呼べば、すぐいやな顔しやがる。いい話があるんだよ。これ、やってくれよ」。高木四郎は一年ちかい上野、浅草方面のサツまわりを終えて、遊軍勤務となって間もない。抜いた、抜かれたの生活から解放され、ヤレヤレというところで、ややこしい取材の注文なのだ。少々ヘソを曲げたくもなる。ムッツリして車の伝票に行き先を書き、宮本のサインをもらう。写真部を呼んで一階の配車デスクへ。

仕事の段取りをめぐり、気まずいこともおきる。サラリーマンの世界では、よく見受ける点景である。が、四十歳がらみと三十歳を少し出たぐらいのこの二人は、並みのサラリーマンではない。二人ともそれまで、人知れず、国家レベルの仕事に功労があった。宮本については先にみたとおりである。

高木四郎が東京帝大法学部を繰り上げ卒業したのは昭和十七年九月。即座に兵役につく。第二期予備学生となって台湾の東港飛行基地で半年間、江田島の兵学校並みの訓練をうけた。

同期生は新卒学生五百人余。訓練後、陸戦、対空、機雷敷設、通信の四部門の術科にわけられ、専門の技術を履修。通信班は神奈川県久里浜の海軍通信学校で三ヵ月間、特信の技術を学んだ。このうち六十人が特務班に配属されて実習訓練をうけ、十八年八月、少尉に任官した。高木もその一人である。

東京虎ノ門の市電通りに「海軍第五分室」と表札をかかげた建物があった。埼玉県大和田(現・新座市)にある通信隊が傍受した暗号による敵の無線電報を、電話と定期便でこの建物に集めていた。その電文内容を解き明かすのが第五分室、すなわち軍令部特務班の任務である。太平洋戦争の作戦遂行にあたり、陰の主役として働いたポストである。

アメリカは第二次大戦当時、ストリップ・サイファー(サイファー=暗号)という多表式暗号をもっていた。開戦後、日本軍はフィリピン占領地でストリップ暗号の器具を捕獲して解読をこころみたが、敵はストリップ(細長い紙片)についている番号の順序を変えたり、ストリップを何本か抜いたりして、容易に尻尾をつかませない。残念ながら暗号は終戦まで解読できずに終わった。

暗号解読に代わる手段が、暗号電報の通信解析である。電報には日米ともにモールス符号を使っていた。長短二種類の線を組み合わせて、文字を符号に置き換える通信方法で、傍受員はレシーバーを耳にあて、短波無線機から英字符号をききとって書き写す。この傍受電報を、予備士官が解析するのである。

通信解析技術は特務班の一期予備士官たちの努力で開発され、昭和十八年の夏以降になると米海軍の戦略企図はおおむね予知できる段階に達していた。それが可能になったのは通信系図をつくったためである。通信系図というのは、敵の通信がどこからどこへ打たれたかを確認し、命令系統を描くものである。この通信は、まず呼び出し符号（暗号）を打ったあとにつづく。アメリカの各艦隊にはそれぞれ呼び出し符号がついており、発信者（機動部隊司令官など）は着信者、関係通報先に、この符号で呼び出してから、暗号文で出動先などを指令する。

わが特務班は右にみた発信者、着信者、関係通報先と思われる一定の通信系内の暗号電報をまとめて図形に整理し、アメリカの戦略企図をマクロに解析しようと努めた。しかし米海軍の通信は慎重で、呼び出し符号は毎日のように変更され、これを解き明かす特務班の苦労は並み大抵のものではなかった。

国家に貢献した高木四郎

高木がある日、米通信の緊急性、発信量から判断して解析に成功した。同期の内藤憲三（戦後、島根県庁職員）は、「偶然とはいえ、ふつうの計算だと何年かかるかわからない解析を高木君はやってのけ、敵の出撃日時、進攻方向をあてました」と明かした。

昭和二十年二月初め、森川秀也司令ら幹部が作業室にきて、予備士官たちの報告をきいた。米潜水艦の沖縄近辺での偵察報告が活発になっているので、軍令部内では米軍の沖縄上陸ちかしという予測が大勢だったのである。これに対し、「沖縄方面の発信電報をみると、米陸軍からの電信は一つも出ていない。今回は陸軍部隊が参加しない作戦とみるべきだ。海兵隊だけの上陸作戦とすれば硫黄島か小笠原しか考えられない」「マリアナ北方、硫黄島に対する哨戒機の活動が活発」と、反対の報告が出された。

高木もこの意見を正しいとみた。高木は「硫黄島には商船、輸送船が大挙来航してきた。これらの乗組員は軍艦乗組員と違って鍛えていないから、安全確保上、よく通信を出したのです」と語っている。

予備士官の報告は正しかった。米軍は二月十九日に硫黄島に上陸した。沖縄上陸は四十一日後の四月一日である。

敵情解析の技術は向上したものの、これを迎え撃つ決戦兵力はすでになかった。見通しのよい高木はそれ以前、ミッドウェー海戦の敗北のころ、霞が関の軍需省にはためく幟《のぼり》に「神風は吹く」と大書してあるのをみて、同期の親友で後年作家になる阿川弘之に「神風は逆に吹いてるよ」と皮肉っている。

敗戦の前年、天皇が海軍大学校卒業式に行幸の帰途、大本営海軍部にお立ち寄りになり、奉迎した。同期生が「陛下は心配そうなお顔だな」といったところ、高木は、「毎日大勢の人が自分の名前を呼んで死んでいくんだから、顔色が悪いのは当然だよ」と応じている。阿川はそういう高木を、「とらわれない、闊達な自由人だ」と評した。

高木は敗戦の四十五日まえの六月三十日、「日本は負けるよ。自分が戦死したら母の面倒をみてほしい」と、妻美智子に告げている。

戦後、高木は銀座で鮮魚商を営むかたわら、アサヒグラフ企画の文体模写に頻繁に投稿。常連となり、そのユーモアと斬新な風刺に感服した副編集長の伊沢紀（筆名・飯沢匡）にさそわれて、朝日に入社する。三十歳。遅いスタートだった。

サツまわり時代は、上野動物園が復興ブームにわいていた。インドやアメリカから大型の動物が相次いでやってきた。ブームにのって同僚の吉岡正典、斎藤知克と三人で「動物紳士録」の続き物を昭和三十五年五月から五十四回にわたって連載した。虎狩りの殿様、徳川義親ら動物や魚類、鳥類の学者たちからきいた話を楽しい読み物にまとめて出版。ハモニカで有名な宮田東峰の作曲でレコードにもなり、ロングセラーとなった。

雑報のなかで特筆すべきは、昭和二十七年七月末、ヘルシンキ五輪水泳で、期待の古橋広之進選手が四百メートル自由形に出場して八位に終わり、涙をのんだ内幕を描いた百五十行の名編である。

日本にとって十六年ぶり、戦後初のオリンピックに出場した古橋は、それまで戦後の水泳界でつぎつぎと世界記録をうちだし、「世界最高の泳者」と絶賛をあびた。それが無残にも、いちばん遅れて激しく水をたたいたまま敗れた。二十三歳。年齢的にもピークにさしかかっていた。オリンピックを連覇した鶴田義行の例もあるが、時代も環境も違っていて比較はできない。古橋は、商売下手の父親を助けて働いていた。体調も不調だった。高木はそうした古橋の「秘められた苦悩」を紹介している。

署名入りのこの記事を読んだ週刊朝日編集長で、やかまし屋の令名たかい扇谷正造が、六階の出版局からわざわざ三階の編集局に降りてきて、デスクの小島に、「高木はうまいね。よく書けてる」と、絶賛した。

ヘルシンキ五輪の翌年にアメリカ名「テス」という台風が本土を襲った。この台風、気象庁の観測をふりきって東へ西へ迷走。変幻自在のコースをとる。高木はトマス・ハーディーの小説「テス」をもちだし、純情一途な小説の主人公とくらべ、台風のテスは男をたぶらかすアバズレのようにふるまうと、軽妙に書いた。取材の修羅場では、こう余裕のある書き方は、なかなかできないものである。

軽妙洒脱で愛情のこもった筆さばきが結実したのが、七十歳の留学記録『老春のハイデルベルク』である。定年後の昭和五十六年の暮れ、高木は友人の画家おおば比呂司の忘年会に招かれた。

おおばはいった。

「これまで散々エネルギーを放出してきたので、このへんでいっぺん油を補給してみたい。オランダにいって本物のヴァン・ゴッホやレンブラントに直接ふれ、充電したい」

六十歳になって、オランダに絵の勉強にいくという留学宣言に拍手の嵐がおきる。高木は脳天をたたかれる思いがし、「よし、おれも」という気になった。

戦後派のサラリーマンにとって、定年後の人生は「第二の人生」だが、高木たち戦中派にとっては戦後のサラリーマン生活こそ「第二の人生」だった。海軍予備学生の同期のなかには、戦死者も大勢いる。高木も、一見大学の研究室のような静かな通信解析の部屋のなかで、神経を消耗して戦った。無理心中の生き残りのような心境で、戦後を「第二」の人生と考えていた。定年後は「第三」「付録」ということになる。

戦争による繰り上げ卒業組である。もう一度、大学生をやり直してみたい気持ちがあった。青雲の志といった昂ぶったものではないが、有り体にいって、とめどなくヨーロッパをほっつき歩いてみたかった。「好奇心、野次馬根性のなせる業だったかも知れない」とは、高木の言。

東京赤坂にあるドイツ文化会館のＤＡＡＤ（ドイツ学術交流会）をたずねることから、留学準備をはじめた。ドイツを選んだのは旧制の東京府立高校当時、ドイツ語を第一外国語とする文乙を選んだためだが、相当にサビついている。ドイツ語を基礎からはじめるために、西ベルリン、ついでミュンヘンの南方六十キロの人口一万の町ムルナウにある語学学校に学ぶことにした。

『老春のハイデルベルク』によると、ドイツには二百五十の大学があり、ほとんどすべてが国立。月謝は無料。入学金、受験料も不要。大学からの連絡や通信費として印刷代の年五千円が必要なぐらい。大学間の転校が認められているため、学閥や大学の優劣は問題にならない。入学後の転校も自由。春秋二回の入学試験があり、受けさえすれば成績不問で必ず入学できる。ただし勉強はむずかしく、卒業できるのは六五パーセント。

高木は、ドイツ南部のネッカー川の清流を臨むハイデルベルク大学に、晴れて入学。『アルト・ハイデルベルク』のロマンに息づく学び舎。六十六歳の大学生である。一九八六年のことだった。「私が最年長ですか」と外人学生局長にきいたら「とんでもない。日本人でも、スイス駐在大使を辞めてから入学した七十歳の人がいました。ドイツ人の学生には十九世紀生まれの人もいます」という返事。九十歳ちかい年齢の学生である。

世界中から集まった留学生やドイツの学生たちにもまれて、高木は何十年ぶりかで青春の息吹きを取り戻す。ドイツ語習得のハードルは高かったが、つとめて日本文化を彼らに発信した。また、留学後三年たって、日本学科の教授の頼みで「日本の戦後社会世相史」という新しい講座を持たされる。高木が入学した一九八六年は大学創立六百年にあたり、記念事業に日本学科が開設されたのである。ドイツ語はダメだといったら、日本語でよいという。そこで高木はドイツ語に堪能な日本人留学生二人に応援を頼み、朝日の縮刷版と、その日にロンドンで印刷された衛星国際版を材料にして講義をはじめた。この二人は音楽大学への留学生で西田典子と菱沼智明。

高木は戦後史のはじめとして広島・長崎の原子爆弾投下から順に教えていく。つづいてポツダム宣言の受託と敗戦、財閥解体、政治犯釈放、婦人参政権、食生活の実態、闇市……。日本語の練習では、繰り返しがベストとみて、新聞の天気予報欄を読ませる。死亡記事、漫画も繰り返し読むと意味がわかってくる。

秋の夜長の風情を教えたところ、鳴く虫の種類の多さにドイツ人学生は驚いた。「歌は世につれ」の講義では西田、菱沼に美空ひばりや石原裕次郎の流行歌を教室で歌ってもらった。ヘーゲルやフォイエルバッハといった大思想家が教えた教室から、「赤いリンゴに唇よせて」などという歌がきこえてくる。日本学は楽しそうだと好評だった。日本語の人気は予想以上で、希望者が集まってきて、伝統あるギリシャ語や中国語よりも生徒数が多かった。日本学科を開講して五年目には、教室に入りきれなくなり、のちにはもっと大きな教室に移った。

高木は教師と学生の二枚看板を背負って、六年ちかい充実した留学生活をおくった。いつのまにか七十歳をすぎていた。『老春のハイデルベルク』には、ドイツの「今」と「昔」が楽しく描かれ、在社中、海外特派員の経験こそなかったが、どの項目もそのまま新聞の特派員報告記事にしてよい形になっている。

高木は日本の言語、伝統文化、現代史を多くのドイツ人学生やドイツへの他国の留学生らに懇切丁寧に紹介し、「ヘル・タカギ」と敬称をつけて感謝された。高木は在社中というよりも、むしろ戦時中と定年後、それも国家のために貢献した。

㈢　**サイパン同胞の自決**〈渡辺紳一郎〉

オペラ界を豊かなバスの声量でリードし、「帝王」と絶賛された白系ロシア人ヒョードル・シャリアピンに信頼され、乞われてシャリアピンの住むマンションに同居した記者が渡辺紳一郎である。百科事典を熟読して身につけた博覧強記。英、仏、露、スウェーデン語に堪能。中国語も読解力がある語学の天才。

シャリアピンはカルソ亡きあとに一時代を劃《かく》した声楽家。オペラにとどまらずロシア民謡でも他の追随をゆるさぬ歌唱力をもち、憂愁をこめた「ヴォルガの舟歌」は二十一世紀に入っても、なおファンの耳をとらえてはなさない。革命後、ロシア人民芸術家の称号をあたえられたが、一九二二年にパリに公演旅行に出かけたままソ連に帰らず、パリに永住した。朝日創立者の村山龍平《りょうへい》の娘藤子とは旧知の仲である。その縁で昭和十一年（一九三六）一月、朝日の招待で来日し、公演した。時に六十四歳。

シャリアピンの通訳と世話の係に藤子は渡辺紳一郎を指名した。面倒なことがあった。シャリアピンは夫人同伴できたのだが、愛人があとから追いかけてきたのである。これを知って、渡辺は二人が顔を合わすことがないよう懸命に工作し、窮地を救った。バレたら大騒ぎになり、「帝王」の名誉は失墜するところだった。滞日中、急の歯痛に苦しんだシャリアピンを、渡辺は名医に紹介して治癒させてもいる。

シャリアピンは弱輩の渡辺に感謝した。渡辺の率直な人柄を気に入っていたシャリアピンは、渡辺が特派員になって妻菊江と一緒にパリに着任したとき、「おれの家にこい」と命令調でさそった。彼の所有するマンションは何階建てかの大邸宅であって、一族、家の子郎党も住んでいる。四階の表側の部屋に、風呂や台所をつくって渡辺夫妻を住まわせた。二年後、シャリアピンは死去。渡辺は当然ながら最初に知って、特電を本社に打った。

渡辺はそれ以前に私費留学の経験があり、戦争をはさんで欧州生活が十年にのぼる。戦争中も渡辺は、事実のみを書いた。日支事変がはじまり、本社からフランスの世論を打電せよといってきた。各方面の新聞論調をまとめたが、日本の評判はよくない。日本の喜びそうな与太をとばすわけにはいかないので、正直に、ありのままを打電したが、「フランスの泣き言」といった見出しで、新聞の片隅に小さく出た。反面、現地採用の枢軸国特派員が名をあげるチャンスとばかり、無責任きわまるデタラメ記事を送ったものが紙面に大きくのる。また、

「徐州大会戦は東亜のタンネンベルクだ。そちらの反響を打電せよ」と本社から。第一次大戦の初期、ポーランドのタンネンベルクでドイツ軍がロシア軍を包囲作戦で破った戦いをいう。渡辺は、フランスの軍関係者にきいたところ、徐州作戦は日本の失敗に終わり、まったく比較にならないことがわかり、そのとおりに連絡して注文をことわった。

ここに一つの二百行をこえる長大な記事が残っている。ストックホルムの渡辺特派員が米人記者の目を介して取り上げたサイパン同胞の最期である。

「従容《しょうよう》、婦女子も自決」という見出しで、昭和十九年八月十九日付け。

語学の天才、渡辺紳一郎

この記事は米タイム誌前線特派員ロバート・シャーロッドの報告を渡辺が翻訳したもの。同誌八月七日号に「敵の性質」と題して掲載されている。渡辺は、「非戦闘員の壮烈な最期を伝うるものなき今日、せめて米誌の報道を借り

てサイパン在留同胞の最期を故国に伝えたい」とのべている。シャーロッド記者の記事の要点を以下引用する。


記者はサイパン島の北端マッピ山に出かけ、断崖の端までいった。海兵隊員がいった。

「一昨日から昨日にかけて男女、子供の日本の非戦闘員数百名がこの崖の上にいたが、それが皆一様に崖から飛び降りるか、崖を降りるかして海に入ってしまった。私はある父親が三人の子供を抱きながら身を投ずるのをみた」

「ごらんなさい。いま、あそこに、海に飛び込もうとしている男がいる」

下のほうには十五歳にも満たぬとみえる日本人の若者が岩をこえて海のほうへ歩いていた。彼ははるか彼方を拝す如き姿勢をとったとみるや、やがて水中に横たわり、少したって見えなくなってしまった。なお見下ろすと、記者は自殺した他の七名の死体を認めた。五歳ぐらいの子供であろう、白シャツを着て固くなって流されているのもある。

海兵が「西側へ半マイル下ったところには、こんなのが数百人もいますよ」といった。

記者は西側に出動していた掃海艇の士官と会って、このことを確かめた。士官は答えた。

「自分は白いブラウスにカーキ色のズボンをはき、黒髪を水に漂わせた一人の女をみた。白いブラウスをみるたびに、あの女のことを思い出してならない。四、五歳ぐらいの少年が武装した日本兵の首にしっかり腕を巻きつけて死んでいる、いじらしいのもあった」

マッピ山では、日本人のなかには自決まえに訣別の式を挙げる者もあった。海兵たちは、女たちが岩の上に悠然と立って、長い黒髪をくしけずるのをみて、びっくりした。息をころしてみつめていると、やがて女たちは手に手を取り合って、静かに水中深く入っていった。

マルピポイントの断崖上の岩に集まっていた百余の日本人たちは手榴弾を分け合った。ある日、海兵隊の兵は約五十人の日本人、それも小さい子供を加えた一団が、野球の試合まえに選手がウォーミングアップをやるように、嬉々として手榴弾を投げ合っているのをみて、胆をつぶした。

そこへ突然、いままで穴のなかから米兵を狙撃していた六人の日本兵が現われるとみるや、「玉砕とはこうするものだ」と非戦闘員に教えるかのように、一団の目のまえで自殺してみせた。この自決、この玉砕は一体全体、何を意味するのであろうか。サイパン島の日本人は、「アメリカ人は野獣だ、だれもかれも殺戮《さつりく》する」と、信じているためであろうか。多くの日本の非戦闘員は、捕われて後いじめられるよりも死を願い、一思いに我と我が身を殺していったのだった。

このように状況を活写したうえ、シャーロッドは、「日本兵は降伏を拒否するためにはいかなる手段をも辞せないが、日本の非戦闘員たちもまた絶対に降伏を欲しなかったことがわかる。非戦闘員のこの自決こそ、日本人は全民族をあげて降伏よりも死を選ぶということを表明しているのである」と結んでいる。

東条英機首相は、「サイパンは難攻不落」と公言していた。そのサイパンが失陥し、東条政権は瓦解した。その機会をねらったかのように渡辺は、敵国記者の手を借りてサイパンの真実をあますところなく描出した。サイパン同胞の悲劇をつうじて、戦争終結を訴えている。「こんなものを書くなんて。渡辺は国賊だ」と、非難の声が社内からも出た。

渡辺は帰国後、「サイパンが限度いっぱいだ。サイパンの敗北で終戦の手を打たなければ日本は完敗だ。そう思って、米人記者のレポートを借りて、あの記事を書いたのだ」と家族に明かしている。

この記事は、朝日発行の『朝日新聞一〇〇年の記事にみる特ダネ名記事』に紹介されており、他の記事もふくめて「時の権力との果敢な闘いの歴史でもあることに感嘆する」と編集者は後書に記している。

渡辺はストックホルムに先だつパリ特派員時代、同じマンションに隠れ住んでいたユダヤ人一家のために、有志と語らって、ひそかに生活物資を買い与えてもいる。

サイパン同胞の集団自決は、シャーロッドの記述にあるように、軍の関与、すなわち軍の勧誘や誘導、命令もなく、自発的意志による行動であったようだ。

五階に勤務室という部屋があり、戦後の渡辺はこの部屋にいた。ベテラン記者が数人いて、つぎの異動を待っているような趣《おもむき》があり、渡辺は「勤務室、勤務せず」と称して放談に花を咲かせていた。戦時中モスクワ特派員だった畑中政春とは論敵だった。

畑中には昭和十九年八月十八日付けから六回にわたる連載記事「ソ連より帰りて」がある。

全文ドイツに屈せぬソ連国民礼讃の文字がつづられている。

畑中は体験上、ソ連支持者である。対して渡辺は中立国の首都ストックホルムにあってソ連の動きを客観的にみてきた。シャリアピンからスターリンの粛清、弾圧、農業政策の失敗などをきいている。果てしない論争の末、渡辺は、「おれは共産主義の世の中になったら朝から晩まで猥談ばかりやるんだ。これさえやってたら身の安全は保障されるからな」と、いささか露悪的な表現で宣言していた。巧みなレトリックである。レトリックの裏には真実を見きわめようとする目が光っていた。

昭和二十六年に出版された『共産主義への50の疑問』（理論社）のなかで、畑中は、「いまの階級制度がなくなっても新しい階級制度が生まれるのではないか」という質問に対して、こう答えている。

「スターリン、共産党、高級官僚は新しい階級だろうか。決してそうではない。彼らは労働者階級、農民階級と生産手段に対して全く同一の関係に立っている（中略）彼らの活動それ自身がソビエト社会を一歩一歩完全な無階級共産社会へ導いていきつつある活動といわなくてはならない」

右は畑中理論の一部だが、これを正反対にしたのが渡辺の考えとみてよい。

勤務室勤務せずといいながら、渡辺は夕刊社会面に「みそさゞい」という三段の囲み記事を担当した。最初の世界一周はマゼランの乗っていたヴィクトリア号、それでは日本人ではじめて世界一周したのはだれか、と問いかけながら説明していく。食のみでなく、知識にも飢えていた読者を刺激し、一面の「人物天気図」と並んで多くのファンをつかんだ。新聞記者は広くて浅い知識を要求されるが、渡辺は「それは違う。広くて深い知識が必要なのだ」と喝破する。その確信の片鱗を著書『東洋古典語典』『西洋古典語典』(各講談社)にみることができる。

渡辺の令名を全国的に高からしめたのは、NHKラジオのクイズ番組「話の泉」である。常連回答者の一人として出席し、こんなことまで知っているのかと聴取者にいわせるほど、博識ぶりを存分に発揮した。

ラジオで、紙面で、渡辺は閉塞感にさいなまれていた戦後日本人の目と耳を大きく世界に向けさせることに献身して、ヒラ記者三十年の幕を閉じた。多趣味のなかに骨董品集めがあり、ベートーヴェンのデスマスクならぬライフマスク、すなわち生存中につくったという顔型を掘り出し、長男の吉夫が保管している。人間関係では利害を超えて、信義にことのほか厚い人であった。

その一例だが、渡辺の晩年に役員改選をめぐって社内紛争が勃発し、資本と経営の分立をもたらした。株式保有率が、資本家で最大株主の村山家(四〇・五パーセント)と第二の大株主である上野家を合わせ六〇パーセントと過半数を占められているなかで、上野家が会社側(経営側)にまわり、会社側は社員、社員OBの株をあつめて村山家の封じ込めに走った。

渡辺は病床にあって、「自分は村山さんのお世話になってきた。だから決して株を会社側に渡してはならぬ」と、妻菊江に念をいれてたのんだ。菊江は遺言をまもり、渡辺の没後、上野家の代理が渡辺宅を訪れて株の譲渡を迫ったが、これを峻拒した。

三、伊藤律・架空会見事件

昭和二十五年（一九五〇）九月二十六日は残暑の厳しい一日だった。三階の編集局、早朝。南東に開いた各部の窓に、戦災で焼け残ったビルからボリューム一杯にスッペの「軽騎兵」が流れてくる。軽快なリズムにのって、編集庶務部のコドモさんたちが机にはたきをかけ、拭き掃除をし、インクびんを洗う。芯のやわらかい3Bの鉛筆を数本まとめて持ち、円筒のゴミ箱の脇にあて、切り出しナイフを使って手練の早業で削る。いつもの早朝の風景である。

午前九時ごろ、社会部では夕刊本番の秋岡鎮夫次長が出勤、木製の八角デスク席に着いた。八角机は数奇屋橋にちかい窓際が部長席、向かってその右側が朝・夕刊デスク席、部長席の真向かいがコドモさんの席。その他はラク番、またはレコ番と呼ばれる非番のデスクや遊軍記者が利用している。

大阪本社管内の神戸支局から、大阪本社通信部（地方の支局、通信局を管掌する部門）、連絡部を経由し、一通の行政が東京本社社会部に届いたのは、秋岡デスクが着席してまもないときだった（「行政」とは社内連絡のことで朝日独特の用語）。共産党幹部の伊藤律と単独会見した大特ダネを、送るという予告である。

この予告に誘われたかのように社会部長の進藤次郎が出社してきた。このころの部長は各部とも出勤が早く、午前十時には勢ぞろいしていた。進藤はこの日、いつもより早く、九時半ごろに姿をみせた。「なぜだか思い出せないのだが、あの日に限ってぼくは早く出勤してね。それで、あわてずに対応できたんだ」と、語る。

八角机の手前、編集局入口ちかくの遊軍席には、すでに二、三人の記者が席に着いていた。つづいて秋岡デスクから電報で呼び出しを受けた共産党担当の村上寛治と国会担当の工藤吉郎が到着（当時は電話所有者はほとんどデスク以上に限られ、部員は電報で呼び出された）。

特ダネだというニュースは、原稿用紙と呼ばれるザラ紙一枚に十数字書き込まれて、大阪からの電話送稿を受けた連絡部から順次、秋岡デスクへ。一枚、また一枚と目をとおしていく秋岡の顔が、けわしくなっていく。慎重で知られるデスクある。

「これ、わからんですねえ。見てください」と、秋岡は進藤に原稿を渡し、小走りに連絡部へ。専用線で大阪通信部デスクを呼び出して、疑問点を問い合わせている。捏造《ねつぞう》記事に振り回された一日のはじまりである。

朝鮮戦争にさきだつ二十五年六月六日、マッカーサー司令部は共産党幹部の公職追放を指令。追放された幹部のうち党実力者の政治局員伊藤律をふくむ九人は地下にもぐり、団体等規正令違反で全国に手配されていた。その所在をめぐり、激しい取材合戦が展開されていた。

ちなみに九月二十三日付けの朝日の朝刊社会面には、「神戸に出現？　伊藤律氏」という見出しのベタ（一段）記事で、「神戸市警は伊藤律氏が市内の某氏方を訪れ、夕食をとった後、立ち去った事実をつきとめた、といっている」との神戸支局発のニュースを伝えている。その記事のあとに「確度は低い」として、国警本部がこの情報を否定する東京出稿の記事が出ている。

そして二十六日、大阪から出稿されたこの記事は、神戸支局のN記者が、伊藤律と深夜、宝塚山中で単独会見に成功した、という驚くべき内容だった。伊藤律は共産党のプリンスといわれる大物である。

つぎつぎに追加されて、ザラ紙が百枚ほどにもなった大原稿が一枚、一枚、秋岡から進藤へ。進藤から村上の手に渡される。読みすすむ村上の顔も緊迫していく。

「いま、新聞記者に会ったら、彼は除名ものですよ。乱れた頭髪のように書いてあるが、彼はいつもきちんと整髪しています。それにご苦労なんて軍隊用語も使うわけがない」と、村上は明快に疑問点をあげる。いつも言葉づかいの丁寧な工藤が、「そう、変な原稿ですね」と相槌をうつ。

マッカーサー司令部に追放され、姿を消した共産党幹部当時の伊藤律氏。地下活動に入る前に撮影

進藤も「ううん、おかしいなあ」とつぶやき、走るように連絡部へ。

大阪では編集局長の岡一郎が通話口に出て、

「進藤君か、ちょうどいい。いま、ここに神戸の支局長がきているから、彼と直接話してくれ」といって、鶴秀茂支局長とかわる。

進藤の口から矢継ぎ早に質問がとぶ。

「どうして伊藤律とわかったのだ」「伊藤が乗ってきた車の車種は？　ナンバーは？」「会見した場所は、宝塚のどこの、何というところなんだ。具体的に特定できないのか」

鶴支局長の説明は、「会いにいくまえに顔写真で確かめた」「山腹を七曲がりする急カーブを伊藤の車が早く走るものだから、ナンバーは確認できなかった」「目隠しをされたから会った場所は不明」というもので、「絶対に間違いない」と、何度も繰り返す。

大阪市生まれで甲南高校（神戸市東灘区）出身の進藤は、この辺りの地理にくわしい。

「七曲がりか、なるほど、そこまでいうのなら」と納得した。

長い通話を終えて連絡部長の木村照彦に、「こうやってポケットから顔写真を取り出して（目のまえにいる伊藤の顔と）照らし合わせたというんだがねえ」と、仕草をまじえて語る進藤の顔からはふだんの温容が消え、苦渋の色がにじむ。

進藤はふりかえって、

「あのときの支局長の説明は真に迫っていたよ。ぼくは最初、どうも腑に落ちなかったのだが、ああまで断言されると、こっちには反論の材料がないしね、そうかなあ、という気になってしまい、それで早版から入れたのだ。ぼくに土地勘があったのが裏目に出た。それに顔写真を準備していったというしね」と、筆者に話した。

社会部ではラク番デスクの小島安信がいて、「会見場所がはっきりしなければ『宝塚付近の山中で』としたらどうだ」と、秋岡に声をかけたが、腰が引けている。鼻っ柱の強い小島だが、このときは自信なさそうな、つぶやくような言い方だった。

もめた末に原稿は結局、社会部の手を離れて夕刊編集部へ（前年十二月に夕刊が復活し、整理部門は夕刊編集部と朝刊専門の整理部に分かれていた）。担当デスクは白沢正二。白沢は三階の編集局と二階の活版部（「工場」と呼んでいた）をつなぐ鉄板の階段を踏み鳴らしながら昇ったり降りたりして、見出しをつけるのに苦吟していた。白沢は他界する前年の平成六年、筆者の質問につぎのように答えている。

「中身の薄い、疑問だらけの原稿なのだ。見出しのつけようがなくて苦労したよ。（大阪の）局長のオカピンさんが大丈夫だといった、というので信用したんだよ。あの人が東京整理部長のとき、ぼくはその下に仕えたのだが、豪快で、きれる、素晴らしい人でね」

ここで会見記と称する問題の記事を全文掲載する。見出しは横カットが「姿を現した伊藤律氏　本社記者・宝塚山中で問答」。縦五段で「〝徳田氏は知らない〟（注・どこにいるのか知らないという意味）月光の下、やつれた顔」としている。送稿過程で混乱があったのか「目隠し」「目かくし」など細部で用語の不統一がある。

（東京本社発行の九月二十七日付け＝二十六日発行・夕刊朝日新聞四版・社会面トップ）

〔神戸発〕日共九幹部追放以来すでに約三ヶ月、捜査関係者の必死の努力にも拘わらずはっきりした行方が判らぬままに過ぎている時、既報「伊藤律神戸に現る」の記事を取材した本社記者はその出所につき、より確実な情報を得るため、各方面について努力中であったが、二十五日深更、情報入手先の一つから「伊藤律が確かに阪神間にいる」との知らせがあった。この種の情報は多いので、記者も半信半疑で写真班も伴わず、とりあえずおもむいたところ意外にも伊藤律氏と二十六日午前三時宝塚の山奥で会見する結果となった。このため捜査当局と連絡することも不能な結果に終ったが、以下その会見記――。

記者は午前一時すぎ阪神国道から宝塚への回り角で待機していた案内役の某氏を同乗させ、一気に宝塚へと車を直行、同二時前約束の南口へ到着、記者はここで一たん車を捨て、だれ一人姿の見えぬ歌劇の町を素通りし、国鉄福知山線宝塚駅前に出た。約二百メートル歩行した地点で待たされ、案内の某氏のたっての願いで記者は目かくしをすることを許した。四、五分の後、音もなく滑るように近づく自動車の音が記者の横でピタリととまる。〝どうぞ〟という男の声に手をとられ車中の人となる。両手は二人にしっかり握られたまま、三《さん》田《だ》方向へふたたび車は前進、車中約二十分くらいの後、車が静かに停車して下車した。目隠しのまま十五、六分はたったろう。〝もうタオルをとってもいい〟某氏の話で目隠しをはずす。その辺一帯は全くの山中だった。記者はいわれるままに付近に腰をおろしじっと恐怖と寒さをこらえて待っていると下から人の登って来る気配がし次第に近づく。〝来たな……〟と直感〝ヤア御苦労〟としかもごく低い江戸っ子口調で党員にあいさつする声がきこえる。記者の前約三尺ほど離れてドカリと腰をおろして向いあった。〝伊藤さんです〟と某氏が紹介〝朝日新聞記者です〟と応答、月明りは伊藤氏の顔をまともに照している……。青白く……記者は大きくひとみを開いて、まばたき一つせず、かたずをのんで見すえ、ポケットの中にひそめていた伊藤氏の写真顔と照合した。不精ヒゲをはやし、ほおはつかれて落ち込んでいて眼光だけは鋭く光っている。これという特徴はないが、幾分四角の顔つき確かに伊藤律だ。髪の毛は油気が全然ない模様で少し前に垂れ下り、無帽、軍服様の上衣にズボンは黒(黒に見えた)クツは車にかくれて十分見られないが黒色らしい。間違いない伊藤氏だ。

この間わずか二分ぐらい。記者はついに問題の人に会見出来たのだ。時まさに午前三時半。……もう一度まばたきし、さらに見つめる……あまりにも見つめるため相手はきまり悪そうな顔つき、まず〝煙草を〟と差出す。〝いややめています〟と断られる。記者が一本口にくわえてマッチをすりかけると火をつけるのはやめて下さい、と止められたので、早速《さっそく》次の一問一答を行った。

問　党員と二人か？……

答　そうだ。

問　他の人はどこに。

答　いえない。

問　追放後の行動は？……

答　そんなことはどうでもよい。

問　関西へ来たのはいつか？
答　九月少し前だ。
問　神戸へはいつごろ？
答　一週間ほど前だ。朝日に出ていた。
問　目的は？
答　いえぬ。
問　徳田氏は中国へ飛んだうわさがあるが？……
答　ぼくにはわからぬ。
問　追放幹部は？……
答　どうしているかいえぬ。
問　きょうこれからの行動は？……
答　もうここにはいないよ……
問　家族のことは気にならないか？
答　気になっても仕方がないが、元気でいることを知らせてやってほしい。
約束の時間三分がきた。〝もう時間です〟と党員が口をはさむ。記者はふたたび目隠しされ下山、一路帰社の途についた。〔N記者〕（注・記事には本名で出ている）
翌日の朝刊では、「目隠しされ下山」のつぎに、「車で途中まで送られ、ある曲り角で降された。そのまま車は三田方面へ姿を消した」と、むすんでいる。

白沢の話をつづける。

「原稿のなかに、マッチをすろうとしたという個所があるだろう。相手の顔を確認するためだときいたが、社会部あたりから疑問の声があがった。『月夜で、しかも三尺（九〇センチ）の至近距離なのにマッチをする必要はないんじゃないか』とね。どの程度の明るさだったのか月齢を調べてみようか、という声もあった。また、『月夜といっても深夜の山中だぞ。マッチをすったぐらいで相手の顔が伊藤律だと判定できるのか。そこを取材した記者にただすべきだ』という提言も社会部、整理部から出された。いま思えば核心を衝いた疑問だった」

夕刊編集部に隣接している整理部では、椎野力デスクが書き出しに「会見に成功した」とあるのをみて、「警察が躍起になって捜査しているのに、一記者が簡単に会えるのか」と首をかしげていた。

夕刊の早版が刷りあがったころ、社会部には部長以下七、八人がいた。部内はざわついてはいたが、大事件のときに巻き起こる喧騒はなかった。出稿元が他本社管内の神戸支局なので、東京社会部は原稿の通過地点という事情があったためである。

それにしても「大特ダネ」がもたらした衝撃波は大きかった。全部員、終始顔をひきつらせていた。

調査研究室員の森恭三から、進藤に電話。「この記事、おかしいね。伊藤の乗った車のナンバーはわからないのか」。だれもが抱く疑問である。

「七曲がりの道だから確認できなかったというんだ」と進藤。

森は神戸生まれで旧制大阪高校出身。進藤と同じくこの方面の地理にくわしく、この説明でひきさがる。森は当時、肺結核の治療で休職中。「入院先で夕刊を読んだか、社の同僚の知らせを受けたかで、この記事を知り、電話したのでは」と妻妙子は話している。

一方、局長室では――。局長は信夫韓一郎、局次長は門田勲。局次長は一人制で、局長と一日交代で早番、遅番の勤務を繰り返していた。門田はこの日、遅番だった。出社してみると、「会見記」が社会面トップに大きく出ている。

「こりゃ大変なものがのってるぜ」と門田。「どれどれ」と信夫があとからやってきた。信夫はほかに用があって、まだ夕刊をみていなかった。

門田はすぐ大阪の岡局長を呼び出し、「大丈夫か」ときく。「大丈夫だ。おれも原稿に目をとおしたんだ。間違いない」と確固たる返事。この返事に納得せず、門田は進藤を呼び、局長室の電話に大阪の林田重五郎通信部長を呼び出して、進藤にいくつかの疑問を質してもらった。ここでも大阪は確信をこめて説明した。

「逃亡中の共産党幹部が、なぜ、わざわざ新聞記者に会うのか。この記事ではさっぱりわからん」と門田。「そういうところが共産党なのだ」と、進藤は大阪の自信に感染しかかってきた。激しいやりとりがあったが、埒《らち》があかない。

そこへ論説委員室の笠信太郎主幹から局長室に電話。「この記事はおかしい。のせつづけると大変だ。特ダネなら一日待って、もっと調べたほうがいい」と勧める。夕刊にのせるまえならよいのだが、大阪がこれほど太鼓判を押している記事を途中から外してしまうと、東京は大阪を信用しないことになる。そうなると喧嘩だ。社の組織にひびがはいってしまう。門田はそれを恐れた。

「朝日の記者が会ったとなると、マ司令部はきびしく朝日を追及してくるだろう。取材源は守らなければならない。そのため、わざとぼかして書いたのではないか」「記者がだれかに騙《だま》されたのではないか」とも、門田は考えてみた。何のことはない。記者は自社を騙したのである。

村上寛治が局長室に駆け込み、「私を大阪に派遣してください。よく調べてみますから」と、頼み込んだ。「大阪がいい（大丈夫）といってるからなあ」。門田は憮然として答えた。

工場から大組の係があがってきて、「夕刊の、つぎの版はどうしますか。もう時間がないです」と迫る。門田の焦《あせ》りはつのった。ついに掲載続行を決断。

「気をもんでいるのは東京だけで、大阪はもちろん、九州も名古屋もどんどん刷っている。ええい！　という気になって『のせよう』といった」と、門田は回想している。

一方、部長席にもどった進藤に、追っかけるようにして警視庁キャップの川手泰二が「しんちゃん、あれは嘘っぱちだぞ。早く外してくれ」と連絡してきた。早版を読んで警察首脳に当たったところ、デタラメとわかったのだ。が、時間はむなしくすぎていった。

さて、大阪編集局でも夕刊終了後、この記事に不審の声があがり、近畿の警察担当記者を集めて問いただした。記者たちは警察情報をもとに、伊藤が神戸にきて記者のインタビューに応じた事実はないだろうと否定した。当時、神戸支局員だった角木《かどき》稔の話によると、支局長とデスクが交代勤務で原稿をみていた。この日、夕刊担当は支局長で、デスクはまだ出勤しておらず、しかも県警担当の記者は出張中。捏造《ねつぞう》原稿は、こうしたなかで支局長に出された。県警担当がいれば点検してボツにしただろうという。

N記者に対し、二十六日夜から法務府、警察の取り調べがはじまり、二十八日夜、編集局長、神戸支局長らが追及し、Nは捏造したことを認めた。この捏造記事は朝刊にものったが、縮刷版で削られ、白紙になっている。

架空会見記事に東京の編集局内は大揺れに揺れた。局長室と社会部の部長、デスクは真偽の確認に神経をすりへらした。Nは退社処分となり、広範囲に責任者を追及、幹部ら十二人が処分され、十月五日付け朝刊社会面にその氏名が公表された。

進藤は、「東京社会部長まで処分することはできない」となだめる高野信総務局長に対し、「原稿を直接、夕刊編集部に手渡したのは私だ」と自ら願いでて、戒告処分をうけた。大阪社会部長は処分されていない。進藤は、「なぜだろう。ぼくが処分されたのに」と、晩年に至ってもいぶかっていた。地方出稿であれ、他本社管内からの出稿であれ、漫画もふくめ、社会面に出た記事に対し、社会部は全員が目を光らせる責任をもつからである。

失われた信用を回復するため、事件後、長谷部忠社長は次長、課長以上の管理職を集めて訓示した。「だれがみても幼稚、拙劣な記事を掲載したことは、社全体の問題である」と、峻烈に叱責し、原稿の点検体制をきびしく問うた。

その波紋がひろがり、社会部の八角机に茂木政整理部長がやってきて、居合わせた小島安信、宮本英夫両デスクに、「お前たちがしっかり注意していたら（紙面掲載に至らず、不祥事は）防げたじゃないか」と、なじった。小島が小声で何か弁明し、宮本も同調した。「欠陥原稿であっても出稿元が絶対に間違いないと主張するのだから、信用せざるをえない」というのが、八角机の空気だった。

それから十一年後の昭和三十六年四月、新入社員の研修で、大阪編集局次長の守山義雄は、架空会見事件を引用しながら次のように訓示した。

「いま、皆さんが梅田の駅前が火事だといつわって原稿を書いて出したら、デスクはのせますよ。それは皆さんだから信用してのせるのです。その結果、われわれ幹部はクビですね。社内は信頼関係で成り立っていることを忘れないように」

婉曲ないいまわしではあったが、手刀を首にあてるポーズには説得力があった。いくらなんでも新人記者に「嘘は書くな」と、ストレートにはいえなかったのだろう。守山は記者個人個人のモラルアップを強く要求した。

N記者には後日談がある。事件後四年たった春、西部本社（福岡県小倉）社会部門司支局の某記者が、偶然彼と出会っている。Nはそのころ、名のとおった船会社に勤め、定期航路の事務長（パーサー）をしていた。快活でテキパキした仕事ぶりに、記者が「パーサーは、まるで新聞記者みたいだなあ」と、問いかけた言葉で相手の態度が変わる。パーサーは事務長室に記者をひき入れ、名刺を出して「私が、例の伊藤律会見記を書いたNです」と、挨拶したのである。記者は驚いて、ききいた。

「どうして、あんな記事を書いたんですか」

「信じられなかったです。どうして、あんな記事を書いてしまったのか。翌日、あの記事がのった新聞をみて、なぜ自分がこんな記事を書いたのか、どうしても信じられませんでした」と、Nは答える。

激しい取材競争のなか、Nが異常な精神状態に陥り、妄想の末に判断力を失った様子がうかがえる。すでにみた「神戸に出現？ 伊藤律氏」程度なら、飛ばし記事であったとしても許容範囲といえよう。が、Nはその範囲を大きく飛び越えて暴走してしまった。ふと浮かんだ空想に駆られ、鉛筆を握ったとたん、飛躍して捏造の淵にのめりこんでしまったのだろうか。Nはその後、船会社をやめてローカル紙の記者になったと筆者はきいた。

四、銀座沖海戦始末記

アメリカの軍事基地をつづけながらも、ともかく日本が独立を果たしたのは昭和二十七年（一九五二）四月。それまで七年ちかい占領期間中に、アメリカ進駐軍兵士が日本の民間人を犯した犯罪記録について、警察庁、警視庁は、その件数、内容とも把握していない。新聞も厳しいプレスコードゆえ、占領軍批判は許されなかった。

神奈川県内を重点に県警察部、内務省警保局の記録でみると、米軍の進駐後一ヵ月間だけで米兵による金品強盗が、ほぼ連日数件発生。殺人、強姦事件もみられる（『敗戦前後の社会情勢第7巻・進駐軍の不法行為』粟屋憲太郎、中園裕編集・解説＝現代史料出版）。

婦女子に対する辱《はずかし》めは目にあまるものがあった。具体例がある。ゼロ戦特攻の海軍中尉角《つの》田《だ》和男が戦後まもなく千葉県茂原市内の旅館の女将からきいた話。二軒の旅館の女中さん（お手伝いさん）十人を「慰安婦にさせてくれ」と地元の警察署長らが頼みにきて、米軍宿舎に送ったという。一茂原市内でこのありさま。全国いたるところで進駐軍相手の売春宿が店開きした。アメリカは貧窮の極にある日本人の生活を知りながら、一部とはいえ弱い立場の女性たちを慰安婦にし、日本政府もこれに迎合した。

敗戦直後の八月、内務省から全国的に警察署にあて、占領軍相手の性的慰安施設をつくるよう内密に指令していた（神崎清著『戦後日本の売春問題』社会書房）。

こうした動きと符節を合わせたかのように街にはパンパンガールと称する進駐軍相手の街娼が姿をみせた。「パンパン」の意味は不明だが、英、米軍あたりが東南アジアの女性をこう呼んでいたらしい。濃いルージュを唇にひき、原色の派手なスカート。ＧＩ（米兵）の肩にしなだれて、奇声をあげていく。

「銀座沖海戦」の勃発には、このような時代背景があった。

昭和二十二年（一九四七）の、春のおぼろ月夜のこと。進駐軍が東京をわがもの顔で横行闊歩し、傍若無人のふるまいに及んでいたころ。仲良し三人組の矢田喜美雄、斎藤信也、田代喜久雄が築地の三十間堀にあるバーで宵のうちから盛んに杯をあげていた。歌舞伎座の先の万年橋の新橋寄りである。

酒の話に進駐軍の乱暴ぶりが出た。駅の改札口や歩道で、GIがよくサラリーマンなどをなぐった。占領軍とあって、警察が手をつけられない。朝日の女性社員が地下鉄銀座駅入り口の階段を降りる途中、突然GIに腕をつかまれた。折りよく居合わせた同僚の男性に助けられた。日劇の入り口階段のところには毎朝、生理用品のゴムサックがいくつも落ちていた。

「アメ公の奴ら、けしからんよなあ。日本人をバカにしやがって」

「日本の女も悪い。いくら戦争に負けて貧乏したって、あんなに身を落とすことはないのに」

「祖国のなかの異国にて(注・フランスの抵抗詩人ルイ・アラゴンの詩の一節)、おれたちのとる手はただひとつ、行動あるのみだ」

「そうだ、やろうじゃないか」

アルコールの勢いが、三人を記者から愛国者へ染めあげていく。そのとき、紺色の制服を着たネイビーらしいのが三、四人入ってきた。彼らは何やらわめきながら飲みだし、バーテンの注ぎ方が気にいらぬと、ケチをつけたりしている。三人は我慢の限界にきた。

「おい、やるか」

「うん、やろう」

こうなると騎虎の勢いである。三人は上着をぬぎ、ワイシャツ一枚になって、米兵の前に立ちはだかった。日本語で、

「おいっ、表へ出ろ」

「ホワット、ハップン？」

目をパチクリさせて、米兵たちは外へ出た。ネイビー相手に乱闘の幕が切って落とされた。バーに居合わせた客が声援を送る。「腰を狙え」などと、余計なおせっかいを焼く奴がいる。最初に斎藤が突進した。斎藤は、鉛筆より重いものを持ったことがなさそうなタイプ。相手は百八十センチ以上はありそうな大男。たちまち川に投げ込まれてしまう。幸い引き潮で水がなかったからよかったものの、無残や泥だらけ。田代は斎藤よりずっと腕力はありそうだ。戦時中、陸軍見習い士官で南方戦線に従事、弾丸雨飛のなか、肩を敵弾で負傷した体験から勝負度胸はある。が、酔ってふらついている。あっという間にストレートを口にくらい、口内は血だらけ。前歯を折った。

期待の矢田は健闘した。陸上競技で鳴らした飛燕のハイジャンプがある。跳び蹴りの猛キック。これがみごと、相手の腹部に一発。相手の体がのけぞる。矢田はそいつを抱き上げ、斎藤の仇とばかり、三十間堀に放り込もうとするのだが、八十キロをこす巨漢である。どうしても抱き上げられない。

そこへ、向こうからMPが巡邏《じゅんら》に。日米決戦の現場を目撃し、駆け足でちかづいてくる。ネイビーたちはいっせいに逃げ出した。

「ギャング、オーバー、ゼア」

とか何とか、つたない英語でMPに指さしながら、激闘にまみれた三人はへたへたと大地にすわりこんだ。シャツやズボンはズタズタ。顔からも、口からも派手に血が流れている。が、三人は顔を見合わせ、にっこり。われ戦えり、戦いにおいて悔ゆるところなし、である。人呼んで「銀座沖海戦」という。

あくる日から三人は社に出たが、傷あとが生々しい。恥ずかしがる彼らに、編集局全員が「よくやってくれた」と溜飲をさげた。

斎藤の話だと、ちょっと状況が違う。橋の上を同僚と歩いていたら向こうから米兵十人ほどがやってきた。同僚におだてられて、自分が最初に立ち向かったというのだが、大筋では大差ない。

部長席で門田がパイプを片手につぶやいた。

「斎藤が突っ込んだ、なんて笑わせるね。矢田と田代は性懲《しょうこ》りもなく、飲み屋で米兵相手に喧嘩ふっかけていくんだろう。ご苦労なこった」

この「海戦」のあとさきは不明だが、矢田は有楽町で、MPの気に障《さわ》る態度をとったか不審な様子をみせたか、原因ははっきりしないが追いかけられたことがある。MPは名アスリートのスピードにはかなわない。距離は開いていく。矢田は社屋の角を曲がってすぐの新聞発送口に逃げ込み、難を逃れた。息せききって、「社屋を二周して、振り切ったよ」と、大事業を果たしたように仲間に話した。進駐軍の横柄な態度や暴力沙汰が散見される時代であった。

五、戦中、戦後の政治記者点描

㈠　秘書官の日記は語る

太平洋戦争末期、敗色覆うべくもない日本の政権中枢の動きを、克明に日記につけていた朝日出向の秘書官がいる。中村正吾。

昭和十九年（一九四四）七月二十二日、東条英機内閣退陣のあと、朝日副社長の緒方竹虎は後継の小磯国昭内閣の組閣にあたり、旧知の小磯首相、米内光政海相から懇望され、国務大臣（情報局総裁）に迎えられた。中村は、朝日の政経部に勤務していた関係で緒方の秘書官に登用された。その後、翌昭和二十年四月五日、小磯内閣が倒れるまで首相官邸で大部分の生活を送った。

日本の政権中枢の動きを克明にとらえた中村正吾

この日記は、直接見聞したものを書きとめたものであるだけに、政治が軍部を統御しきれない制度上の難題や、その時々の政治家、軍人の生々しい発言が実感をもって俎上にあげられている。その一部が『永田町一番地』の題名で敗戦の翌年、東京西神田のニュース社から出版された。原資料、それも第一級の戦中政治史であり、歴史の証人たる新聞記者の生き様が横溢している。

日記の冒頭には「如何なる事態が発生するとも緒方さんと生死を共にす」と、緒方への傾倒が活写されている。この日記は中村から緒方が預かって書庫に保管していたおり、雨で書庫が水浸しになり、濡れた日記を緒方の三男・四十郎が天日に干して無事に収めた経緯がある。

以下、中村日記の要点をあげてみる。丸かっこ内は中村の所感。

まず東条首相退陣まえの動きから。

「（前略）東条首相は重臣の存在に対し『総理大臣としていずれも落第した者の集まりではないか』と放言した。重臣からは、しばしば戦局の動向とその対策について忌憚のない意見交換の機会をもちたいとの希望が伝えられた。首相はこれに対して一顧だに与えなかった。わずかに最近になってようやく重臣会議に出席したが、重臣の希望する如き話は一向口にせず、必勝の信念と必勝の体制を説いて煙に巻いた（中略）。息苦しいまでに感じられた東条内閣の圧政は、いつ果てるとも分からない。かくして東条内閣は絶対に倒れ得ないとの感を深からしめている。

その東条内閣もサイパン戦以来、グラツキだした。首相その人が戦局の重圧によって自信を失いかけた」（七月十一日付け）

「岡田大将の動静に憲兵隊が注視を怠らない。その憲兵の尾行を巻いて、岡田大将は昼間、ひそかに平沼男（爵）を訪問し、平沼宅で近衛公、米内大将、広田弘毅氏と相会した。この重臣協議の結果をもち、午後五時ごろ、近衛公と平沼男（爵）が木戸内府を訪問した。伝えられるところによると、近衛と平沼は木戸内府に対し、重臣会議の意向として東条内閣は後退すべきであるとの意向を伝達した。木戸はこれに対し、それは重臣の正式会議とは認められないから陛下に取りつげないと答えた。それならば我々が上奏すると平沼、近衛が主張したので木戸もついに折れた、ということである。木戸は後刻、陛下に拝謁した。（こうした重臣の動きがあり、容易には倒れまいと思われた東条内閣の最後は、もはや不可避となってきた。首相もようやく内閣投げ出しを決意したようである）」（七月十六日付け）

ミッドウェー海戦の大敗北以後、戦局は大本営の発表とは正反対に悪化の一途をたどり、ガダルカナル島撤退からは虚偽の発表、報道が顕著になってきた。親任式を終えてすぐ、緒方情報局総裁は内閣記者団と会見、言論政策を明らかにした。中村日記は語る。

「緒方総裁は『戦局の実情はじめ各内外の情勢を国民に知らしめることが結局、国民の戦意昂揚の根本であると考えているが、いままでこれら方策の欠陥がどこにあるかを見究め対処したいと思う』と語った。できるだけ物事の真相を国民に知らせ、またほんとうの国民の声を聴きたいという意味である。

連日にわたる共同会見でも、殆《ほとん》ど余すところなく真相が語られた。記者団からも遠慮なくいろいろな（多方面の忌憚のない）意見が出た。

あるときなどは、いろいろなことを話していただくのはありがたいが、どの程度、記事にしてよいのか判らなくなります、といった話が記者団から出たくらいである。

緒方総裁の態度は、新聞を信用し、あけすけに真相を打ち明けるが、一面、新聞の責任を期待するものであった。

官邸の記者会見が東条内閣と一変して活発になったため（中略）陸軍当局は反対の色を見せている。陸軍は、緒方総裁を自由主義者とにらんでいる。総裁に対する警戒心がことごとに表れるわけだろう」（八月五日付け）

中村日記には刮目に値する記述が数多くみられ、そのなかに緒方国務相の対重慶和平工作を長文で紹介しているのが目をひく。

勝つ見込みのない戦争はすみやかに終止させねばならぬと考えていた緒方は、継戦をさけぶ軍部や傍観をきめこむ官僚を尻目に、勇敢に和平の糸口をたぐり、志を同じくする小磯首相と図って繆斌《みようひん》という人物をつうじて折衝にのりだした。繆斌は蔣介石委員長の重慶政権にいたが、反共親日の汪兆銘《おうちようめい》が重慶を脱出して南京に移り、南京政権の主席になったのに伴い、南京に転進した。日本の軍人と親しく、閑職とはいえ南京政権で日本の人事院に当たる考試院副院長を務めたこともあり、重慶の情勢にもくわしい。双方に人脈をもっている。緒方は前年、上海で会って、二人は十年の知己のような信頼関係をむすんでいた。

この和平工作には、中村と並ぶ緒方の腹心の配下で現役の記者太田照彦（のち木村姓に）、元朝日記者田村真作が支援した。

繆斌は小磯政権の招きで三月十六日に来日し、東久邇宮、小磯、緒方と会談した。繆斌は和平条件として、南京政府の解消と日本軍の中国からの撤退を求めた。これは蔣介石の意見である。中村はつぎのように記している。

「問題解決の機会は、繆斌がよかれあしかれ、これが最後になるかもしれない。その意味では日本は踏み切りが必要である」（三月十七日付け）

三月二十一日、最高戦争指導会議があり、小磯、緒方から繆提案の説明があった。

しかし結局、繆斌に対する不信と、日本の一方的撤退に終わりはしないかとの重慶に対する不信の二点で、陸、海軍、外務三相の反対にあって繆斌の提案はつぶされ、小磯内閣は四月五日、総辞職した。

戦時中、重慶政権で緒方の名はかなり知られ、戦後の駐日大使董顕光は、「緒方が情報局総裁になったことは、非常な好感をもって迎えられた」と話している。緒方が台湾を訪問したとき、蔣介石主席は他国の政治家にはみせなかった強烈な親愛の情をもって緒方と言葉を交わした。「口には出さなかったが、緒方の熱心な繆斌工作を蔣介石は知っていただろう」と、朝日政治部ＯＢの高宮太平はいっている。この工作が成功していたら終戦の様相は、原爆投下、ソ連の参戦を許してしまったつぎの鈴木貫太郎内閣に比べ、同じ敗戦であっても国民を窮乏と混乱、惨劇の極までには陥《おとしい》れない、よほど上手な負け方になっていたにちがいない。

中村の日記は敗戦の八月十五日までつづく。落胆させるのは鈴木首相の戦局をみる甘さである。

「鈴木首相の考えでは、戦争はなお三年ぐらいつづきうるだろうということである。東郷氏（茂徳外相）は近代戦の性格と特質を説いたが、首相はそれでも、二年ぐらい大丈夫だろうということだった」（四月八日付け）

世上、鈴木は終戦を不動の目標として、陸軍の暴発を防ぐために、巧みに演技をしたといわれているが、じつは展望をもたぬ無策の総理であったことが、この日記で語られている。その無策ゆえに七月二十六日、米、英、中三国首脳が日本に降伏を求めるポツダム宣言を発出した際、「黙殺する（イグノーア）」と発表してしまい、アメリカが原子爆弾の実験に成功したのを知らなかったとはいえ、原爆投下の口実をあたえてしまった。

七月三十日付けの中村の日記は、外電に託し、焦燥の色を強めて「日本は和平への最後の機会を自ら抹殺した」と悲痛な文字をつづっている。

(二)「緒方内閣」亡国の危機を救う

敗戦翌日の八月十六日、陸軍大将の東久邇宮稔彦王《ひがしくにのみやなるひこおう》に大命が降下された。皇族が内閣を組織するのは空前にして絶後。未曾有の国難の解決に当たるには強力な権威と実行力が必要であるとの天皇の発意であった。「金枝玉葉《きんしぎょくよう》の御身《おんみ》」と新聞は期待の表現を込めて書いた。とはいえ皇族は政治に関与できない立場ですごしてきた。「自分は一介の武弁。政治のことはなにも知らない。あなたに助けてほしい」。宮はそういって緒方にたのんだ。宮と緒方とは以前から日中和平を図る時局観、戦争観で通じ合うものがあった。

緒方は健康が気づかわれていたが、ここが死に場所と決意し、引き受けた。国務大臣で書記官長（官房長官）と情報局総裁を兼ねる大役である。

まず閣僚を選出せねばならない。大臣病患者が続出する時代とはちがう。焼け出され、ともに住む家もなく、飢餓線上に食を求めて自分と家族の生命を守るのに汲々としている状態である。灰塵と化した東京。住居不明の人が多い。電話器も焼けてしまって通じない。

緒方は急遽、陸軍から車を運転手付きで五、六台借り、それに手紙をもたせて入閣候補者を迎えにやった。人手が足りず、組閣工作は難渋をきわめたが、ここでも中村正吾が骨を折ってくれた。中村はふたたび緒方の秘書官に任用される。十七日午後に組閣を終えた。連絡困難の環境のなかにあって、おどろくべき速さであった。

文部大臣には以前朝日論説委員だった前田多門を。前田はやはり元朝日論説委員の関口泰、法学者の田中耕太郎を起用して教育改革を推進し、省内人事を刷新した。ＧＨＱとの折衝、天皇の人間宣言にも大きくかかわっている。

また緒方は朝日にたのみ、論説委員になっていた太田照彦（のちに木村姓）を引っ張りだして首相秘書官に据えた。

組閣を終えたその日から、緒方は政務と事務の双方をとりしきり、まず、国民の落ち込んだ気分を払拭するため、首相の演説、放送原稿をすべて執筆。秘書官に書かせるにしても要旨を口授した。外部との折衝、首相との打ち合わせに追われ、深夜まで立ち働く。軍の暴走を抑え、武装を無条件で解除した。それによって米軍を無血上陸させる。国民を統合して荒廃した国土を修復する。在外同胞の復員輸送、国内の治安維持、食糧確保と、東久邇内閣に課せられた責任は史上類をみぬ困難なものであった。

太田は進駐してきた連合国軍最高司令官のマッカーサー元帥に九月十七日、東久邇首相を会わせることに成功した。手づるをつかんで横浜のホテル・ニューグランドにいたマ元帥側に対し、首相が会いたがっていると伝え、受け入れられた。

これには内閣参与の児玉誉士夫らの協力もある。児玉は児玉で、首相に「ある筋の話だと、マ元帥は総理と早く会いたがっているとのことです」と「創作」し、進言した。会談は友好的におこなわれ、マ元帥は首相を激励した。敗戦国の首相は、どんな難題を着せられるかわからない。非常な冒険であるが、これも記者の発想だった。

成功の見通しについては太田は、後日、朝日社内で「カンだよ。おれはカンがいいんだ」と自慢している。また、太田は「首相宮《しゅしょうのみや》は、国会演説で、おれの原稿を一字一句も削らずに、そっくりそのままお読みになったんだぞ」と、胸をはってみせた。

このあと天皇が九月二十七日、米大使館にマッカーサーを訪れている。

「天皇にインタビューさせろ」と米人記者が緒方に高飛車に要求してくるので、緒方が吉田茂外相に相談し、それならばと、吉田が動いて実現したものである。マッカーサーは「戦争の全責任を負う」といった天皇の人格に打たれ、天皇をはずして日本の統治はできないと判断し、米政府に打電して皇室の存続がきまった。

その間、緒方は九月二十五日夜、「連合軍の進駐を前にして」と題して放送、国民の自重をうながした。敗戦を承知せぬ海軍厚木航空隊が反乱にとりかかっていた。これを鎮圧するには高松宮の力を要すると緒方は首相に進言し、実行され、解決する。

軍の一部と民間業者が結託して食糧、物資を独占、横流しにした。これに気づいた緒方は軍部に抗議し、差し止めた。

首相秘書官に据えられた木村(旧姓太田)照彦

このように東久邇内閣は事実上、「緒方内閣」「朝日内閣」ともいえる陣容であって、大廈の倒れんとするに似た亡国寸前の危機を辛くもふせいだ。
苛烈をきわめた占領政策のなか、「ひびのはいった瀬戸物を安全な場所に持ち込むような努力をした」と、朝日の後輩の高宮太平は緒方の功績をたたえている。
東久邇内閣は五十四日間の短命におわったが、敗戦日本復興の端緒を切りひらいた。この内閣の大黒柱である緒方は、まもなくA級戦犯に指名されたが健康悪化のため収容所にはいることは免れ、自宅で蟄居《ちっきょ》閉門の身となる。中村と太田は朝日に復社した。

余談になるが、太田は直情径行、逸話が多い。緒方をして「この男がしゃべりだすと、激しいのなんの、ぼくは彼の嵐が過ぎ去るのをじっと待っていたよ」といわしめている。昭和九年（一九三四）の横浜支局員時代、サツまわり中に事件をかぎつけ、警察署長室にとびこみ、署長にただしたが、のらりくらり。体よく追い出された。署の玄関まえにでたところ、小さな蛇が動いているのをみつけた。さっと頭にひらめいた太田は、いきなり蛇の尻尾をつかんで振り回し、路面にぶつけた。ぐったりしたのをポケットにいれ、ふたたび署長室へ。机上に蛇を差し出したとたん、署長は悲鳴をあげてとびすさった。「教えてやるから、そんなもの、しまってくれ」。が、肝心な話になるとぼかしてしまう。そこでまた蛇をとりだす。

こうして特ダネをものにして帰り、デスクの篠田弘作に原稿をだした。「お前にしては上出来だ。どうやって、このネタ仕入れたんだ」と篠田。「なに、こいつのおかげです」。そういって太田はポケットからくだんの蛇をとりだした。

篠田も青くなって腰をうかし、「バカ、そんなもの捨てろ」。後年衆議院議員となり、予算委員会室で野党が委員長の身柄を拘束したのに立腹して灰皿を投げ、勇名をとどろかせた猛者も蛇は苦手だったとみえる。

太田は昭和二十五年（一九五〇）七月、四本社間の原稿の送受稿を担当する連絡部の部長に昇進する。まじめに、こつこつ働く部員に目をかけ、要領よく立ち回る者を容赦なくとばす。信賞必罰を旨としていた。部員を飲みに連れ出すが自腹をきる。緒方譲りの身辺清潔を固持していた。働きながら中学、高校にかよう編集庶務部の原稿係、いわゆる「コドモさん」に対する愛情はことのほか強く、彼らのなかで金に困っている者がいると、自分から借金してでも貸してやり、「しっかりやれ」と励ます。彼らは太田を待望する無告《むこく》の民であった。レッドパージで馘首《かくしゅ》された女性の貧しい生業を知って、その助けになればと積極的に背広や端切れを買ってもいた。

長身。「おれはしばらく社内を遊弋してくる」とデスクにいいのこし、東大野球部時代の猛選手の面影をのこす眼差しで、辺りを睥睨《へいげい》しながら闊歩《かっぽ》する。昭和二十七年（一九五二）、編集局三階で開かれた編集庶務部の忘年会で。

突如、太田が乱入してきた。すでにできあがっていて、「ランラランラン、ラララララン」。カルメンの闘牛士の歌をラ音で張り上げ、踊りだした。期せずして大合唱となる。勢いあまって太田はドアの窓ガラスを蹴破った。ちょうど廊下を通りかかった守衛にみつかり、正気にかえった太田は、「すまんすまん」を連発し、守衛の手を両手で押しいただくようにして謝っていた。こういう太田を、局長の信夫は「面白い奴だ」と気に入っていた。走ったあとで考える一面が太田にはあった。

㈢「企画魔」の中村政治部長

さて、小磯内閣で緒方国務相の秘書官をつとめた前出の中村正吾は福岡県出身。県立小倉中学で英語の教師にアメリカ人女性がいた。魅力的な教師だったらしく、それで英語が好きになった。神戸高等商業時代、バレーボールの極東大会に出場。長身を利して前衛を守ったスポーツマンでもある。

昭和七年、朝日入社。大阪社会部を振り出しに北京、上海、ロンドン、ワシントン特派員を歴任。ロンドンからワシントンに渡ったころは日米間の戦雲が低く垂れ込め、一時は家族と音信不通になった。日米開戦を避けようとしてはじめた日米交渉を取材。開戦の翌年八月、交換船で帰国、政経部員に。「夫の在社期間のうち十七年間は単身赴任で、私は留守番役でした」と妻の鋼子は語っている。

中村は欧米特派員時代に英文で日記をつけていた。「きのう、ワシントンにいっていれば、あのニュースを逃さなかったのに」とか、本社からの無理解な行政電（出稿要請などの連絡で朝日独特の用語）に悩まされる、など異国の取材活動で疲れきっていたことがうかがえる。開戦まえの日米交渉の取材では緊張の極にあった。

過去のこうした苦闘が実をむすび、中村は英語力を武器に華々しい国際記者に成長していく。ロンドン特派員時代に、父は日本人、母はイギリス人で米国籍のカワカミという共同通信記者と親密になる。開戦まえ、ワシントン特派員時代には、米人記者が支局によくたずねてきた。こうした友人環境にめぐまれて、中村は戦後の記者のなかでは突出したアメリカ通となっていた。

昭和二十五年（一九五〇）のマッカーサー元帥の年頭教書は、「自衛権を確保せよ」として、「日本は東洋のスイスたれ」と前年まで呼びかけていた論調とは大きくかけ離れていた。朝鮮半島の雲行きが怪しくなってきたためで、平和憲法をあたえた手前、マッカーサーは苦慮して占領政策の方針を変えつつある現状を中村はつかみ、公職追放中の緒方に報告している。

二十五年十月、中村は政治部長に。翌年九月、対日講和条約の取材でサンフランシスコへ。森や畑がひろがる羽田空港。MPが険しい目で見張るなか、タラップをのぼった。日本人乗客は中村一人だけ。被占領国の記者のみが味わう出発であった。

対日講和会議の報道競争で、朝日は吉田茂首席全権（首相）の講和条約受託演説をつなぎっ放しの国際電話で本社に送稿し、他紙を圧倒した。破天荒といえるこの手段を採用したのは中村である。

対日講和会議の取材後、中村は十月にユーゴスラヴィアをまわり、モスクワにとって反逆者であるチトー元帥との単独会見に成功、チトーから「対ソ緩和は危険」という言葉を引き出している。

ところで部長席の中村は姿勢ただしく腰かけ、「どうだ、うまくいってるか」と部員に声をかけるさまは迫力があった。米俳優ゲリー・クーパーに似ているといわれるキリッとした表情で、スタイリスト。受付で社員、来客に応対する女性社員たちの評価では、社の内外をつうじてハンサムでダンディの一位は中村、二位が矢田喜美雄、三、四位がなくて五番目が二枚目俳優の佐田啓二なのだという。

時の総理は自由党の吉田茂。保守派の領袖である。副総理は緒方。吉田は駐英大使の経験があり、ロンドン特派員をつとめた中村とは話が合う。中村が緒方の秘書官だったことも吉田との接近を強めた。中村は吉田とさしで話せる、ごくまれな記者であった。

ワンマンの吉田は横着で国会審議をよくさぼり、記者会見にも応ぜず、記者の評判は悪かった。カメラマンにコップの水をぶっかけたりもした。国会で吉田の答弁がとちると、「あいつの寝首をかくのは、いまなんだけどなあ」と、若い政治記者たちは息巻いていた。

緒方が吉田の代わりに国会答弁に立った。緒方の信任あつい中村は、「緒方さんが総理になったら自分は官房長官になっただろう」と妻の鋼子ら家族に話している。「漫画に描かれるのはいやだけどね」とはいっていたが、どうしてもと頼まれたら、引き受けただろうという。

政治部の部会では、吉田、緒方の肩をもつ部長の中村と、部員のあいだに疎外感がめだつようになってくる。反吉田・緒方、そして反中村の急先鋒は、野党改進党担当の若宮小太郎という小柄で破天荒な部員で、中村によくかみついた。

入社して日の浅い社会部の高木四郎が、昭和二十四年の夏、社の玄関前を、前年二月に退陣した片山哲が一人で歩いているのをみた。

すると、後ろから若宮がよびかけた。

「おおい、片山君、ちょうどよかった。うちの社の車に乗りたまえ」

「そいつはありがたい」

片山は乗り込んでいった。

前総理を「くん」呼ばわりする。すごい記者がいるものだと高木は舌を巻いた。

若宮は後年、社を中途で辞めて鳩山一郎の経理秘書官になった。最後は神奈川県知事選に出馬、惜敗する。

中村はしかし、部長になってからも原稿をながながとなおすくせがあり、これには弱った部員がいる。「デスクが手をいれたあとも朱をいれ、時には全文書きなおすので「大デスク」といわれた。何度も書きなおされ、たまりかねて食ってかかる部員に、中村は、「おれだって、ヘドを吐きそうになるほど苦しみながら書いてきたんだよ」といった。先にみた特派員時代の体験が背景にある。

部長中村は企画魔だった。年間をとおしてつづきものをのせた。出色は吉田茂の「私の回想」で、昭和三十年（一九五五）夏、終戦十年の企画として中村が発案した。

担当は柴田敏夫。記者ぎらいの吉田に会えとは厄介な仕事である。柴田は懇意にしている吉田の娘の麻生和子をつうじて内諾をとりつけた。この企画は大当たりして、「吉田茂著『回想十年』全四巻」（新潮社）の刊行にいたった。

柴田（のちに政治部長、電波担当）によれば、中村は「事実の背景や関連現象にスポットをあて、紙面に深みと特色を出そうとする熱意」をもちつづけた。紙面づくりに精魂をかたむける部長だった。

(四) 社党分裂、民社結成の流れ

戦後日本の政治は保守党のみならず、野党第一党の社会党を抜きにしては論じられない。分裂と統合をくりかえすこの政党を取材する記者の側にも、歴史に参画するようなダイナミックな活動があった。

若宮小太郎と佐野弘吉(後年、NHK専務理事)が社会党を担当し、党を引っ掻き回しているようなところがあった。若宮は左派に強い。片山内閣で鈴木茂三郎(左派)が衆院予算委員長のとき、国鉄運賃値上げの補正予算案の撤回動議を可決して、片山内閣は退陣した。この二人が退陣に追い込んだという噂がある。国民協同党担当の天野歓三もまじえ、補正予算案の否決を事前に知っていたので、片山内閣総辞職は朝日の特ダネとなった。

敗戦後の庶民は社会党に期待していたが、片山内閣、つぎの民主、社会の連立による芦田内閣の混乱に嫌気がさし、その結果、昭和二十四年一月の総選挙で、社会党は百四十三名が四十八名にまで激減した。占領軍の圧力下、経済の復興は遅々として進まず、だれが首相となり、どんな内閣ができようと期待はもてぬ時代だった。

当時の社会党にとって最大の問題は講和、安保条約をめぐる態度であった。昭和二十六年(一九五一)十月の臨時大会で、右派は講和賛成(白票)、安保反対(青票)。左派はいずれも青票で反対。

左派に強い朝日は「青青の方針で決定」と、最終版にたたきこんだ。これに対し右派に強い毎日は、右派が徹底抗戦するとみて、「混乱の末流会へ、左右両派分裂へ」と出した。結果は毎日の見通しどおりとなり、朝日は完敗した。

大会は朝から晩まで野次、怒号、乱闘で混乱。浅沼稲次郎が壇上にあがると左派の青年部が殺到して妨害するし、鈴木が演説しようとするとマイクが切れて殴りあう。新聞記者も乱闘に巻き込まれて、日経の記者が壇上から落ちてけがをした。浅沼は生卵を五個いっぺんに飲んで元気をつけていた。

どうもおかしい。左派が演説するとマイクが切れ、右派になるとつながる。記者もふくむ右派びいきの何者かの仕業ではないかという風評が立った。

翌年一月、右派社会党の大会が開かれた。書記長の決定が焦点だった。

他紙に右派に強い記者がいて、加藤勘十で決まりと終始紙面で推していた。朝日は鈴木左派の動向から、浅沼が強いという見通しで書いていた。夕刊の締め切りぎりぎりで決まるという段階で、若宮が夕刊の早版を二百部本社から大会の会場に送らせた。

サブの太田博夫が若宮の意をうけて、「朝日はこう決めた。朝日の記事のように決めろよ」と念をおして代議員にくばって歩いた。結果、浅沼書記長であっさり決まり、かの記者は「朝日に負けた」と地団太踏んで悔しがった。浅沼は後年「人間機関車」と呼ばれ、大衆政治家として人気を博した。

社会党はその後統一したが、昭和三十四年九月十二日開会の大会で、重鎮の西尾末広が「安保条約に対して柔軟な態度をとるべきである」と主張したことから紛糾、西尾除名の様相が表面化した。西尾を統制委員会に付議する動議が可決され、西尾は雲隠れする。

太田が西尾の秘書を手始めに行方をさぐり、神田の小さな旅館で疲れきった面持ちの西尾をみつけた。「昨夜から寝ていないし、腹が減っている」というので、太田は社の車に乗せて、有楽町の本社内にあるレストランに直行した。

太田は政治部長の八幡次郎に連絡して同席してもらった。西尾は酔って気がゆるんだのか、朝日の紙面でアドバルーンをあげてみようとしたのか、新党結成の決意を表明し、その構想をあきらかにした。特ダネだが、太田はせいぜい大きな囲みものぐらいに思って、一問一答形式で書いた。ところが、この原稿を知った局次長の木村照彦が「社会党が分裂し、西尾を中心に幅広い現実的な政党ができることは大ニュースだ」といって書き直しを命じ、太田の記事は九月十五日付けで「西尾氏新党構想を語る」と、トップで扱われる。

直情径行の木村は、翌年以降に入社した記者に対し、「世の中の物事はすべて妥協だぞ。絶対に譲れぬなんていうのは間違いだ。わが社が民社党を支持する理由はそこにあるんだ」と強調した。太田の記事に「わが意を得たり」の思いがあったのだろう。

当時の政治記者は政治の中枢に食い込み、日本をよい方向にもっていこうという気概があった。太田は、「反省すべき点もあるが、青春の情熱をもって取材したことに、思い出深いものがある」と回想している。

閑話休題。吉田首相の記者嫌いは先にみたとおりだが、それにしては意外な反応と思わせる記事がある。社会部が昭和二十九年の新年企画で連載した「総理への年賀状」に対する「返事」である。国民各層から寄せられた十一通の年賀状に、「吉田首相から返事が届いた」と前書きにある。

「日本経済の自立達成のため、しばらくの間、ある程度の不自由を忍んで頂くほかなく、政府と致しましても（中略）問題解決に全力をつくしたいと思います」「バターか大砲かと問われるならば、わたくしはその両方を選ぶのであって、国民生活を犠牲にしてまで、再軍備などできないのであります」「まだ巣鴨に服役中の、いわゆる戦犯諸君に対しても、本年はさらに力をつくし、一日も早く釈放の日を迎えられるよう、関係諸国と交渉する考えであります」——。

タネを明かせば、企画グループの一員渡辺真四郎の代筆である。同僚でもそれを知っている人は少ない。傲慢な吉田からは返書などもらえない。渡辺は智恵をしぼった。そのころの保安庁（現防衛省）担当は社会部が渡辺、政治部が園田剛民。二人は仲良しで、園田は緒方副総理の女婿にあたる。渡辺が一計を案じて園田に頼み、園田はふたつ返事で引き受けて、渡辺を首相官邸に案内した。

緒方の執務室で渡辺は趣旨を説明して原稿をさしだした。

渡辺は昭和十八年の入社。四階の役員室からときどき緒方が三階の編集局に降りてきて、渡辺をみかけると、「三四郎、元気かね」と声をかけた。渡辺の名前と当時評判の映画「姿三四郎」に引っかけて呼んだのである。旧知の仲だから話は早い。「渡辺総理」の返書を緒方はていねいに読み、少し手を入れただけで了承してくれた。

読者はてっきり吉田の直筆と思ったことだろう。「吉田さんの返事」というカットと、にこやかなポーズ写真も手がこんでいる。テキが陥落困難の相手とあれば、こんな克服法もある一例である。

社会党が路線闘争に明け暮れている一方で、吉田自由党は昭和二十八年末から崩壊の危機に襲われた。造船汚職である。

海運・造船会社と政府・与党とのあいだで発生した贈収賄をめぐる事件で、大会社の社長が相次いで逮捕され、政、財界に激震を走らせた。政界では自由党幹事長の佐藤栄作、政調会長の池田勇人が東京地検の捜査の視野にあった。結局、翌年四月、犬養健法相は佐藤藤佐《とうすけ》検事総長に対し、佐藤幹事長への逮捕許諾請求をやめるよう指示、捜査は中止となった。「法務大臣は検察官、検事総長を指揮することができる」とする検察庁法十四条を適用したもので、世にいう「指揮権発動」である。この事件により第五次吉田内閣はその年の暮れに退陣した。

本来文学青年の犬養が検察庁法や指揮権発動条項など知るはずがない。だれかが犬養に入れ智恵している。だれか。筆者は平成十八年秋、知人の歯科医から、「三幸建設工業社長の四元義隆氏から『自分が犬養氏に十四条を教えてやった』と打ち明けられた」ときかされた。この歯科医と四元は同郷の鹿児島県出身で親しい仲。朝日政治部ＯＢの臼井茂に問い合わせたところ、四元は戦前からの政界の黒幕だから信用できる話だ、ということだった。

一方、山本祐司著『毎日新聞社会部』（河出書房新社）は、松阪広政の名をあげている。松阪は鈴木貫太郎内閣当時の司法大臣である。同書によると、松阪は検察庁法の立法作業に関与していることなどから、「吉田首相に指揮権発動を入れ智恵したのは、この人しかいない」とみている。

指揮権発動には複数の関係者が工作したことが考えられる。戦後政治史最大の謎が、時の経過とともに明らかにされてきた。

第八章――危機を救った朝、毎の二人

激変、騒乱ただならぬ世相を反映して大事件が頻発した戦後。

そうしたなか、紙面をつうじ、きわだって異色の活躍をした二人の記者を紹介したい。一人は石油ショックでパニック状態の国民生活を救うとともに、日本人にはなじみの薄かった中東各地を駆けめぐり、鮮烈な情報を掘り起こした牟田口義郎《むたぐちよしろう》記者（朝日）。もう一人は戦後最大の冤罪事件といわれた松川事件の被告を無罪に導く端緒をひらいた倉嶋康《くらしまやすし》記者（毎日）。

一、石油パニックを克服〈牟田口義郎〉

(一) 三木副総理に「変化球」を教示

対策は急がねばならない。田中角栄内閣の副総理兼環境庁長官の三木武夫は額の皺を寄せ、苦渋の色を浮かべていた。

昭和四十八年（一九七三）十月六日、エジプト・シリア軍のイスラエル攻撃に端を発する第四次中東戦争で、アラブ諸国は石油戦略を発動。オペック（石油輸出国機構）に加盟するペルシャ湾岸の産油六ヵ国が、原油公示価格を一バレル三ドルから五ドルへ、七〇パーセントの大幅引き上げと、原油供給量の一〇パーセント削減の要求を発表した。次いでアラブ産油国側は十月十七日、イスラエルが占領地域を撤退するまで、アメリカなどイスラエル支持国への石油禁輸を決定した。第一次石油ショックである。

日本国内に激震が走った。需要原油の七割をアラブ産油国にたよる日本が受ける危機感は、計り知れないものがあった。石油業界はこのパニックに便乗して、石油製品を一斉に値上げした。「灯油を売らない店がある」「駐車場からガソリンが引き抜かれた」「北海道に住んでいて、寒さで病人が死にそう。ガソリンをすぐ送ってくれ」と悲痛な声が役所に殺到、係員は電話の応対に忙殺された。灯油から洗剤、トイレットペーパーの買い占め、売り惜しみ騒ぎが狂乱物価をいっそう煽《あお》った。

日本はアメリカから石油を輸入してはいないが、強力な同盟国である。そこをどう説明するか。三木の悩みであった。三木は石油を求めて産油国を歴訪する大任を担っているのである。

呻吟する三木に十二月はじめ、秘書をつうじて一つの知らせが舞い込んだ。朝日新聞論説委員の永井道雄（のちに文相）が、同僚の中東通を紹介してくれるというのである。三木の論説委員好きはつとに有名で、随時、彼らを昼食に招いては情報を交換している。二つ返事で承諾した。

ほどなく東京・渋谷南平台の三木事務所に白皙、長身の記者が姿をあらわした。牟田口義郎という朝日論説委員である。牟田口は「サウジアラビアとリビアが、アラブ・イスラエル紛争解決の手段として、石油を政治的武器に変えようとしている」との社説を書き、十月二日付け紙面に載せた。第四次中東戦争突発の四日まえに、石油ショックを予告していたのである。牟田口は三木の隣席に立ち、よく透る声でレクチャーをはじめた。三木は熱心にメモをとる。

「三木さん、変化球を投げてください。石油をくれ、などという直球はいけません。三木ミッションは油乞い外交だと、マスコミがすでにいっているからです。足元を見透かされないように」

中東の各地を駆けめぐった牟田口義郎・元特派員

そういって、牟田口は取材体験にもとづく提言をくりだした。変化球を投げる相手は「石油軍」の司令官、サウジのファイサル国王である。

「日本がアラブの非友好国に指定されたら、あなたの友好国である第三世界の国々が、どんな打撃をうけるか、ご存知でしょうか、と、質問してごらんなさい。相手はきっと説明を求めるでしょう。そうくればしめたもので、石油化学製品や鉄鋼の輸出問題をもちだすのです。たとえば、タイの農業は日本からの化学肥料の輸入で成り立っている、と。

アラブから日本への石油供給量が五パーセント、あるいは一〇パーセント削減されたら、日本は肥料をつくれなくなる。そうなると当然、東南アジア諸国に肥料を輸出できなくなります。しかも東南アはアラブ諸国に非常な親しみを抱いている。つまり日本に石油を輸出しなければ、あなたがたは東南アを敵にまわすことになります、と。

こうした国々の農業がどれだけ打撃をうけるか、関係官庁に調べさせたらすぐわかることで、要は具体的な数字を示し、日本を非友好国にすることがどんなに愚策であるかを、理詰めで説得することです」

変化球談義は一時間半におよんだ。三木はせっせとメモをとる。

三木特使は十二月十日、中東八ヵ国歴訪の旅に出発。満面に確信の笑みをうかべ、二十八日に帰国した。国際石油資本との絡みで不安要素はあったものの、アラブ石油輸出国機構(オアペック)は二十五日、日本を友好国と認め、必要量の供給をひとまず決めた。三木・ファイサル会談に同席した秘書が牟田口に語った。「牟田口さん、副総理はあなたが進言したとおりに、国王に要求しましたよ。おかげで、大成功でした」。外務省の役人を信じない、三木の党人派気質を牟田口は知っていた。

この当時、窒素、燐酸、カリウムなど、日本の化学肥料の国別シェアでは、数量で九割以上が東南ア向け。昭和四十九年(一九七四)の経済企画庁の年次経済報告によれば、タイやフィリピンでは肥料消費量のうち三割以上が日本からの輸入にたよっていて、日本は大きなウエイトを占めていた。牟田口の変化球はそこを衝いた。

それではアラブ産油国の石油戦略発動当時、日本国内の石油備蓄量はどの程度だったのか。資源エネルギー庁長官が閣議に出て「政府は四日分しか確保していない」と報告し、田中角栄総理たちを愕然とさせたのを、牟田口の地獄耳はとらえている。何ぞ図らん、政府は四日分どころか一日分ももっていなかったのである。輸入は民間石油会社に任せていて、民間に六十七日分しか貯めていなかった。まさに「油断」であった。「千載一遇のチャンス」とばかり、値上げを宣言する業者があらわれて、消費者の怒りをかった。

昭和五十一年（一九七六）に石油備蓄法が制定され、政府と民間がともに石油を保有することになった。独立行政法人石油天然ガス・金属鉱物資源機構などの調べによると、平成二十八年（二〇一六）三月現在、備蓄日数は国家、民間、あわせて約七ヵ月分で、安定供給が図られている。

話は前後するが、三木特使の中東出発よりひと足はやく、牟田口はアルジェに飛んでいた。めざすは大統領・首相職にあたる革命評議会議長のファアリ・ブーメディエン。産油国の大ボスである彼の対日方針を確認したかったからだ。

ブーメディエンはオペックの議長もつとめていて、その発言には千鈞の重みがある。経緯は後述するとして、牟田口はブーメディエン議長との単独会見に成功した。牟田口の質問をうけて、議長は脇にいた報道担当の補佐官モヒエディン・アミムール博士に、念を押すようにフランス語で聞いた。「日本は（輸出削減の）対象国にはなっていないね」。補佐官はうなずく。しめた。フランス語の堪能な牟田口は小躍りした。

三木・ファイサル会談のあとのことだが、現地の新聞に、日本を産油国の友好国と認めて従来どおりに輸出する、との記事が流れ、日本への安定供給が確実となる。実力者ブーメディエンに牟田口がダメ押しをしたことが現実となったわけで、牟田口はこれを記事にし、特ダネとなった。

㈡　戦いのなかの青春

牟田口は大正十二年（一九二三）五月、神奈川県横須賀市出身。県立横須賀中学時代にコンサイスの英和辞典を二冊、ボロボロにさせてしまうほどの勉強ぶりをしめし、昭和十六年（一九四一）旧制第一高等学校（一高）の文丙（フランス語課程）にすすんだ。中学ではボードレールの和訳本に親しみ、一高ではボードレールの流れをひく耽美派の詩人・作家ピエール・ルイスを原書で読みこなす。ルイスの窓をとおして牟田口は地中海世界、中東諸国の文化に眼をひらかれる。

こうして牟田口はのちに東大文学部仏文科にすすむのだが、はじめ両親の大反対に遭う。浦賀ドックで原材料仕入れの担当課長を勤める父義雄は私大出身。そのため、せっかく一高にはいった息子はエリートコースの東大法学部にあがってほしかった。母伊志子も「ドイツに負けてばかりいる国の勉強をしたって、仕様がないじゃないの」とせまった。が、息子の決意がかたいのを知り、父は「お前の自由にしろ」と、引きさがった。

一高時代、毎日二時間フランス語を学ぶかたわら、牟田口は陸上競技の選手になり、砲丸投げと槍投げで体をきたえる。

青春の喜びは、しかし長続きはしなかった。対米英開戦後、昭和十八年（一九四三）にはいり、戦局は暗転。政府は六月、学徒動員体制の確立要綱を発表した。前年度には大学、高校の卒業が半年繰り上げられていた。先はもう見えている。学徒兵として軍隊にとられてしまうだろう。そのまえに、二十年生きてきた人生に結論を出し、そのうえで死の覚悟をきめておきたかった。最後の自由を求めて三ヵ月の休学許可を学校から得た。天下晴れての日陰者。しかし、母は困った。「おまえのこと、ご近所に何といえばいいの。病気で休学といったって通じやしないし、肩身がせまいよ。非国民って非難されるかも知れないわ」。

非難は覚悟のうえだった。自分の意志で、はじめて手にいれた自由の時間だった。一歳年上の級友清岡卓行《たかゆき》（注・①）は牟田口以上に思うところがあったらしく、一ヵ月の休学を「先行」していた。牟田口は国内のあちこちを旅行した。生まれ育った国土を、この目で、しかと、生あるうちに確かめておきたい。そのために詩作、散文に励み、それをもってこの世への置き手紙にしようと、居ても立ってもいられない気持ちであった。

つぎに見る「秋の歌」は、母校の文芸誌に投稿したものだが、戦時下でありながら無事掲載されている。

見をさめの故園の秋に思ひ深まり
「彼岸」の花はそが赤をもてわが胸抉る
刹那の栄え宿したる愉楽の花よ
答へかし　短き旅のあすはいづこぞ（後略）

万葉集はもとより万巻の書を、この短い期間に読破し、血肉と化せしめた。日記にしるす。
「入営の一歩前まで心乱されずに詩作に励もうと思う。全く、このまま死んでは死にきれないのだ」と。

文系学生の徴兵猶予が撤廃され、同年十二月一日入営ときまった。これに先立ち、牟田口は十月のなかば、両親と別れる。父義雄がイギリスから接収した香港の造船所の総支配人として転勤となったためである。両親を大船駅で見送ったあと、鎌倉に住む恩師阿藤伯海《あとうはくかい》をたずね、別れのあいさつをした。阿藤は「最後の漢詩人」と称され、フランス詩にも明るく、牟田口は阿藤の影響で戦後、卒論を選んでいる。「きみ、くれぐれも命を大切にね。きっと帰っていらっしゃいよ」と、温顔で送った阿藤のことばに、すべてふっ切れた思いがした。
「死んで帰れ」の励ましではなかったからだ。

兄千尋《ちひろ》は戦地スマトラ。一人きりになった牟田口に「おれんとこにこい」と、おなじ文丙の高木友之助（注・②）がさそってくれた。高木は短距離選手。牟田口とは運動部仲間である。高木の父は、大日本相撲協会にあって、不世出の大力士双葉山、羽黒山の両横綱、大関名寄岩を育てた立浪親方（元小結緑嶋）で、立浪部屋は飛ぶ鳥をおとす勢いを誇っていた。双葉山はすでに結婚して別居しており、このころには双葉山より強いといわれていた羽黒山が大きな背中をまるめ、「先生、ごっつぁんです」などといいながら、居候の牟田口に酌をする。牟田口のたくましく盛り上がった両肩を親方がもみながら「もうちょっと若ければなあ」と悔しそう。もし二、三年早く、そして入門していたら、一高出身の関取が誕生したかも知れない。

級友の三重野康（注・③）吉田冨士雄（注・④）高山一彦（注・⑤）らが相次いで立浪部屋にやってきて、時局を、日本の行く末を語りあかした。

いよいよ出発。一高の制服にマントをひっかけ、入営までまだ間がある高木や、立浪親方と羽黒山の両夫妻、部屋の若い衆が日の丸を振って両国駅の階段下まで牟田口を見送ってくれる。親方夫人、つまり高木の母親がつくってくれた弁当の包みが、ずしりと重かった。牟田口は笑顔で手を振るのが、やっとであった。

甲種合格。久留米の砲兵部隊のなかの山砲中隊へ。山砲は移動の際、四つに分解し、馬の背に乗せて運ぶ。まず砲身。つぎに砲身をささえる砲架。この二つがいちばん重くて、ともに一〇〇キロちかい。けわしい坂道では難儀だ。新兵にとっては耐えられぬほどの演習だが、牟田口はやりとげた。当時の体格は一七七・五センチ、六九キロ、肺活量六四〇〇。剛力である。

久留米で四ヵ月過ごすあいだ、牟田口は幹部候補生の試験に合格、迫撃兵に転科して昭和十九年（一九四四）四月、予備士官学校である陸軍習志野学校（千葉県津田沼）に進学。卒業後の翌二十年早々、群馬県沼田町の迫撃砲部隊へ。少尉の下の見習士官に昇進、兵隊を教える立場についていた。二月の末、変わりダネの補充兵が牟田口の部下になった。

早大生で麻生良方二等兵。五年まえに死去した父麻生久は戦前の社会大衆党の書記長だった。年齢は牟田口とおなじだが妻子がいる。麻生が戦後出版した自伝小説「恋と詩を求めて」には、太刀を佩《は》いた文人牟田口の姿が浮き彫りにされている。文中麻生は「麻田」となっている。

「きみがもっているきみの自作の詩集を読んでいたら萩原朔太郎の郷愁を思い出した。きみは朔太郎をどう思う」と牟田口。

「はい、大好きであります」

「おい、麻田君、俺と話すときはな、その口調はやめてくれ。せっかく文学の話をしようというんだから、シャバの言葉でゆこうじゃないか」

牟田口は階級の差別なく、麻生を親しい友としていた。麻生に将校服を着させ、軍刀を吊るさせて営門から連れ出した。共にシャバの甘く涼しい空気を満喫し、空を見上げて哄笑した。

おお、この自由、

そは天に満ち、地にあふれ、いま、

わが魂に甘き蜜を与えんとす

牟田口は即興の詩をうたいあげた。文学青年麻生の胸が熱くなった。麻生は戦後民社党の代議士を四期つとめ、党副幹事長となる。詩や芸術を理解できる、数すくない政治家の一人であった。

やがて米軍は沖縄に上陸。牟田口は迫撃砲中隊の第一小隊長として四月なかば、長崎県五島の福江島に赴任した。装備は連隊砲、曲射砲各二門で、部下は陣地構築の応援の兵隊をいれて約百人。沖縄攻防戦の真っ最中である。敵はいつ、ここへやってくるか。激しい空襲と艦砲射撃に耐えうる陣地をどこに設定するか。海岸線までのわが火砲の射程を頭にいれて、部下がつくった島の拡大地図をたよりに、牟田口は夏山にはいり、行く手をさえぎる木の枝を日本刀で切り払いながら、適当と思われる山腹をさがしまわった。ここを、死に場所と心得ていた。

陣地の構築は人力にたよるしかない。兵員と弾薬をかくすため、まず山腹に、深く水平に、坑道を二本掘った。汗みどろ、体力の極限にいどむ作業であった。掘り進むこと数週間、「八月十五日正午のラジオを聞くべし」との命令が大隊本部からとどき、祖国の敗戦を知る。牟田口も復員して復学する。

（注＝戦後の経歴　①芥川賞作家、詩人②中央大学総長③日本銀行総裁④サントリー副社長⑤成蹊大学文学部長）

三 中東国《くに》まわり記者として

復学した牟田口は昭和二十三年（一九四八）九月、東大仏文科卒。翌二十四年四月、旧制東京高校の非常勤講師となるが、家族をかかえた薄給の身、生活のメドがたたない。見かねた詩人仲間の三井ふたばこ（西条八十の娘）のすすめで、朝日新聞を受けることにした。

同年十二月入社。欧米部、横浜支局を経て昭和二十七年（一九五二）十一月社会部員。現在第二方面と呼ばれる品川、大井方面の各警察署を担当するサツまわりに。かつてインターカレッジに出場して槍投げで二等をとった脚力にものをいわせ、事件発生と知るや、原稿を送るために公衆電話や煙草屋の電話を確保しに走るスピードは、他社のだれにも負けない。足腰の強さを買われて警視庁担当の一員に。

事件の発生はしかし、国内にとどまらない。昭和三十一年（一九五六）秋に、スエズ戦争（第二次中東戦争）が勃発。はるか遠くの中東は「世界の火薬庫」として、日本人にも認識されてきた。地中海世界に興味をもち、英仏語に堪能な牟田口は、翌三十二年二月、社会部に在籍のまま社内の調査研究室研究員を委嘱され、社歴十年以内の同僚五人とともに中東問題の総合的な研究に取り組んだ。

中東はあまりにも広い。牟田口は知恵をしぼり、地図にABCDラインを引いてみた。Aはアンマン（ヨルダン）、Bはベイルート（レバノン）、Cはカイロ（エジプト）、Dはダマスカス（シリア）で、この四都市をむすぶ線を最小の取材範囲内ときめ、そのなかのタテ書き、ヨコ書きの資料を漁った。必要な洋書を発注し、専門家を招いて講義を聴き、外務省へ出かける。切った、張ったのこれまでの仕事とは正反対の、地味な努力を要する仕事である。

先輩でパリ駐在の小島亮一に「きみ、砂漠だ、ピラミッドだ、アラブだ、なんて、そんなことやっても出世しないよ」と注意されたが、ピエール・ルイスによって地中海世界、アレクサンドリア（エジプト）の文化に目を開かれていた牟田口の心は、この研究で中東に燃える。三ヵ月後にレポートを出し、これが認められて六月末に外報部員、即中東特派員に。

出発まえ、古巣の社会部へあいさつに行く。

当番デスクは岡田録右衛門。敗戦後、外地に抑留されたことのある苦労人。

「あそこには変わった国がたくさんあるそうじゃないか。事前に現場を踏んどくんだな。サツ回りの鉄則。現場第一主義だよ。中東をサツ回り精神でってのは、どうかね」

「はい。きょうも行く行く国《くに》まわりですか」

中東特派員の本拠地はカイロである。東京よりもずっと都市計画がすすんでいることにカルチャーショックを受ける。牟田口はまず自分で描いた四地点を軸に、何十回も往来して行動範囲をひろげ、最終的には、東はイランの首都テヘランから、西はモロッコにちかい砂漠まで、五〇〇〇キロを踏破した。

現場を踏む、とは足で書くことだが、内乱、クーデター、革命が頻発する中東には出国、再入国ともビザが必要で、手つづきが面倒。三年ちかく勤務して帰国の際は、旅券が三冊になっていた。しかも気温の変動が激しい。

このような困難を乗り越えてでも中東特派員の味わう醍醐味は、現代史の舞台に直接立ち会えることである。例えば――。
①イラクにクーデター＝昭和三十三年（一九五八）七月十四日、イラクで軍人がクーデターを起こし、アラブ世界の名門ハーシム王制を打倒、共和制を樹立した。王制はアメリカの反共軍事同盟のかなめで、中東の民族主義弾圧をめざしたバグダッド条約の中核であった。新生イラクは条約を脱退し、革命政権の指導者にカセム将軍を選び、土地改革に着手した。それは冷戦下という国際関係を根底から揺さぶる大事件であり、カイロにいた牟田口をふくむ五人の日本人記者がバグダッド一番乗りをめざした。
だが、バグダッドへの道は遠かった。第一、バグダッドの空港は閉ざされている。カイロのイラク大使館は混乱していて仕事が手につかず、渡航要請に対して「ボクラ・インシャ・アッラー」（アッラーの神がお望みなら明日）と、繰り返すばかり。そこで西隣りシリアの首都ダマスカス経由で、何とかバグダッド入りを果たす。

七月三十日早朝、「バグダッド空港再開の第一便に乗って革命の都にたどりついたが、その暑いこと。炎熱五十度、大火事の現場に飛び込んだようなもの。牟田口は「バグダッドを支配しているのは完全な平和である」として、むしろダマスカスのほうが銃を持った兵隊がいて、革命直後のようで、ものものしいと伝えている。

この記事の打電をめぐって、思わぬアクシデントに見舞われる。電報局で、牟田口は検閲官の大佐に懸命に説明した。

「私はカイロからきた日本人記者だ。きょう各地からやってきた特派員を見たところ、インド、中国、東南アジアの記者は一人もいない。この原稿が日本の新聞に出ればアジア全体に転電され、イラク革命の大義がアジアの全民衆につたわるのだ」と。

検閲官は、牟田口のまえに並んでいた欧米の記者たちの原稿をズタズタに削っていた。が、牟田口の、たっての申し出に検閲官はにっこり。「それほどの効果があるのなら、この至急報は無料で、このまま送ってあげよう。革命政権からのサービスとして」と、約束してくれた。

ところが、どんな手違いが生じたのか、原稿は普通電で送った他紙よりも一日延着して載る結果となってしまう。

息つく間もなく「ハーシム朝の悲劇」という上下二回のつづきものを送る。電話局にタイプライターを持ち込み、「勧進帳」で一枚一枚打ち込んでは窓口に手渡す。本社調研時代、王家の軌跡を調べていたので、資料はじゅうぶん頭の中にもっていた。明け方までタイプに向かう牟田口の姿を、革命軍の警備兵が呆れ顔で見ていた。

②アルジェリア立ち上がる＝この年の九月十九日午後、牟田口がカイロに駐在している期間中、最大の政治的事件が発生した。カイロにあるアルジェリア民族解放戦線（ＦＬＮ）本部に、フェルハット・アバス新首相が閣僚をしたがえてやってきた。フランスからの独立をめざし、武装蜂起して四年。ここにようやく新生アルジェリア誕生の日を迎えるに至ったの

である。

カイロの本部を新政庁ときめ、その会議室でアバスが「アルジェリア人民の名において」と、鋭い調子のフランス語で「アルジェリア共和国臨時政府」の成立を告げる宣言文を読みあげた。満場の拍手。革命まもないイラクのサーマラーイ大使がアバスと握手をかわす。承認第一号だ。牟田口は椅子のうえに爪先立って、あらゆる瞬間を見逃すまいと身構え、メモをとった。

三年ちかい中東勤務ののち帰国。昭和四十年（一九六五）四月、東京本社学芸部デスク（次長）勤務に。一高同期でひと足さきに入社した局次長から「学芸部長にならないか」と、薦められたが、言下にことわる。「部長になって椅子にすわりこんでしまったら、外国に行けないよ」。ひたすら取材記者の道をゆく牟田口には、出世コースなど眼中になかった。

昭和四十三年（一九六八）十一月、パリ支局長に。フランス語を専攻した学歴からすれば、中東を取材する以前にパリに勤務するのが順序のはずだったが、離れて、フランスから中東を大局的に見る機会に恵まれた。順序が逆でよかった。二年半後の昭和四十六年（一九七一）五月、論説委員に。その後も二回、論説委員として中東へ特派され、この間、冒頭に見たように、三木特使に助言したりして中東を見る眼を確かなものにしている。

(四) 背広姿のままで探検行

昭和五十一年（一九七六）二月、文化交流を図る政府使節団の一員として、牟田口はイラン、イラク、シリア、エジプト、最後はアルジェリアを歴訪。そして、アルジェで一行と別れ、十数年来の夢だったタッシリ・ナジェール観光を実行した。日本人初の探検行である。
略稲タッシリはアルジェリア中央部とリビアにまたがる砂漠で、一九五〇年代後半にフランスのサハラ学者アンリ・ロートが調査してから観光基地として知られてきた。とりわけそのなかに古代人がのこした岸壁画は、いまから八千年まえに創造されたものとあって、フランス政府が七〇年代前半に砂漠横断用の特製バスをドイツのメルセデス社に発注、売り込みにかかっていた。

パリで発行しているアラブ系週刊誌でこれを知った牟田口は、好機到来と一週間の観光日程を予約したのだった。耳寄りなこの情報をつかむに至った背景には、中東特派員時代の昭和三十五年（一九六〇）の元旦付け朝日紙面がある。この紙面を二ページ見開きで、牟田口は「よみがえる死のサハラ」と題してアルジェを起点に南方のエジュレ、ハシ・メサウドなどの石油産地をまわり、開発の盛んなアルジェリアの現況を紹介している。この取材の前後、牟田口はエジュレ方面に古代サハラ人の手になる岸壁画が保存されていることをフランスの石油会社の広報課長から知らされていたのである。

タッシリはエジュレの奥に広まる高原である。ところで、アラブ世界にきて手違い、段取りの悪さに驚いてはいられない。この探訪もその例にもれず、最初からつまずいた。アルジェ発で一五〇〇キロ南東のタッシリのジャネット空港に何とか到着したものの、そこからはメルセデスのバスの代わりにロバ旅行となってしまったのだ。お伴はガイドとコックの二人だけ。二頭のロバに荷物を振り分けて断崖の麓に向かう。着替えの暇がなかったため、牟田口は背広姿の奇妙な出で立ちである。下山してきたフランス人一行が奇異の目でみつめる。

タッシリ高原には、断崖が砂漠に落ちかかったようにそびえたつ峻険がせりだしている。現地語でアクバと呼ぶその割れ目を、数百メートル登るのだ。アクバの勾配は三〇度というのだが、素人目には四五度の感じだ。アクバは瓦礫、いや岩ころの山で、そこに、いきなり取りついていく。たちまちアゴを出す。「脳みそが煮えたぎるようだ」と、牟田口は記す。

こんな動作をくりかえしたあと、こんどは虚空に突き出た、茶筒を半分に縦割りにしたような円筒形の断崖をわたる。腹を茶筒にこすりつけ、背中を虚空にさらし、肩の辺りの高さに打ち込まれた鉄の杭に頼りながら、そろり、そろりと移動する。下は千尋の谷底。牟田口は高所恐怖症だが、嫌でも谷底が目にはいった。おお、ぶるる……。

やっとの思いでアクバの頂上へ。高原の入り口である。人生最後の大冒険。時に五十二歳。定年まで二年有余だった。

岩陰に、数頭の大カモシカが描かれていた。あちこちの岩陰でさまざまの絵が。象、キリン、狩をする人間、ロートが名づけた「火星人」も。六〇〇〇年にわたって描きつづけられてきた数知れぬ作品群だ。まさにロートのいう「世界最大の先史美術館」であった。

この探検で強調すべきは、フランスのラスコーやスペインのアルタミラの洞窟絵画とちがい、岸壁に彫りつけられていることである。ラスコーやアルタミラのものよりも新しいが、ラスコーが動物画に終始しているのに対し、こちらは人間が主人公であることも特質となっている。牟田口は「古代エジプトの壁画が多分に権力的であるのにくらべ、タッシリの芸術家たちは驚くほどモダンな線を駆使していて、のびのびと描いている」と、讃辞を呈している。危険で、しかも不便な露営の旅ではあったが、何ものにも代えがたい発見の喜びが胸を満たした。日本人で初の探訪記である。この記録は貴重な壁画写真とともに「三笠宮殿下米寿記念論集」（刀水書房＝二〇〇四年刊）に納められている。

牟田口は定年後、成蹊大、東洋英和女学院大で教授を十年ずつ勤めた。

「私の戦争と平和」と題する回想文をまとめ、これを同僚の教授が東洋英和の学生に読んで聴かせたところ、大きな感動をあたえた。限られた命ときめ、出陣まえの短期間に恩師、友人に会い、詩をつくった体験に泣く学生もいた。立浪部屋に居候したこと、麻生二等兵を変装させて兵営から連れ出したことなど、牟田口の多彩な交際、ユーモラスな行動は彼女らの興味をひいた。

一連の中東報道がたかく評価され、牟田口は平成八年（一九九六）の春の叙勲で勲四等旭日小綬章をあたえられた。八歳年上でオリエント学者の三笠宮崇仁《みかさのみやたかひと》親王殿下は、牟田口を「先生」と敬称で呼ぶ。三笠宮様の推薦で平成二十年（二〇〇八）三月まで中近東文化センター（財）理事長をつとめた。著書二十九冊、共同執筆二十二冊、訳書十三冊、編著と解題十二冊におよぶ。

名実ともに中東・地中海世界研究の第一人者たる牟田口は、「終《つい》の住み家」と定めた千葉県鴨川の浜辺で、静かに余生を送っていたが、平成二十三年（二〇一一）一月二十二日、肺がんのため八十七歳で世を辞した。記者にして学者、詩人にしてスポーツマン。有り余るほどの才藻をほとばしらせた生涯であった。

（牟田口義郎著「中東の風のなかへ」＝NTT出版＝などから一部参照）

二、松川事件被告無罪の陰に〈倉嶋康〉

㈠ 元被告の通報が発端

「あの（松川）事件は、もう、とっくに（有罪判決で）終わったんだよ。腕っこきの刑事連が徹底的に調べあげたんだからね」

昭和三十二年（一九五七）六月のはじめ。福島県警察本部の記者室でマージャン卓をかこみ、チーポンの怪音を立てながら、各社の先輩たちは、新入りの記者の質問に、そう説明するのだった。

警察担当、いわゆるサツ回りの毎日新聞記者、倉嶋康にとっても松川事件は、そのときまで輪郭程度しか意識になかった。それが、ちょっとしたきっかけで、のめりこんでいく。

そのころのこと。倉嶋が警察を回って下宿に帰り、公衆浴場へ。

「やあ、ご苦労さん」と、陽気な声がかかった。ふりむくと斎藤千がいた。斎藤は国鉄労働組合の福島支部文化部長当時、福島市郊外の松川町で発生した列車転覆事件で容疑者として逮捕され、第一審判決で懲役十五年、第二審で無罪となり、福島地裁で国家を相手に賠償裁判を起こしていた。倉嶋は、その裁判の取材の関係で、斎藤とは時たま顔を合わせていた。と、いっても、事件そのものはすでに「記録」としての理解であって、とくに関心をもっていたわけではなかった。

「クラさん、面白い話があるんだ」

斎藤が顔を寄せてきた。

「アリバイだ。死刑になる一人の被告のアリバイが見つかりそうなんだよ」

斎藤の目がキラキラと光っている。これは本物だ、と直感。

「何だ、それは」。倉嶋は体を洗うのも忘れて斎藤と洗い場で向き合っていた。

それでは松川事件とは、いったい、どんな事件だったのか。

昭和二十四年（一九四九）八月十七日午前三時九分、青森発上野行き上り旅客列車が福島市内の金谷川駅と松川駅の間のカーブにさしかかったとき、突然、機関車が脱線、転覆し、機関士ら三人が死んだ。現場は人家まれな地点。前後のレールをつなぐ継ぎ目板が外され、レールを固定するために枕木に打ち込んである犬釘二十数本が抜かれていた。近くの田んぼからは犬釘を抜くために使うバール（長さ一四五センチの棒状の工具）と、自在スパナ（長さ約二十四センチ）が一丁ずつ発見された。スパナは継ぎ目板を固定するボルト・ナットを締めたり緩めたりする工具。

米軍占領下の昭和二十四年の夏は下山、三鷹、平事件など、鉄道を拠点とする怪事件が続発し、物情騒然たる世相であった。

列車転覆を「予言」したという元線路工手の赤間勝美（当時一九）が容疑者として、まず福島地区署に逮捕された。その「自白」から、事件は激しい人員整理反対闘争を展開していた国鉄労働組合福島支部員と東芝松川工場労働組合員の共謀によるものと警察、検察は断定。国労、東芝松川の両組合員からそれぞれ十人が、機関車転覆の容疑者として逮捕された。昭和二十五年（一九五〇）十二月の一審判決では全員が有罪（うち死刑五人）、二十八年（一九五三）十二月の二審判決では三人が無罪、十七人が有罪（うち死刑四人）。二審も一審判決と大筋では変わらなかった。激昂した十七人の被告たちはただちに上訴した。無罪となった三人も被告全員の無罪を主張して、全国を巡回し、世論に訴えた。斎藤もその一人である。

話をもどす。斎藤の言葉で倉嶋は、松川事件は発生から八年経ち、二審判決がとっくにおりているとはいえ、決して「終わってしまってはいない」と知った。最高裁判所に係属している生きた事件であった。翌日本屋へいき、のちに親しくなる作家広津和郎《ひろつかずお》による中央公論特集「松川事件」を広げ、徹夜で読みとおした。

「これはたいへんな事件だ」。二十四歳、記者二年目の倉嶋の心はふるえた。すぐ翌日、同市内に住む安田覚治弁護士の元へ走った。

「国家賠償について先生が担当していらっしゃるそうなので、お伺いしたいと思いまして。私は事件のことをあまり知らないものですから」と切り出したが、狙いは斎藤のいうアリバイの証拠資料である。

安田は黒いカバンを引き寄せていった。

「ここには、ある被告の不在証明（アリバイ）ともなりうるかも知れない証拠書類を弁護団が請求したものがあります」

安田は一通の書類を倉嶋に渡した。あまりにも簡単に先方から話をもちだされたので、倉嶋はとまどった。

それは仙台弁護士会が前年（昭和三十一年）十二月、東芝松川工場（「北芝電気会社」と社名変更）に報告をもとめた事項への回答だった。が、工場側の回答はそっけないもので、証拠書類については「捜査を受けた際、その筋（注・検察庁）に提供してあり、手元にはない」と、突き放していた。

この書類、後述する「諏訪メモ」こそは判決理由を根底からくつがえすものであり、捜査当局が九年ちかくもの間、隠しつづけていた極秘の書類であった。

㈡ アリバイの諏訪メモを発見

安田宅を辞した倉嶋は、体が震えるのをとめることができなかった。こんな重要な証拠が蒸発したままとは。そんなバカな。神を冒瀆する行為ではないか。よし、これを見つけてやろう。

倉嶋の心をたかぶらせた諏訪メモとは何か。事件発生の二日まえの昭和二十四年（一九四九）八月十五日、人員整理をめぐって東芝松川工場労組と会社側との団体交渉がおこなわれ、その交渉経過を記載したメモを会社側の事務課長補助、諏訪親一郎らがとったというもの。そのメモが存在していることを仙台弁護士会がつかみ、会社側に報告をもとめていた。「諏訪メモ」をめぐって倉嶋が活動をはじめたころ、仙台弁護士会の活動成果をつたえるつぎの記事が二紙に出た。

昭和三十二年（一九五七）六月二十二日付けの共産党機関紙「アカハタ」に特筆された「検察がわ団交メモをかくす」という見出しのトップ記事。ついで翌二十三日付け朝日新聞全国版も「死刑覆えす新証拠か」と四段の見出しで、おなじようにアリバイ・メモの存在を書いている。

しかし、弁護側がいかにアリバイ・メモの公開を迫っても、検察側が「そんなものはない」と突っぱねたらそれきりである。倉嶋の追及に一段と熱がこもる。警察の宿直室で寝たりしたが、刑事たちは諏訪メモ自体を知らないようだった。アカハタ、朝日が報じたものの、それ以上、情報の進展はなかった。

さて、事件を追う倉嶋の経歴についてみると、ルーツは長野市。父倉嶋至が朝鮮総督府の慶尚北道知事を勤めていた関係で、朝鮮南部の大邱で育った。姉一人と弟二人の四人姉弟だったが、北京在住の小一のとき、四歳の年長の弟が抗日テロに毒殺された。犯人はヤンチョと呼ぶ人力車の車夫を装う八路軍のスパイだった。こうした悲痛な体験から、倉嶋は人やものごとを見る眼が並みはずれて鋭かった。戦後、引き揚げ船から見た緑いっぱいの島を「これが祖国日本だよ」と復員兵に教えられる。大陸の禿山に見慣れていた中一の少年は、その美しさに心を奪われた。そして広島の惨状を超満員の列車内から見た。戦争を起こした者に対する激しい憎しみをもやす。早稲田大学の政治経済学部時代、下山事件をテーマにした映画「黒い潮」（井上靖原作）を見て、山村聡の扮するデスクが轢死現場の線路わきに立ち、「真実はひとつ、ひとつだけなんだ」とつぶやく場面が頭にきざまれた。こうした過去の体験、記憶が倉嶋を新聞記者の道に駆り立てた。

「そうだ。真実はひとつしかないんだ。オレはその真実をつかみだし、白日のもとにさらけだすために、この道を選んだんだ。くじけるな。だれも頼りにするな。オレ一人で、一本独《とっ》鈷《こ》でやるんだ」。「黒い潮」を思い出していた。

警察の取材から勢い込んで帰った支局で、先輩たちの反応は冷たかった。「諏訪メモだって？　何だっていまごろ、そんなものが出てくるんだい」と。

松川事件の取材で活躍する毎日新聞福島支局員の倉嶋康記者（昭和32年夏）

しかし、アカハタと朝日に記事が出たのを見て、福島地方検察庁に何か動きがあると倉嶋は見ていた。昼間は何気なく検事の部屋をまわってアブラを売り、夕方には物陰の石に腰をおろして地検のトップである検事正の部屋を電気が消えるまで見守る。

朝日報道から五日目。検察ナンバーツーの次席検事にさそわれて、官舎でマージャンに参加した。あとの二人は若手の検事。ジャン卓をまえに倉嶋は「朝日に出ていたね」と、さりげなく探りをいれた。「ああ、諏訪メモね。あれはちゃんとした所にあるんだよ」と、次席は福島地検に保管中であることを示唆した。これまでとは全くちがう対応の仕方だった。

六日目、ついに動きがあった。郡山ナンバーの車がきていた。二階の検事正室に指揮下の郡山支部長をしているS検事がきており、次席検事をまじえて密談中。倉嶋はこれを二階廊下の柵にのぼって、高い窓越しに室内の三人をたしかめた。諏訪メモをめぐる極秘の会議にちがいない。よしとばかりに一階に駆け下り、親しい事務官の部屋へ。

「長官（検事正）はお客さん？」「うん、諏訪メモのことでS検事がきてるんだよ」と、事務官はあごで二階の長官室をさす。「へえ、Sさんも松川に関係があるの」と、倉嶋はとぼける。「大ありさ。東芝関係の担当だったよ」「それじゃ、佐藤一の団交出席も調べたわけだ。団交記録はここに？」「諏訪メモは昨日からここにあるんだ。いままでは貸し出していたんだ」と事務官。

倉嶋は一瞬、カーッと血が頭にのぼり、耳鳴りがした。佐藤一は東芝鶴見工場の執行委員で、列車転覆の実行犯とされ、死刑を言い渡されていたのである。ところで記者が二階の検事正の部屋に行くには通常、事務局からはいっていく決まりになっていて、検事専用の通路は使えない。事務局は退庁間際で入室禁止となっていた。が、倉嶋は検事用の通路にはいった。検務課長が黙認してくれたのである。この検務課長は朝鮮半島に勤務していたとき、倉嶋の父親の部下だったことが幸いした。

検事正の宮本彦仙《ひこせん》はカバンを手に、帰ろうとしていた。宮本は日大出身。戦前、満州で検事を勤めたことがあり、引き揚げの苦労を共通体験とする倉嶋とは気が合った。宮本は出世にこだわらず、せせこましさがない。信念をもたずに人の顔色をみて動く人間をきらった。

倉嶋は体をかたくして、差し向かいに腰かけた。地検郡山支部長のS検事は帰っていた。

「お帰り間際を申しわけないのですが」

「何だ」

「例の件できたのですが」

「団交記録か」

「そうです」

「ここ、地検にあるのですか」

「うん、ある」

宮本検事正の反応は、すこぶる明快である。

倉嶋は大きく息をのみこんだ。が、すぐには、つぎの言葉が出てこない。宮本はだまって、倉嶋の目に見入っている。

「それは何か、一枚の紙に書いてあるのですか」

われながら、まずい質問だなと思った。このとき、検事正が「もう、その辺でいいだろう」といったらそれきりで、何も聞きだせなかったにちがいない。

宮本は、そうはいわずに、

「いや、大学ノートに鉛筆書きしてあった。ぼくもここに、こんなものがあるとは知らなかったのだが」

と、大学ノートこそ見せてくれなかったが、くわしく説明をはじめた。

「佐藤一は午前中いっぱい、団交の場所にいた」と、検事正は切り出した。ものごとをまっすぐに見つめるその姿に、倉嶋は感動した。聞き終えた倉嶋はお礼もそこそこに地検をとび出し、ちかくの交番の電話を借りて、支局に連絡し、思い切り自転車のペダルを踏んで支局に向かった。が、興奮のあまり、足がペダルから滑ってから回りする。天と地がひっくり返ったような心持ちだった。

昭和三十二年（一九五七）六月二十九日付け毎日新聞福島版に、倉嶋の記事が出ている。見出しは「諏訪メモ発見さる」「松川事件、佐藤被告のアリバイ立証か」。以下、前文。

「松川事件の二審判決を言い渡され上告中の佐藤一被告（三五）について、新たにアリバイを立証するメモが存在することを弁護団側で知り、最高裁に上告趣意書の補充を申し入れたが、その諏訪メモが福島地検で発見された」。

このあと、本文がつづく。

「当時、東芝労連オルグだった佐藤一被告は八月十五日正午から国鉄労組福島支部事務所における列車転覆の具体的打ち合わせに出席するとともに、実行行為にも加わったとして死刑を言い渡されたものである。ところが、佐藤被告は同日午前十時半から正午まで松川町東芝工場工場長室で開かれた団体交渉に出席しており、共同謀議に出席するためには少なくとも午前十一時十五分松川駅発の下り列車に乗らなければならない。従って共同謀議には参加しなかったことを主張し、二審でも論争の重要なポイントとなった。佐藤は警察での取り調べの段階から一貫して犯行を否認している。

最近になって弁護団側では当時東芝労組が会社側と団交の際、同社諏訪親一郎事務課長補佐が細密にメモをとったことがわかり（中略）福島地検でメモの行方を調べたところ、当時事件を担当していた同地検郡山支部長S検事の手元にあることがわかり、二十七日検事正、次席検事が同検事から当時の事情を聞いた（後略）」

倉嶋の記事は結びに「検察側はメモを重要なものと思わなかったので証拠品として提出せず、また、返還しないのは被告側に改竄されて逆用されてはいけないと思ったからだという」と報じている。

検察側がこのとおりに倉嶋に明かしたとすれば、あまりにも不正、陰険、邪悪な行動といわねばなるまい。検察側が先に見たメモを、被告側が改竄《かいざん》することなどは、ありえない。極秘のメモは、ようやく日の目をみることができた。

㈢　有罪を破棄、差し戻し審へ

倉嶋のこの記事は、本社デスクの判断ミスなのか、福島版にしか載らなかった。が、反響はすさまじく、各地で救援運動が巻き起こった。七月八日付けで倉嶋の第二弾が紙面をかざる。

「弁護団は諏訪メモを最後の手段として衆院法務委で取り上げるよう要請する」というもの。この報道が起爆力となって弁護団、国民有志九百人が三回にわたり七月二十日から現地調査を実施。翌三十三年三月、広津和郎を会長に選び、松川事件対策協議会を結成。七月六日から全国の活動家たち約千人が二回、現地調査にとりかかる。国民全体に強烈な関心を引き起こしていった。

同年九月二十六日、衆院法務委で志賀義雄（共産）が諏訪メモで質問、法務省の竹内刑事部長は本人に返してあると答弁。たしかに返されていた。三週間ほどまえの九月三日夜、諏訪は電話で地検に呼び出され、大学ノートを二冊、手元に返された。

昭和三十三年（一九五八）十一月十六日号の週刊朝日には、一冊の大学ノートにおさめられた諏訪メモの全容が掲載されている。それによると、佐藤は団交の終わりちかくに至っても熱心に発言しており、交渉は正午にいったん打ち切っている。「共同謀議」は同日正午ごろから福島駅構内の国労事務所で始めたと二審判決で述べられているのだが、松川と福島の間は約十三キロ。この当時の時刻表によると、この時間帯に該当する下り列車は松川駅発十一時十五分の一本だけである。松川駅まで徒歩三分、切符を買い、プラットホームへ出る時間も考えれば、遅くとも十一時五分ごろには団交の場から出かけなければならない。佐藤のアリバイが立証された。

ところで諏訪メモ発見の経緯だが、まず事件発生当時、警察・地検に押収され、主任検事の補助者であるOという副検事が保管した。Oは転勤先にまでこれを持ち歩いていた。仙台弁護士会の追及により、世間でもその存在が話題となり、昭和三十二年（一九五七）六月下旬、最高検察庁の指示で諏訪メモはO副検事の手から福島地検にもどった。

こうした動きと並行して、宮本検事正は「弁護団はやがて、最高検に諏訪メモの提出をもとめてくるだろうから、その対策を」と、次席検事に本庁の倉庫までくまなく探索させた。ところが本庁にはなくて、郡山支部長のS検事がもっていることがわかり、宮本は「オレの知らないうちに勝手なことをして」と激怒、諏訪メモをもってこさせ、その翌日、Sを呼んで事情を聞いたのである（Sは事件発生当時、現場の捜査を担当していた）。ちょうど、その日の夕刻、宮本は倉嶋の取材を受けたわけで、倉嶋にとって絶好のタイミングだった。

最高裁大法廷は、昭和三十三年（一九五八）十一月一日、「毎日」の記事で諏訪メモの要旨を知った弁護団の要請により、メモの提出を命令。諏訪は四日に提出した。最高裁の口頭弁論が始まった。この裁判の根幹をなす最重要の証拠書類が、白日のもとにさらされたのである。

クライマックスは諏訪メモに対する価値判断で、これが大反響を呼び、弁論の回数は十回におよぶ。異例の事態である。ついに姿をあらわした諏訪メモ。これを多年「保管」していた検察側は苦境に追い込まれる。裁判官同士の大論争の末、七対五のきわどい差で、大法廷はこの事件の有罪判決を破棄、原審差し戻しを命じた。倉嶋の記事が出なければ、二審判決どおり、刑が執行されたかも知れず、被告たちの生命は危ないところであった。

事件の元被告、赤間勝美氏

やり直し裁判が二年後、仙台高裁の門田《もんでん》実裁判長係りでひらかれ、昭和三十六年（一九六一）八月八日、「被告らはいずれも無罪」を言い渡された。

差し戻し審のなかで、それまで公表されなかった証拠の大部分が法廷に持ち出され、被告全員のシロが確定した。

さきに見た佐藤一は、共同謀議をしたとされる国労福島支部事務所には行かず、終日、東芝松川工場にいたこと、工場内の食堂で昼食をとり、その伝票も見つかった、などの証言、証拠資料が提出された。

佐藤のアリバイ確定により、佐藤と一緒に共謀のため国労福島支部に行ったとされる太田省次（東芝・懲役十五年）もアリバイが成立した。太田は警察で自白し、公判廷で否認している。太田は一審の第三回公判で「返事をしろと、四人の取り調べ官にどなられ、何が何だかわからなくなり、良心を破壊されて」と陳述していて、二審判決でも「自白」の信用度は疑いをもたれていた。

警察で「自白」し、その後、公判廷で否認した被告が八人いる。

佐藤とともに謀議・転覆実行犯とされる被告が四人いた。赤間勝美（国労福島・十三年）本田昇（同・死刑）高橋春雄（同・十五年）浜崎二雄《ふたお》（東芝松川・十年）で、事件当日、本田は国労支部に、浜崎も組合事務所に寝ていた。高橋はお盆で県外、米沢市の妻の実家にいた。しかも高橋は以前、身に負った列車による傷害のため、通常の人のようには歩けなかった。これらの事実は、いずれも公判廷で本人が陳述し、証言も出ている。

このように、実行犯とされた五人はいずれも事件現場に行くことはできず、「犯罪事実」は崩壊した。残りの被告たちのアリバイに至っては、いちいち説明するのが煩《わずら》わしくなってくるほどである。

㈣　つくられた「予言」明るみに

さて、事件の「始発駅」といわれていた赤間。その「自白」が、二十人逮捕の発端となった。赤間は線路工夫として働いていたが、昭和二十四年（一九四九）七月、第一次整理で馘首され、九月からパン屋に職工として働いていた。街のチンピラと喧嘩《けんか》する若者であり、警察には弱みがあった。前年の喧嘩沙汰を表向きに福島地区署の取り調べを受ける。人権も何もあったものではなかった。

早朝から深夜まで、脅迫、誘導、拷問の連続であったと、控訴趣意書にある。それによると、捜査員は赤間の仲間二人の名前をもち出し、「（この二人が）お前が今晩（列車転覆前夜の八月十六日）、列車の転覆がある、といったのを聞いているのだ」と、執拗に責めあげた。「お前がやったんだ。本当のことをいわないと、親きょうだい全員を獄にぶちこむぞ」と、食事もろくに与えず威嚇する。

赤間はおばあちゃん子だった。自分が当夜、自宅で寝ていたことは祖母が知っていると、取り調べのT国警県本部捜査課次席らに答えた。するとTらは「おばあさんは、お前が何時に帰ったか、わからないといってるぞ」と、赤間に調書を読んで聞かせた。そのうえ、祖母赤間ミナの署名、母印を見せられた。おばあちゃんまでが、と、赤間は絶望に追い込まれる。事実は取り調べ側のペテンである。「勝美は自宅で寝た」というミナの証言を、T福島地区署巡査部長が在宅していなかったように勝手に書き、字の読めないミナに母印を押させたのである。

死の恐怖に耐えきれず、赤間はT捜査課次席にいわれるとおり、転覆の話は八月十五日、国労の人たちと相談して聞いたことにしてしまった。こうして、つくられた「赤間予言」により、国労組合員がつぎつぎと逮捕されていったのであった。

絶望の淵にある赤間に、精神的な助っ人があらわれた。現地のキリスト教の牧師で、警察に勾留されている赤間に聖書を差し入れ、訓戒を垂れた。牧師はマタイ伝第五章三十七節の「然りは然り、否は否といえ」という言葉を引き、「偽りの誓いは立てるな」「人を恐れる者は弱くなる。神を恐れる者は強くなる」と、励ました。

俄然、赤間は立ち直り、公判廷で警察・検察での自白を否定し、真実を述べるに至る。ただし牧師とは正反対の受け止め方であった。牧師は、赤間がクロだと思って説教したのに対し、赤間は「人」の意味を不当な取り調べをした警察官、検事と理解し、「神に誓って法廷に立とう」と、元気を取り戻したのである。

筆者が赤間と会ったのは平成二十一年(二〇〇九)の十一月末で、事件発生から六十年たっていたが、訥々とした語り口のなかにも、消えやらぬ無念の思いが伝わってきた。しかし、

「牧師のいうことを逆に解釈してよかった」と、ふりかえる。

赤間が事件を知ったのは十七日にニュースを聞いたあとのことであり、先に取り調べを受けた二人の仲間と同日午後、事件を話題にしただけのことである。

このように、諏訪メモにより、共同謀議・転覆実行は事実無根とわかり、そこからさかのぼって、謀議説をつくりだすに至った「赤間予言」は警察・検察のでっちあげであることが、差し戻し審で明らかになった。

しかし、検察側は、これを不服として再上告。これを受けて最高裁は第一小法廷を昭和三十八年（一九六三）九月十二日、斎藤朔郎《きたろう》裁判長係りでひらいた。斎藤は全員無罪の仙台高裁門田判決を支持、有罪の証明なしとして、三対二で上告を棄却。事件発生・逮捕から十四年間の長きにわたり激しい論争を呼んだこの裁判は、検察側の全面的敗北におわり、被告十七人の無罪が確定した。

それにしても倉嶋記者が、宮本検事正に質問し、その結果、諏訪メモが劇的に出現して十七人全員を無罪にさせた功績は大きい。被告側は「一大ヒット」（本田昇）と倉嶋に拍手を惜しまない。

福島地検は信夫山《しのぶやま》のふもと、坂道にあり、県警記者室から三キロほども離れていた。他社の記者が毎日一回ですませるところを、倉嶋は事件の発生を警戒しながら二回、足をはこんだ。検事の知的レベルの高いのが気にいり、小ダネもよく書いて、検事や記者仲間から「倉嶋検事」と呼ばれた。宮本とは三日に一回の割合で会って、信頼関係を強めていた。が、宮本がいかに筋をとおす正義感の強い性格であっても、検察官一体の原則にしばられている以上、自分からしゃべる道理がない。倉嶋の質問がなければ、諏訪メモは闇に葬られるところであった。

佐藤一は無罪となったあと、占領・戦後史研究家の道をあゆみ、平成十八年（二〇〇六）三月、都内でひらかれた「占領当時を振り返る」講演会で倉嶋を「私の命の恩人」と紹介、二人はかたい握手をかわした。

現場で発見された自在スパナでは、小さすぎて、脱線させることはできないことも、明らかになっている。あまりにも意図的な謀略を感じさせる事件である。真犯人はだれなのか。真実追及の手をゆるめてはなるまい。

（伊部正之著「松川裁判から、いま何を学ぶか」＝岩波書店、山本祐司著「毎日新聞社会部」＝河出書房新社から一部参照）。

あとがきに代えて

　新聞が弱くなったといわれる昨今、尊敬に値する新聞記者の活躍ぶりを追体験してみたくなった。筆者が朝日出身なので朝日を主体にご登場願ったが、他社の名記者も頭に置いている。紙数のつごうで割愛したのだが、地方で自転車操業のようにフル回転し、紙面を埋めてきた名記者たちの健闘も記憶にある。いずれも戦後の焼け跡から立ち上がり、民主主義の虹を求めてペンを揮《ふる》ってきた人たちである。

　平成二十一年（二〇〇九）現在、新聞の戦争責任論がかまびすしいが、朝日では終戦工作に挺身した記者がOBをふくめて幾人かいた。緒方竹虎氏とその部下による繆斌工作、笠信太郎、渡辺紳一郎各氏らの活躍は、すでにみたとおりである。鈴木文四郎氏は親友のウィンダー・バッゲ駐日スウェーデン公使をつうじて対英和平工作を図っている。いずれも狂瀾を既倒にかえそうとする愛国の情ほとばしる行動であった。

　その一方でリヒャルト・ゾルゲ、尾崎秀実によるスパイ事件にからむ不祥事にも遭遇した。

元朝日記者の尾崎が「対ソ連戦はおこなわない」などの重要機密を、ソ連のスパイ、ゾルゲに渡した。また、大審院検事局の調べによると、尾崎の情報で、日本の一個師団が北支台児荘の戦いで全滅にちかい打撃をうけたという。二人は日米開戦まえの昭和十六年十月に逮捕、のちに処刑された。その尾崎に情報を渡した一人に以前の同僚で、朝日の田中慎次郎政経部長がいる。田中部長に対する取り調べで、この情報は陸軍省詰めの政経部員磯野清氏によって田中部長に報告されたものとわかり、磯野氏も逮捕されたが、磯野氏は終始無言でとおし、のち釈放され、事件はこれ以上波及しないですんだ。

このような「負」の行跡をとどめながらも朝日は戦後、国民とともに立つ宣言を打ち出し、再出発した。とはいえ、戦後六十年間にたどった道は、平坦なものではなかった。

近年は外交、防衛、歴史観に事実誤認や歪曲ありとして「偏向報道」と批判されてきた。

平成十七年（二〇〇五）一月、朝日がとりあげたＮＨＫ番組改変問題ではＮＨＫ、政治家から抗議を受けて歯切れの悪い幕引きをした。

「真実を公正に報道する」との綱領を思い返してみよう。

本書に紹介した記者の諸氏は、そのマグマのように噴き上がる行動力もさることながら、偏りのない、曇らぬ目をもち、フェアなペンを振るう人たちであることに注目したい。ものをみる目が公正を欠けば、社内の人間関係にもそれが投影されることは自明の理である。

モラル（道義、倫理）およびモラール（士気）の向上には組織改革が必要になってくる。地位、肩書に関係なく、記者の能力、実績に見合った処遇を活発に手がけることが肝要だ。

ニューヨーク・タイムズのジェームズ・レストン記者が、副社長になってしばらくしてから再び一記者としてペンをとったケースも参考にしたい。激しい取材競争。そのなかにあって、自社意識をもちながらも真に日本のジャーナリストであるという開豁《かいかつ》、自由な精神を持して、国民の要望にこたえるニュースの発掘につとめることが、組織改革とならぶ喫緊《きっきん》の課題ではないだろうか。

◇

朝日新聞入社試験の各年度における作文の出題名を同社管理本部人事セクションからお聞きしましたが、紙面の都合上、全面的な掲載が果たせなくなりましたことをお詫びいたします。平成二十一年度の作文題は「二〇五〇年」でした。昭和二十九年の週刊朝日春季増刊号に「入社試験綴方教室」として同年度の朝日新聞（出題は「競争」）など六社の模範的な答案例が紹介されています。ご参考までに。

本書の取材にあたり朝日新聞社および朝日関係者をはじめ多くの皆様方から資料、談話のご提供を賜りました。そのお名前を列記いたします。進藤次郎さんをはじめ、取材期間中に他界された方もおられ、悲しみに耐えません。ここに厚くお礼を申し上げます。下山事件の取材では、横浜市史資料館所蔵の膨大な資料をみることができました。本書は光人社編集部のおかげで出版することができました。併せて深謝いたします。妻由枝、次女あずさの協力も得ました。

【個人名（五十音順・敬称略）】阿川弘之、秋庭武美、芥川喜好、新恭仁子、安倍寧、荒井光夫、荒木文宏、池田邦二、石井茂、泉貞子、泉毅一、伊藤牧夫、今井太久弥、岩井弘安、植木信良、上田聖子、臼井茂、太田博夫、大谷健、大山茂夫、緒方四十郎、岡田登喜男、奥山郁郎、小野田寛郎、小原正雄、梶谷澄江、角木稔、門田浩、金山公一、川手ふさえ、川原一之、北野照日、木村あさの、小池助男、香西宏昭、小嶋かの子、児玉俊則、小林道夫、小林幸雄、近藤唯雄、斎藤晋也、斎藤正健、斎藤正也、左方陽一郎、阪本哲司、佐久田昌昭、作間敏夫、柵瀬冨美子、桜木範行、笹川梨花、佐藤一、柴田鉄治、清水馨八郎、清水建宇、柴山恭子、志村和雄、白沢正二、進藤次郎、末永重喜、角倉二朗、鈴木美江、関根宗四郎、高木四郎、高木新、高木美智子、高橋久勝、高林茂、田島梅子、田島恭二、田中誠一、田中正子、田中道男、田中芳子、塚越孝、辻エツ子、辻豊、土崎一、角田和男、津山重美、徳永哲哉、友松功一、長瀬こころ、長戸路政行、中村鋼子、中村立彦、中村義明、中山由美、新延健三、根本千秋、根本長兵衛、長谷川熙、畠山繁子、羽鳥君子、馬場昌平、疋田妙子、深代徹郎、福沢盛吉、福田徳郎、藤村昌男、降幡賢一、古川範男、房園茂、松嶋孝夫、松山幸雄、水原孝、三宅正樹、宮本雪子、むのたけじ、村上寛治、村田弘、望月英子、望月礼二郎、望月弘行、森松俊夫、森本哲郎、八木沢三男、矢板康二、矢田良太、矢野直明、湯浅昌光、横木安良夫、横山政男、横山由香里、吉岡専造、吉岡秀夫、笠大炊、涌井昭治、渡辺真四郎、渡辺吉男、渡船博之。

【団体】朝日新聞データベース・セクション、朝日新聞労働組合、朝日新聞人材開発センター、毎日新聞大阪開発株式会社、読売新聞広報部、偕行社、JR千葉支社、横浜市史資料館。

【引用・参考文献＝記述の順にしたがい、なるべくテーマ別にまとめるよう配慮しました】

『翔んだ男　矢田喜美雄』（刊行委員会）
『謀殺下山事件』（矢田喜美雄　講談社）
『生体れき断』（平正一　毎日学生出版社）
『下山事件全研究』（佐藤一　時事通信社）
『第五回衆議院法務委員会議録第三十五号』
『黯い潮』（井上靖　文藝春秋）
『死の法医学──下山事件再考』（錫谷徹　北大図書刊行会）
『下山国鉄総裁謀殺論』（松本清張全集30日本の黒い霧　文藝春秋社）
『輸血学第二、三版』（中外医学社）
『医学大辞典』（医学書院）
『機関区従業員必携』（天王寺鉄道管理局　大鉄図書）
「臨床病理・臨時増刊特集十四号」（臨床病理刊

行会昭和四十二年十月刊）
『白夜の海――アリューシャン出漁記――』（矢田昭久、矢田喜美雄共著　国際聯合通信社）
『ラニー・バットの巡礼第三部』（アプトン・シンクレア著、並河亮訳　リスナー社）
『正木ひろし著作集Ⅲ』（三省堂）
『昭和文学全集十八』（小学館）
『外国拝見』（門田勲　朝日新聞社）
『新聞記者』（門田勲　筑摩書房）
『鎌倉史都散歩』（朝日新聞社）
『おそめ――伝説の銀座マダムの数奇にして華麗な半生』（石井妙子　洋泉社）
『人間緒方竹虎』（高宮太平　四季社）
『緒方竹虎』（伝記刊行会　朝日新聞社）
『近代文学十講』（厨川白村　角川書店）
『印象記』（厨川白村　積善館）
『風土』（和辻哲郎　岩波書店）
『婦人公論』昭和三十二年十一月号
『笠信太郎全集』（朝日新聞社）
『新しい欧州』（笠信太郎　河出書房）
『〝花見酒〟の経済』（笠信太郎　朝日新聞社）
『ものの見方について――西欧になにを学ぶか――』（笠信太郎　河出書房）
『太平洋戦争秘史』（保科善四郎、大井篤、末国正雄共著　日本国防協会）
『西洋の没落』（オズヴァルト・シュペングラー著、村松正俊訳　五月書房）
『運命　歴史　政治』（八田恭昌　理想社）
『計画経済の根本問題』（山本勝市　理想社）
『東西文明史論考』（三浦新七　岩波書店）
『ある情報将校の記録』（塚本誠　中公文庫）
『スイス発緊急暗号電――笠信太郎と男たちの終戦工作――』（坂田卓雄　西日本新聞社）
『悪政　銃声　乱世』（児玉誉士夫　広済堂出版）
『土屋清　土屋清著作拾遺』（追悼集刊行委員会）
『ロンドン・東京五万キロ』（辻豊　朝日新聞社）

『モンテンルパに祈る』（加賀尾秀忍
『モンテンルパの夜明け』（新井恵美子　潮出版
社）
『「モンテンルパ」比島幽囚の記録』（辻豊編
著　朝日新聞社）
『戦争裁判余禄』（豊田隈雄　泰生社）
『深代惇郎の天声人語・正続』（朝日新聞社）
『深代惇郎青春日記』（深代惇郎　朝日新聞社）
『深代惇郎エッセイ集』（深代惇郎　朝日新聞社）
『チボー家の人々』（ロジェ・マルタン・デュ・
ガール、山内義雄訳　白水社）
『新聞記者　斎藤信也』（追悼集編集委員会）
『人物天気図』（斎藤信也　朝日新聞社）
『記者四十年』（斎藤信也　朝日新聞社）
『私の朝日新聞社史』（森恭三　田畑書店）
『自衛隊』（朝日新聞社）
『世界名画の旅フランス編①②欧州中南部編
④』（朝日新聞社）
『新聞記者――疋田桂一郎とその仕事』（柴田
鉄治、外岡秀俊編　朝日新聞社）
『佐世保からの証言』（田中哲也　三省堂）
『土呂久鉱毒事件』（田中哲也　三省堂）
『追悼　田中哲也』（追悼集刊行委員会）
『一揆！言闘記録――朝日機付闘争』（記録刊
行委員会）
『事件記者・横木謙雄』（しのぶ文集を発行する
会）
『青春社会部記者』（朝日東京社会部ＯＢ会編
社会保険出版社）
『戦争と社会部記者』（朝日東京社会部ＯＢ会編
騒人社）
『敗戦前後の社会情勢第7巻　進駐軍の不法行
為』（粟屋憲太郎・中園裕編集・解説　現代史料
出版）
『戦後日本の売春問題』（神崎清　社会書房）
『勝負の分かれ目』（下山進　講談社）
『追跡リクルート疑惑』（朝日新聞横浜支局　朝
日新聞社）

『老春のハイデルベルク』（高木四郎　騒人社）
『放電放談』（渡辺紳一郎　冬心社）
『共産主義への50の疑問』（理論社）
『回想　中村正吾』（回想　中村正吾刊行事務局）
『永田町一番地』（中村正吾　ニュース社）
『追想　磯野清』（岩波ブックセンター信山社）
『月刊マスコミ市民　五〇六、五〇七、五六四』（NPO法人マスコミ市民フォーラム）
その他＝『朝日新聞社史』『朝日新聞一〇〇年の記事にみる特ダネ名記事』『私の文章修行』『事件の取材と報道』（以上、朝日新聞社）、『朝日新聞労働組合史』『三月闘争の記録』（以上、朝日新聞労働組合）▽『毎日新聞一三〇年史』（毎日新聞社）▽『毎日新聞社会部』（山本祐司　河出書房新社）▽『警視庁史昭和中編（上）』（警視庁史編纂委員会）▽朝日、毎日、読売、産経各紙、週刊朝日、朝日社内報各年代。
写真提供＝遺家族、朝日新聞社

本書は平成二十一年七月、光人社刊行の「現代史の目撃者」に加筆、訂正しました

NF文庫

現代史の目撃者

二〇一七年十二月二十四日　発行

著　者　上原光晴

発行者　皆川豪志

発行所　株式会社　潮書房光人新社

〒100-8077　東京都千代田区大手町一-七-二

電話／〇三-六二八一-九八九一㈹

印刷・製本　慶昌堂印刷株式会社

定価はカバーに表示してあります
乱丁・落丁のものはお取りかえ致します。本文は中性紙を使用

ISBN978-4-7698-3043-6　C0195

http://www.kojinsha.co.jp

ＮＦ文庫

刊行のことば

第二次世界大戦の戦火が熄《や》んで五〇年——その間、小社は夥しい数の戦争の記録を渉猟し、発掘し、常に公正なる立場を貫いて書誌とし、大方の絶讃を博して今日に及ぶが、その源は、散華された世代への熱き思い入れであり、同時に、その記録を誌して平和の礎とし、後世に伝えんとするにある。

小社の出版物は、戦記、伝記、文学、エッセイ、写真集、その他、すでに一、〇〇〇点を越え、加えて戦後五〇年になんなんとするを契機として、「光人社ＮＦ（ノンフィクション）文庫」を創刊して、読者諸賢の熱烈要望におこたえする次第である。人生のバイブルとして、心弱きときの活性の糧《かて》として、散華の世代からの感動の肉声に、あなたもぜひ、耳を傾けて下さい。